ACTION INQUIRY

THE SECRET OF TIMELY AND TRANSFORMING LEADERSHIP

行動探求

個人・チーム・組織の変容をもたらすリーダーシップ

ビル・トルバートほか
BILL TORBERT & ASSOCIATES
小田理一郎　中小路佳代子［訳］

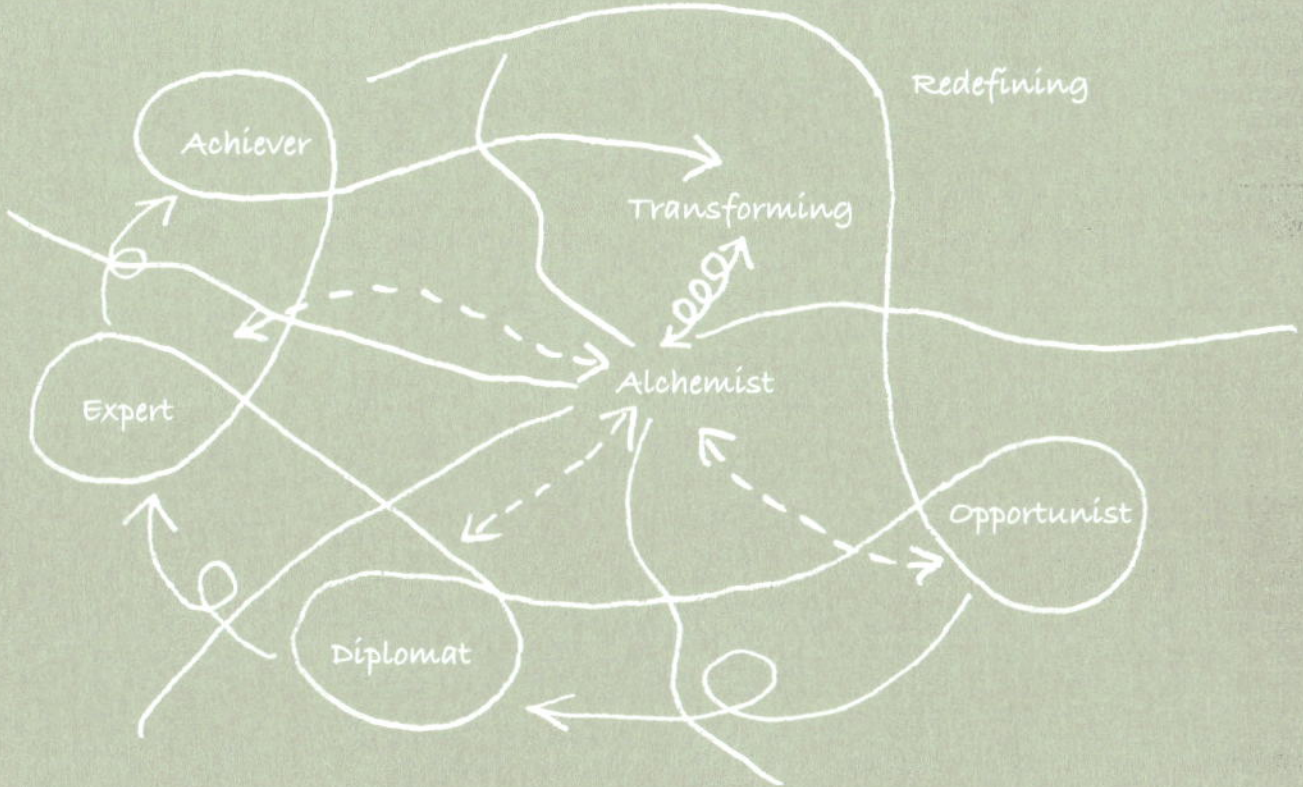

英治出版

行動探求

——個人・チーム・組織の変容をもたらすリーダーシップ

ACTION INQUIRY

The Secret of Timely and Transforming Leadership

by

Bill Torbert and Associates

本書をウィリアム・スローン・コフィンに捧げる
彼は数多くの精神的・政治的役割のなかで時宜を得た
アルケミスト型かつ変容者型のリーダーシップを示した……
そして何より私にとって最初のメンターである

愛をこめて　ビル・トルバート

日本語版　訳者まえがき

「どうすれば一人ひとりの潜在能力を引き出し、チームとして機能する組織を築けるか?」そんな問いを抱きながら、リーダーシップ開発や組織開発の国際会議に参加して気になるトレンドが二つある。一つは、個人と組織の「発達」であり、もう一つは「意識」を高め自己変容を起こすためのさまざまな訓練である。この不確実で混沌とした時代において、しなやかに適応しながら、多様性の中に創発や共創を生み出すような人材や組織が求められる。その鍵は、自身や周囲の人たちの意識変容を通じていかに個人や組織の進化、つまり、「発達」を遂げるかにあるからだろう。このトレンドは、現代の日本においてもタイムリーなものに思える。近年のスキル偏重の育成現場に足りなかった、人間力そのものを高めた人財が必要とされているからだ。

ビル・トルバートの**行動探求**は、まさにこうした要請に応えてくれるものだ。行動探求とは、行動と探求を同時に行うこと、つまり、行動の最中に、今その瞬間に外部の状況と内なる声が求めているもっともタイムリーな行動を探る慣行である。意識を研ぎ澄ませて行動のより幅広い効果をあげるリーダーシップ習慣であり、また瞬間、瞬間を大切にする生き方であるともいえよう。

繰り返し起こる悩みや課題を克服するには、人や組織自体の成長が必要だと思うことは多いが、同時に、人や組織は成長できるのか、変われるのかとの疑念も浮かぶ。しかし、孔子の教えどおり、私たちはいくつになっても学習できるし、その学習が十分蓄積したときには、閾値を超えるような発達を遂げることもできる。近年、脳科学や行動科学の発展がこうした考えを科学的にも裏付けている。

この本の対象となる読者は、さまざまだ。意識的な生き方をしたい個人にはどんな方であれ最適だ。家族やパートナー、友人たちとの関係を良好かつ互いに高め合いたい人たちにもよい。また、組織内の立場にかかわらず、職場で働きながら求める結果と同時に人や組織の成長をもたらしたい実践者たちに最適だろう。組織開発やリーダーシップ開発に携わるマネジャーや担当者ならばなおさらこの本は役に立つだろう。

個人のレベルでは、私たちは気づいていないことを知ることはできないし、知らないことを判断に織り込むこともできない。そもそも「知らないこと」にすら気づいていなかったら、学習が起こる由もない。だが、気づくために必要な意識の働きを知り、意図的にその意識をコントロールできたならば、飛躍的に学習能力を高め、効果的な会話、関係性、行動、そして結果を導き出すことができる。

こうした意識の働き方について、成人の発達理論に基づいて類型化したのが本書で紹介する七つの**行動論理**である。多くの成人は**機会獲得型**を経て**外交官型**、**専門家型**、**達成者型**へと発達する。そして一部の人たちはそれ以降の行動論理である**再定義型**、**変容者型**、**アルケミスト型**へと発達を重ねる。

何かものごとがうまく運ばないとき、えてして人は特定の行動論理にとらわれてしまうものだ。それゆえに、自身のうまくいかないパターンを振り返って認識し、その備えをしておくことの有用性はきわめて高い。そして何よりも、私たちは次の段階の行動論理を身につけることで、行動の選択肢を飛躍的に広げることができる。行動探求では、七つの行動論理をガイドにしながら、自分自身の意識の働き方を観察し、より有効な意識の使い方を意図し、その瞬間の状況における最適の行動を実践することができるようになっていく。

行動探求は、仕事や私生活で向き合うさまざまな人たちとの二者間レベルにおいても有用である。自らの意識の働きを広げ、起こっていることへの気づきを広げると共に、有効な行動、とりわけ話し方と聴き方の選択肢を広げるものだ。関係性の問題は、たいていは双方に起因する。行動探求では、話し方の四つの要素を駆使しながら、相手を変えるのではなく、その人のその瞬間での意識に働きかける。変えられない他人との関係を変える鍵は明らかに自分の意識の使い方と話し方、行動にあるのだ。

行動探求はまた、組織での有用性がきわめて高い。個人レベルの行動探求によって、結果だけ、行動だけ、戦略だけにとらわれず、その相互作用、前提、意図まで幅広く意識を行き渡らせる。また、二者間レベルの行動探求は職場や取引先を含めたさまざまな人間関係の改善を図る人的スキルを高める。そうして築かれた誠実で相互性ある人間関係は、職場環境や風土を大いに改善しうるものであり、社員のやりがいも働きがいも高まるであろう。

さらに組織やチーム単位で行動探求に取り組むならば、「学習する組織」へと進化していくことも可能であろう。本書では、組織の中でどのような意識が働くかについて八段階の行動論理で整理している。その中の**協働的な探求**以降の行動論理を培えた時、「学習する組織」と呼ぶにふさわしい組織が現れる。学習する組織は、目的の達成のために互いを必要とする人たち、つまりチーム単位で展開していく。全社的な方針を待たずとも、「今ここ」を共有できる身の回りから始められるのだ。

人の潜在能力を引き出すチームを築く上で欠かせないのがリーダーシップである。職場やチームを変えたければ、自ら学習者となって、**変容者**や**アルケミスト**を目指し変容への影響力を高めるのだ。この本で紹介するリーダー像は、従来のリーダーのイメージとは異なる。新しいリーダーたちは、抵抗を招き入れやすい「一方的な力」や「論理の力」だけに頼らず、より繊細だが影響力の大きい「自分をさらけ出す力」や「相互に変容をもたらす力」を駆使して人々の変容を支援する。ふと見渡せば、そうした繊細な影響力を行使できる人ほど、場の空気や職場の風土を実際に変えていることに思い当たる節はないだろうか。そして、こうした新しいタイプのリーダーこそが、混沌とした不確実性の時代において、多様性の中に共創を生み出せる存在として世界から求められているのだ。

本書は個人、二者間、組織の三つのレベルの行動探求の概念やツールなどの理論的解説にとどまらず、事例やストーリーも交えた実践的な内容になっている。高圧的な上司に逆らえなかった部下がいかに変容できたか、経験の浅い若手がベテラン・マネジャーたちといかに渡り合ったか、同僚・部下とつい口論に陥る状況からいかに抜け出したか、などである。紹介する組織改革の事例において、経営陣の多くの変容のストーリーが紹介されている。また、組織の外から支援する立場の方には、いかに行動探求を活用できるかの具体的なイメージを持ちやすいだろう。

私は日本で「学習する組織」の普及を推進しながら、個別組織の状況に応じた戦略を立てるためのよいガイドを求めていた折りに、ビル・トルバートの行動探求に出会った。学習する組織と行動探求は関係性が深い。ビル・トルバートは、ピーター・センゲらと協働で学習する組織を具現化するための理論的枠組みや実践手法を探求し、また、『なぜ人と組織は変われないのか』のロバート・キーガン、『U理論』のオットー・シャーマーらを指導した。組織開発の近年の潮流の源流にある存在といえる。そして、行動探求はこれらの手法に通ずる自己変容、組織変革の普遍的アプローチであると同時に、日本の経済史上の卓越した経営者たちが持ち合わせていた東洋思想とも相通ずる慣行ではなかろうか。

本書で紹介する行動探求が、現代日本の多くの人や組織がより意識的な行動、会話、組織行動を通じて、よりよい人生、人間関係、組織をつくっていくことに役立つことを切に願っている。また、本書を出版するにあたり、主著者であるビル・トルバート、英治出版の高野達成さん、翻訳を共に進めた中小路佳代子さん、スタッフの世羅侑未さんには大変お世話になった。あり方のロールモデルであるピーター・センゲをはじめ、人・組織・社会の相互発展と持続可能性を目指して組織開発・人財開発を実践する国内外の素晴らしき仲間たちに感謝すると共に、まだまだ続くこの旅を歩む全ての人たちにエールを送りたい。

二〇一六年一月

小田理一郎

行動探求◈目次

編集部注

- 本書は Bill Torbert, et al., *Action Inquiry: The Secret of Timely and Transforming Leadership* (Berrett-Koehler Publishers, 2004) の全訳ですが、著者の了承の下、次の変更を加えています。
  - ・「7 つの行動論理」について原書発行後に著者自身が表現を改め、Individualist を Redefining に、Strategist を Transforming に変更したため、邦訳では新たな表現を用い、それぞれ「再定義型」「変容者型」としました。
  - ・Appendix（附録）の内容を更新し、本文と内容が重複する箇所は割愛しました。
- 本文の脚注は、（　）内の番号は原注を、★印は訳注を表します。
- 重要と思われる用語には原語をカタカナで表したルビを振りました。
- 体験領域について、ほぼ同様の意味でも文脈によって別の言葉で表現されている例が多数あります。読者の便宜のため以下に主な表現を整理しておきます。

	個人レベル **主観**の注意	二者間レベル **相互主観**の注意	集団レベル **客観**の注意
第 4 領域 意図・ビジョンの領域	目的・意図	枠組み	ビジョン・使命
第 3 領域 認知・思考の領域	思考・感情 考える・感じる	主張	戦略
第 2 領域 挙動・行動の領域	挙動 ふるまう	説明	実行・行動
第 1 領域 外の世界・結果の領域	影響を及ぼす 理解	問いかけ （そして聴く）	評価
行動探求の主な目的	自分自身の中により高い**誠実さ**を生み出す	**相互性**。複数の視点で現実をとらえ、皆で結果に責任をもつ	**持続可能性**。自分たち自身を超えて人・知識・資源を組織化する

- 7 つの行動論理の説明が複数の章に分かれているため、以下に訳者による簡潔な定義を記しておきます。

機会獲得型……自己に有利な機会を見出し、結果のために手段を問わず行動する

外交官型……周囲の状況・既存の秩序に合わせて調和を重んじて行動する

専門家型……自己の論理・効率を重視し完璧を目指して行動する

達成者型……目標を掲げ、効果を得るのために他者を巻き込んで行動する

再定義型……戦略・手段・意図の一貫性を問いながら独創的に行動する

変容者型……相互性と自律性を好み、時宜を得て発達を促しながら行動する

アルケミスト型……意図を察知し直観的・タイムリーに他者の変容を促しながら行動する

はじめに――行動探求が約束することともたらす力

あなたは行動探求《アクション・インクワイアリー》を実践しているだろうか？　たいていの人は、「行動」も「探求」も、それが文章の中に単独で出てきた場合には、その意味を理解する。この二語が合わさって「行動探求」になると、パフォーマンスと学習を発展させる強力な方法が新たに現れる。あなたは、自分の生活の中で行動と探求をつなぎ合わせているだろうか？

行動探求は、私たちの行動のより幅広い効果を高める、律されたリーダーシップ習慣として、行動と探求を同時に行う方法である。これができれば、個人も、チームも、組織も、さらに大きな機関も、もっと自己変容できるようになり、それによって、より創造的で、より自覚的で、より正しく、より持続可能になることができる。理論的には、どんなに大きな力をもつ立場にいようと、またどんなに力が小さい立場にいようと、家族や組織の中の誰でも、行動探求を実践することによって、より効果的で変容につながる、強力な力をもてるようになる。

行動探求は、個人やチーム、組織全体が行う、生涯にわたる、変容をもたらす学習のプロセスであり、次のような目標の達成に役立つ。

◆将来のビジョンを実現する能力を高めたい
◆今起きている危機やチャンスにいっそう敏感になりたい
◆いっそう効果的かつ変容につながるやり方で行動できるようになりたい

行動探求は、その瞬間その瞬間の生き方である。それによって私たちは、探求を通じて自分の家族やチーム、組織の全体的な成長のために、いっそうタイムリーな賢いやり方で行動するよう自分自身を調えていく。

驚くことに、行動探求のプロセスはほとんど知られていない。それはおそらく、その瞬間その瞬間に行動探求を実践する方法を身につけるのが生易しいことではないからだろう。というのも、行動探求は、教わった通りにすれば、望んだ通りに状況を、常に巧みにコントロールでき、夢見た成功を得られるというような挙動の処方箋ではないからだ。行動探求は、模倣的・機械的にたどることができるようなプロセスでもない。いくつかの考え方を学び、時おりそれをほかの人たちにオウム返しに伝えても、それは行動探求を行っていることにはならない。行動探求は、その一瞬一瞬の鮮やかさの中で、今最善の行動を取る方法を新たに学んでいく方法である。行動探求を行うには、他の人たちだけでなく私たち自身も、探求と変容の影響を受けやすくなる必要がある。それゆえに、困難であると同時に大きな可能性をもつ。

なぜ私たちは行動探求の実践を広めようとするのか

なぜ人は行動探求を学びたくなるのだろうか。この質問に本書の共著者たちが具体的に答えているので、いくつか紹介しよう。ある著者はこう答える。

私は、大学のある実験室の責任者になった年に、行動探求を知りました。それは私にとって初めての管理職だっただけでなく、初めての職でもありました。各学期三〇〇人超の学生が在籍する学部で実験室のマネジメントを任されたのです。私の助手たちは、経験の浅い大学院生と、副収入を得るためだけに教えているか、家庭内のトラブルがあまりに耐えがたく家を離れる必要があった非常勤講師たちで構成されていました。情報の入手もままならず、（終身地位保証がないため）権力もほとんどない中で、学部長や教授陣から支持を得なくてはならない管理上の責任を山ほど負っていました。これ以上ないほど、失敗に陥るシナリオが待ち受けていたのです！

しかし、行動探求のおかげで、私は自分の状況を分析し、私が最初に抱いていた前提の多くに疑問を投げかけることができました。人々の異なる視点を理解し、この知識を利用してそれらの相違を組み込んだ独創的な手法を開発できたのです。私は、自分のリーダーシップの質を知り、実践を通してそれを成長させることができました。三年後、私は共同で、実験室向けの新たなカリキュラムを開発し、二〇万ドルを超える新規設備の契約を取り付けました。そしてより重要なことに、学生たちに質の高い教育を提供するという共通の目的に向けて、助手たち全員を一つにまとめ、共に働くことができました。学部は私の貢献を認め、二年目に私を教授職に昇進させたのです。

別の共著者はこう話す。

私は、結婚して間もなく、行動探求の勉強を始め、それを実践するようになりました。端的に言うと、私の結婚は行動探求によって救われたのです。まだ私のスキルは不十分でしたが、私自身の行動に目を向けて、いかに自分が問題の一部になっているかを理解し、ときに感情の「柔術」を実践しました。その能力が、自分たちの抱える問題によって関係が育まれるか、引き裂かれるかの違いをもたらしたのです。

年長者のひとりである別の共著者は、持ち前の謙虚さを示して、こう語る。

私は行動探求の勉強会グループに入っています。このグループの仲間は、私にもっと頻繁にグループに介入するよう促します。おかげで、まず、私は次第に自分に自信をもちつつあります。そして、日々の会話の中で、自分の主張と探求を結びつけようと努力し、たいていうまくいっています。それは、ほかの人の経験への探求であり、自分がどう感じているかへの探求であり、それらの感情がどこから来ているかへの探求であり、そういったことをどう表現すればよいかへの探求です。私は成長しており、このことに私は感動を覚えます。なぜなら、学習とは生涯続くものだということを示しているからです。

母親でもある共著者は、子どもを寝かしつける瞬間についてこう話す。

私が長女に本を読んであげようとしている間、旋回舞踊をするイスラム教徒かと思うほど踊り好きな末娘は、寝室の中を踊り回っていました。長女は物語が大好きで、自分自身が物語の中に静かに溶け込んでいくのを当然のように望んでいます。ほどなく、長女が爪を噛みだしました。それは、本を読んであげているときにはとりわけ不快な行為でした。私たちは険悪になり、しまいに口げんかとなって、長女は欲求不満と憤りから泣きじゃくってしまったのです。（しかし、行動探求によって）何が起きたか、私は理解することができました。私は末娘が踊り回っていることにイライラして、不公平にも長女に八つ当たりしたのです。私は謝り、何がどうなったのか、自分なりの解釈を説明しました。長女はすぐに気持ちを切り替えて、慰めてもらおうと身体を寄せてきました……不公平感で深く傷ついているとき、いつもならこうはなりません。口げんかを耳にした末娘は、踊り回るのをやめ、そのおかげで、物語を読める雰囲気ができました。そしてふたりともあっという間に眠りについたのです。もしも状況がエスカレートしていたら、そうはいかなかったでしょう。

また別の共著者は、過去の出来事について話すかのようにこう語る。

率直に言って、自分の中で何が起こっているのかに瞬時に気づく能力は、私の自己研鑽を進めるうえで最も重要な要因でした。長い年月のうちに、この能力は飛躍的に高まりました。一五年前だったら、厄介な問題に遭遇したとき、私の中で何が起こっているかを突き止めるのに数週間はかかったでしょう。今では、それが起こっている瞬間にわかります。何が起きているのかに気づき、それを純粋に経験することを大いに楽しめるようになっただけでなく、いかなる社会的状況においても、積極的により適切かつ効果的に対処できるようになったのです。

それほどたくさんのことに常に注意を払うにはよほど多くの時間とエネルギーが必要だろうと思うかもしれませんが、まったくそんなことはありません。端的に言えば、行動探求は、意識した生き方の自然な一面にすぎないのです。

「意識した生き方」を身につけるのはどれほど難しいことだろう？　一瞬一瞬に、行動と探求を織り合わせるのはどれほど難しいことだろう？　意識した生き方をするには、自分の経験したことに徹底的に注意深く関心を払い、そこから学び、その結果、自分の行動や考え方までも修正しようとする必要がある。だが、意識した生き方をするには、通説を覆さなければならないときもある。大学を基盤とした現代の経験科学（学問の世界の象牙の塔で行われる、いわゆる純粋研究）も、現代の政治・組織慣行（どろどろした現実の世界で実践される、権謀術数を巡らす「現実的政治」）も、どちらも歴史的に行動と探求を切り離してきたことを思い起こそう。

行動探求は、組織行動や科学についての現代的見解とどのように違うのか

現代の政治・組織行動や科学的探求が主に、外から内《アウトサイドイン》に機能するのに対し、行動探求は主に内から外《インサイドアウト》に機能する。現代の政治は、「権力とは、他の人を外から内《アウトサイドイン》の力で自分たちの思うとおりに動かす能力である」ことを前提としている（実際、多くの人々が「権力」の定義をまさしくこのように考えている）。同様に、現代科学の理論や手法は、何かが起こる原因は外から内《アウトサイドイン》の力である――つまり、釘を打つ金槌の頭こそが、釘を、その意志にかかわらず木の中に打ち込ませる原因である――ことを前提としている（確かに、これは当たり前の常識のように聞こえるだろう）。現代科学

も、何が原因で何が起こるのかを知るためには、外部の調査者（客観的で利害関係のない専門家）に、外から内《アウトサイドイン》で人々を調査させるのが最良だということを前提としている。

私たちは毎日のニュースで、繰り広げられる出来事の結果を目にしている。一方的な力に基づき、探求に欠けた企業活動や国際行動は、企業の不祥事や戦争を引き起こし、後になれば理にかなわないことだとわかる。そして行動を欠いた探求は、私たちから好機を奪う。好機というのは不意に訪れるものであり、瞬時に対応する必要がある。そうでなければ好機はどこかへ行ってしまう。それなのに、現在、大学でも学問以外の世界でも、探求と行動を切り離しているのがふつうだ。皆さんは行動探求という言葉を聞いたことがないかもしれないし、または意図的に行動探求を実践しようと試みたことがないかもしれない。それは、行動探求が、これまでほとんど実践されたことがない新しい科学的探求方法であり、新しい政治・組織行動であるからだ(1)。

行動探求は、（外から内《アウトサイドイン》の視点の存在および影響も認められるとはいえ）主に内から外《インサイドアウト》で機能する。行動探求が始まるのは、私たちが（誰でも、またはどんな家族や組織であっても）自分たちがやりたいと願うことと実際にできることの間にギャップを経験するからである。このギャップに気づくことで、私たち自身の現在の能力を超えた何かを達成しようとする明確な意図を生み出すことができるのだ。この行動しようとする意図には二つの要素が含まれる。（一）この新しい何かを行う方法を学ぶのに必要な探求をしようとする意図、（二）私たちが本当にそれを達成したかどうかを知るために必要な探求だ。つまり、行動探求は、ギャップと意図の内的経験から始まる。本棚を作ろうとする意図が、板を釘で留める戦略を生み出す。戦術的な道具として金槌を選び、自分の評価能力が、金槌が釘を正しい角度で打って板に打ち込めるように腕を振り下ろしたかどうかを見極める。そう、釘を打つ金槌は、釘が板に打ち込まれる最も直接的で目に見える原因だが、金槌は、それ単独では、

(1) この点について、研究者仲間の皆さんには附録を参照いただきたい。附録では、行動探求の古い起源と、主観的・相互主観的・客観的探求を統合した行動探求に向けた探査について、それぞれいくつかを取り上げて論じている。また、本文全体を通して、私たちの行動探求の議論の根底にある客観的尺度と研究についてあらゆる角度から論じている。本書の本文は、行動探求を個人および組織として実践する初心者である私たち市民全員——老若男女、経営者か研究者かを問わず——に向けたものなので、このような学術的な議論は附録の中にとどめた。

何かを生み出すことができないのはもちろん、動くことさえできないのだ。

私たちの意図が明確かつ強いものであれば、私たちの戦略や戦術（金槌を使うことなど）とその成果が意図を達成しているか否か、できるかぎり早く真実を知りたいと願うだろう。意図が達成されていない場合、それがわかるのが早ければ早いほど、自分たちの意図により近づけるよう行動の方針を修正するのも早いだろう。この観点からすると、行動が進行している最中に誤りを修正できる方法は性質上、行動と探求を交互に行う方法と比べて、より自身の役に立ち、他者の便益をより高め、科学的により力強いものとなる。行動探求は、今この瞬間に研究と実践を織り合わせるのだ。

実際、行動探求は、私たち一人ひとりに、私たちのとる行動のすべてが実は探求でもあることを認識するよう求める。その逆も然りである。私たちが行う探求はどれも、探求であると同時に、返ってくる反応に影響を及ぼす行動でもある（たとえば自分の子どもに、有無を言わせない調子の声で家族のルールを言って聞かせるときでさえ、どんな反応が返ってくるかはわからない。それに対する子どもの反応は、自身の行動の効果をある程度示すものであり、同時に、自身が次に何をするかについての探求でもある）。

だが、私たちが意図せずとも暗黙のうちに行動探求を常に行っているにもかかわらず、日々の日課と中断の最中に、行動探求を意図的に行うことができると気づき、思い起こすことはほとんどない。また、私たちの行動探求の効果、変容をもたらす力、適時性を高めるであろう具体的な戦略や戦術について熟知または熟練している人はほとんどいない。実際、タイムリーな行動探求を行う秘訣は、その瞬間に意図的に行動探求を行えるだけ十分に意識していることだ。かつてソローが皮肉ったように、「きちんと意識している人を一人として見たことがない」のである。そして私たちには、ビジネス慣行の世界を見ても、学問研究の世界に目を向けても、意識を研ぎ澄まし、日常生活の最中に、意図的かつ効果的で変容をもたらす、タイムリーな行動探求を行うための指針はほとんどない。本書は、その穴を埋めるための、生涯にわたる、そして（文明的な視点から見れば）数世紀にわたるプロセスの第一歩である。

行動探求の三つの主目的

個人レベルにおける**主観の行動探求**の明確な目的は、私たち自身の中に効果と**誠実さ**を生み出すことである。誠実さは、行動パターンを変えないことや、一貫して同じ原則を採ることによって生み出されるのではない。むしろ、私たち自身の中のギャップに対する、ますますダイナミックで継続的な探求を行うことによって生み出されるのだ。このようなギャップは、私たちが意図した結果と私たちの行動がもたらす結果との間や、私たちが計画した行動と実際の行動との間、または私たちのそもそもの意図と行動の瞬間に意識のレベルが低い（きちんと気づいていない）ために好機を逃している状態との間に現れる可能性がある。

家族や友人、同僚、顧客、または見知らぬ人たちとの二者間関係レベルにおける**相互主観の行動探求**の明確な目的は、批判的で建設的な**相互性**を生み出すことだ。力に差があったり、どちらかが一方的に力を行使したりすると、信頼関係や率直なコミュニケーションにはつながらないだろう。相互性が生み出されるダイナミクスは二つある。一つは、相互性を目標として両者間における力の働きへの探求がますますオープンになっていくダイナミクスである（だが、親と幼い子どもの場合などでは、現在感じられている相互性が、何層にも重なる当然視された依存の中に包み込まれているため、完全な相互性に到達するには一世代かそれ以上の歳月を要するだろう）。ひとたび私たちが両者間に今存在する力の働きを認識すると、相互性を生み出す二つめのダイナミクスがいっそう創造的になる。それによって生み出されるのは、共有ビジョンや共有戦略、よりいっそう協働的な対話、そして共創するものの価値がどれほどかについて合意したやり方での学習である。行動探求が私たちの生活の中でどのように息づいているかについて本書の共著者たちが述べた短い説明を読み返してみると、互いに密接に絡まり合った効果や誠実さ、相互性を意識していることがわかるだろう。

いっそう規模の大きな組織や社会、環境レベルで行う**客観の行動探求**の明確な目的は、**持続可能性**を生み出すことだ。持続可能であるためには、組織化の構造（たとえば法律、政策・施策、ネットワークなど）が効果、誠実さ、相互性を促すものであることが必要だ。それと同時に、本書で論じ、説明していくように、より高い社会的正義を実現し、自然環境との調和を高めるための継続的な変容ができるものでなければならない。

「誠実さ、相互性、持続可能性」と聞くと、私たちの日常的な世界のうす汚れて権力にまみれた現実からはほど遠い、たいそうな理想に過ぎないという印象を持つかもしれない。このような認識が存在するのは、私たちが通常、力とは「力を持つ者が、探求をすることなく、行為の結果が全体にとって公正であるかに関係なく、一方的に欲するものを手に入れる能力である」と、相も変わらず皮肉まじりに理解・経験するからだ。

行動探求は、現代の政治・組織行動とは根本的に異なる力強い行動を起こすアプローチである。なぜなら、現在では認識または実践している人がほとんどいない相互に変容をもたらす力を、一方的な力よりも強いものとして扱うからだ。軍事力、外交、専門知識、地位に基づく権限といった、通常は一方的に行使されて外的に現れる行動パターンに影響を及ぼす従来型の力は、目先の黙認、盲従、依存を生み出したり、抵抗を生み出す場合すらある。だが、そういった従来型の力は、どのように組み合わせて使ったとしても、その力だけで変容を生み出すことはないだろう。行動探求は、これらすべての従来型の力も特定の状況においてさまざまな割合で混ぜ合わせる。しかし、こうした力は、行為者とその行為者が関係する人々や組織の両方に変容をもたらしやすくする、まれなる相互的な力に常に劣るものとして位置づける。行動探求が約束するのは、**変容をもたらす力**という新たな種類の力であり、逆説的に言えば、その力は変容そのものを起こしやすくしようとする能動的な意図から生まれるものだ。本書では、組織内でこの種の力が働いている日常的な状況について、数多くの説明をしていく。

要点とプレビュー

行動探求は新しいものだと紹介してきた。行動探求は、二つの意味で新しい。歴史的に見ると、組織化のための**行動**を制御・調整するための現代のマネジメント上の関心と同時に、有効な理論とデータを生み出す**探求**についての現代の科学的関心をもたらす点に新しさがある。そして個人の観点から見ても、行動探求は、探求なく無意識的、習慣的に行動するのをやめて、私たちが意識を高め、意図的に探求を実践するたびに、個人の日常生活に異なる新たな未来を生み出すという点で新しい。

ここまで、行動探求を特徴づける性質を大まかにつかめるよう、次の点を提示してきた。

◆どの行動も、どの探求も、暗黙のうちに行われている行動探求である。

◆行動探求は、今この瞬間についての研究と実践を織り合わせる。

◆私たちは日々の日課と中断の最中に、行動探求を意図的に行うことができると気づき、思い起こすことはほとんどない。

◆行動探求は、主観的・相互主観的・客観的なデータを織り合わせようとするものである。つまり、未来に対する私たち自身の意図についての主観的データ、さまざまな人の多様な視点から見た現在進行していることについての相互主観的データ、過去に実際にどんな性質をもった、どんなことが生み出されてきたかについての客観的データを織り合わせようとする。

◆行動探求の特別な力である**変容をもたらす力**は、自分たちの意図や共有ビジョンに忠実であること、自分自身や他の人たちのビジョンと戦略、パフォーマンス、結果との間にあるギャップを敏感に察知すること、そして、私たち自身を変化の影響下にさらけ出すことも含め、組織や社会の変容において他の人々とともに指導的役割を進んで果たそうとすることの組み合わせから生まれる。

行動探求を実践すると、実践していない人々よりも競争上圧倒的に優位に立てる。実際、私たちは、これまでいっしょに仕事をしてきた数千人のマネジャーたちと共にそのような経験をしてきた。マネジャーたちは、最初は行動探求の実践をリスクが大きいと感じるが、その後は当初想像できなかったほどのとんとん拍子の昇進を果たすのだ（この思いがけない成果が起こる傾向の背景として、一つには、私たちが新たな行動のリスクを大きく見積もりすぎ、今まで続けてきた習慣的な行動のリスクを小さく見積もりすぎるからである。もう一つには、現在の組織においてリーダーたちが、目に見えて、自発的、非競争的で、ギャップを埋めるようなイニシアチブをとることは、まだまだ珍しいからだ）。

だが、実のところ、行動探求が生み出す競争上の優位性は、相互的で協調的な優位性に比べるとたいしたものではない。行動探求は、それを実践するよう他者にも促す視点とスキルを皆さんが身につけることで、得られるものがいっそう大きくなる。行動探求を競争的に実践するよりも、行動探求がよりいろいろな意味で（より高い相互性、信頼、友情、奉仕精神、意味の共有という意味で）皆さんの人生を豊かにする協調的な働きかけであった場合に、その約束するものともたらす力は絶大なものとなる。

本書は、友人、同僚、仕事上のチーム、組織が、日常の行動のゴタゴタに巻き込まれているときでさえも学習できるような斬新な手法を提案するものだ。私たちは、マネジャーや組織全体が、いくつかのレベルで学習すると同時に、継続的なプロセスとして自分たちの行動を修正するためのひじょうに有効なプロセスとして、行動探求を提案する。このプロセスによって私たちは、事業上の成果や信用にマイナスの影響が出る前に誤りを修正できるだけでなく、同僚の大半をまき込んで継続的学習に対する前向きな文化を生み出すほどの、快くて活力あふれる経験を得ることもできる。

私たちが本書を書く意図は、皆さんが自身の行動探求の旅を始め、あるいは続けていけるよう支援することだ。「行動の最中に探求する」プロセスについて、多くの例を挙げて説明する。瞬間的でささやかなものもあれば、戦略的、芸術的、持続的であるゆえに生活全体、企業全体、業界全体、または国全体に変容をもたらした例もある。さらに、第Ⅰ部と第Ⅱ部の間にある中間章の練習を通して、この「行動の最中に探求する」プロセスへと皆さんをいざなう。まずは一人ひとりのマネジャーに焦点を当て、それからチームや組織へと広げていき、最終的に社会や人生全般に話を広げていく。ようこそ行動探求の世界へ！

第Ⅰ部

行動探求のリーダーシップ・スキルを学ぶ

Learning Action Inquiry
Leadership Skills

第1章 行動探求の基本

「行動探求《アクション・インクワイアリー》」とは、何かを生み出すと同時に自己評価する行動パターンである。複数のことを同時に行うのだ。展開していく状況に耳を傾ける。優先順位が高いと思う、やるべきことをやる。そして必要であれば、そのやるべきこと（と自分自身の行動）を目的に遡って修正する。行動探求はつねにタイムリーな行動の規律となる。その目的の一つが、どんな行動が時宜にかなっているのかを（冷静で正確に、または、熱く言葉に詰まりながらも）見出すことだからだ。

このように書いたり、書かれたものを読んだりするのは簡単だ。このような文章を読めば、「行動探求がためになるのは間違いない」と思うだろう。「タイミングよく行動したくない」なんてことがあるだろうか？　しかし、継続して実践するということにおいては、この世の中で行動探求ほど難しいことはない（少なくとも、三〇〜四〇年にわたって行動探求に取り組んできた私たちの中には、そう感じる者がいる）。なぜそれほどまでに難しいのか。一つには、質の高い行動探求には現在の状況についての格別に高いレベルの意識が求められるからだ。また、ある一つの状況にも、政治的な圧力や「何をもって時宜を得ていると見なすか」の基準が数多くあって、互いにぶつかり合う可能性もあるからだ。さらには、私たちが何かを成し遂げようとしているまさにその瞬間に、好んで自分自身を変化の影響下にさらけ出すことはとても難しいからでもある。

行動探求の小さな例を挙げよう。とんでもなく単純に思えるかもしれない。ある企業の社長が直属の部下に電話でこのように話している。

「ジョーンズの契約はたしかあなたの担当よね。助けが必要ならすぐに言ってね」

この社長は、自分の前提を明らかにし、確実に仕事をこなすために、必要ならば自分の助けを求めるようこの部下に提案している。もしかしたらその部下は、「は？　ジョーンズの契約なんて聞いたこともありませんが」と言うかもしれない。あるいは「それはポールの担当だと思いましたけど」と言うかもしれない。そうでなくとも、社長が明らかにした前提や助けの申し入れと状況とが食い違っている場合、何であったとしてもその真実が明らかになる。仕事の場で日常的に感じるイライラの多くは、このようなちょっとした「前提を確認する」行動探求を行うことで避けることができる。

だが、ビジネスにおける会話や、専門家間や家族間の会話においては、この社長の例のような明示的な確認と探求さえもめったに起こらない。ミスを防ぐ方法について訓練中の研修医による模擬手術に関する最近の研究の例をとってみよう（Rudolph 2003）。この研究によると、模擬手術中に起きた難しい場面での指導医役の四〇〇を超える発言のうち、助手役が学んでいることについて質問するものはわずか三つしかなかった。しかもこのとき、研修医の半数が、その模擬手術の直前、行動の最中に探求する具体的な方法について説明を受けたばかりだった。にもかかわらず、研修医たちのはるかに深いところに内在する、「自立して、有能で知識が豊富な医師だと思われる必要性」が邪魔をして、ミスを防ぐことにつながる情報を得るのに必要となる、自己の不完全性を認めることができなかったのだ（多くの研修医が事後のインタビューでそのことを認めている）。

意識に変化が起こる必要がある。あの社長のような発言をする機会を示すように、意識の種類が変わらなくてはならないのだ。この種の意識は、研修医が手術室で同僚の助けを求めるのを妨げる暗黙の自己像を超越するもので、患者も私たちも抱く真の支援欲求に敏感に注意を払うよう促す。この意識は何であろうか。私たちはどうすればタイミングよくこの意識に至ることができるのだろうか？

水中パイプラインのプロジェクト・マネジャー

手がかりを得るため、ひじょうに有能で高収入のマネジャーであるスティーブ・トンプソンが、上司であるロン・セドリックと彼との対立を再現した様子に耳を傾けてみよう。スティーブのチームが北海で水中パイプライン敷設工事をしているときに、プラットホーム周辺で嵐が吹き始める。

英国国営石油公社は、海上でオイル・タンカーに石油を積み込む「単錨係留システム」を導入する契約をロン・セドリックと結んでいました。これによって、沖合の油田から数百キロメートルもパイプラインを敷く必要がなくなるのです。最初の水中工事は、保護区になっている、絵のように美しいノルウェーのフィヨルドですでに完了していました。ですが今回、私たちは、予測できないほど荒れ狂うこともある二月の北海で、全長約一八〇メートルのデリック船の上から一日八～一二時間もの過酷な飽和潜水★をしていました。

この危険な作業の中で最も注意が必要なのは、「ベル」と呼ばれる六人用の人員輸送カプセルが潜行時と浮上時に、波の影響を受けやすい海面から深さ八メートルぐらいまでの「境界面」を通るときです。荒海によってベルがウィンチからはずれてしまうこともあり、そうなると、潜水士たちの命はほぼ助かりません。

あれは私がプロジェクト・マネジャーとしての最初の仕事だったため、私にとって、スタッフが最高の仕事をしていること、そしてセドリックが私たちの仕事ぶりに大いに満足していることは特別に重要なことでした。セドリックは、メタリック・ゴールドのヘルメットをかぶり、近寄りがたいことで有名でした。そして、彼のプロジェクトは、どんなに困難なものであっても、常に予定より早く進んでいました。

予定していた一二時間連続作業のためにベルが海に潜ったちょうどそのとき、風向きが変わり、穏やかなうねりと同じ方向から吹きはじめました。風が強くなる前にいつも起こる現象です。私は交代勤務の現場監督に天候から目を離さないよう注意を促し、最新の予報とファクシミリを見るために船橋に上がりました。そして、それらの情報から、私の疑念が間違いないことを確認しました。

そのとき、セドリックが私のところにやってきてこう言ったのです。「個人的に、きみやきみの部下たちのすばらしい仕事ぶりには感謝しているよ。これからも変わらず頑張ってくれるだろ？　天候がやや荒れ始めたのはわかっちゃいるが、スケジュールより早く進めるために今日じゅうに自噴線の接続を終えてしまわなければならねえ。だから、ちょいといまいましい天候のせいで中断しなきゃいけなくなる前に、なるべく長くベルを潜らせておくことが必要さ。潜水士たちはきみのことを尊敬しているから、きみの頼みなら聞くだろ？」

★　減圧症を防ぐためにあらかじめ体内に不活性ガスを飽和状態まで吸収させることで100メートル以上の深度でも長時間の活動を行う潜水技術

「はい！　お任せください」。私は自信満々に答えました。しかし、このとき私の中で聞こえていたのは、それとは違う声でした。船橋で天候をチェックした瞬間、恐怖で身体がこわばったのです。自分には、「客観的にも、セドリックにも、うまくやったと思われたい」という抗いがたい欲求に立ち向かって、作業を中断するだけの意志の強さは持ち合わせていないと怖じ気づいていました。また、「無理に作業限界を拡大することは正しいことだ」と部下たちをごまかすことになることを恐れていました。

その結果はあまりにも予想通りでした。ベルを引き上げるのが遅すぎたのです。強風が吹いてきました。海面から八メートルの境界面を通ってベルを浮上させるのには大きな危険が伴いました。私は潜水士たちの安全を危険にさらし、運転の許容範囲外の悪い前例を作りました。私は、「うまくやり遂げた」――自噴線の接続を終えた――ことでセドリックから受け取った大きなボーナスに満足感を得ることはありませんでした。私の中では、部下たちの安全を操り、危険にさらしたという自覚が、自分は正直で倫理的な人間だという私の幻想をずたずたにしました。

非常事態が過ぎ去り、任務が首尾よく遂行された後、スティーブ・トンプソンは、大きな障害に直面しながらも仕事を成し遂げ、上司から評価されたことにただ喜びを感じてもよかったはずだ。しかし、スティーブの意識は、「立ち向かうだけの強い意志を持ち合わせていない」という彼の性格の深刻な弱点を明らかにする形で、注意を喚起し、弱さをさらけ出すものだった。スティーブは、自分が重視し掲げる価値観と、自分の実際の行動との深刻な不一致を自覚したのだ。

私たちがスティーブ・トンプソンのストーリーについて考えるとき、まず抱くのは、行動探求に関連する意識の種類についての二つの問いである。意識に水を差し、私たちが誠実さ、相互性、正当性、探求をもって行動することの妨げとなる、自分の暗黙の自己像をすべて超越するようなこの意識とは何なのか？　そして、どうすれば、緊急時においてもタイムリーな方法でこの意識に至ることができるのか？

この事例自体は、これら二つの問いに明確な答えを示すものではない。スティーブは、セドリックと接触している間にも、その後のハラハラドキドキの場面にも、このような意識に至った様子はない。スティーブは、混乱と危険に遭遇したにもかかわらず、仕事を成し遂げ、潜水士たちを無事に引き上げた。このストーリーは、まず行動し、あとから探求する（あるいは全くしない）タイプの行動への気づきを説明するものである。スティーブは、変化する状況に合わせて分刻みで自分自身や自分のチームの行動を調節することについての意識が研ぎ澄まされている。工学・社会システム理論では、私たちはこれを、「**一次《シングル》ループのフィードバック**（自分の直近の行動が自分を目標に近づけたかどうかを示す情報）から情報を消化し学習する信頼性能力が高い」という。効率的かつ効果的にゴールに近づくためには、信頼性の高い一次ループのフィードバック学習が不可欠であり、この事例でスティーブは、このような質の意識をもっていることを明らかに示している。

スティーブの事例を最後まで見ていくと、説明するのがはるかに難しい、二次の意識の性質も示されている。その意識はいわば自己像を超越するような意識であり、スティーブは自分自身についての「幻想」が「ずたずたにされている」のに気づいていた。だがこれはまだ、混乱の最中においてスティーブに、効率や効果だけでなく正当性も高めるリーダーとしてのイニシアチブを見つけられるような力を与えてくれる意識ではない。

スティーブ・トンプソンの体験に何が起こっているか、もっと詳しく見ていこう。ある特定の瞬間に、スティーブは、自分を動機づけるいくつかの個人的な力の間に大きな不調和があることに気づく。まず、上司を喜ばせたいという気持ちがある。ふつうに考えると、それ自体は罪のない、十分に建設的なものだといえるだろう。それから、効率的かつ効果的に行動したいという気持ちがある。これは、仕事の環境で抱く望みの中では最も建設的なものだと考えられる。三つめは、自分の部下たちを常に最高に満足させることによって、部下たちから尊敬されるに値する人間でありたいという気持ちだ。そして最後に、正直で倫理的な人間としての自己像がある。

　スティーブの心のうちにあるこれら四つの大きな塊は、北海で嵐が吹き荒れている間、これまでにないほど激しくせめぎ合っていた。スティーブは、自分の中で起こっていたことを「恐怖で身体がこわばった」、「ずたずたになった」と伝えている。もたらされた結果については、自分が正直で倫理的な人間であるという「幻想」の崩壊を言い表している。

　だが少し待ってほしい。本当のところはここで何が起きているのだろうか。その自己像は本当に幻想なのだろうか。そのときのスティーブ自身にとって、そしてこの話を後で書いているときのスティーブにとって、この話はまさに正直の真骨頂ではないのか？　スティーブが事後に行うことにしたこの内省的なプロセス全体が、まさに倫理的な探求の真髄ではないのか？　私たちに誠実さが欠けていることを、思いやりをもって容赦なく観察する以外に、私たちが真の倫理的な誠実さを生み出す方法があるだろうか？

　スティーブは、自分の書いたことについてフィードバックを受け取り、それについてじっくり考えることによって、自ずと、自分が真に倫理的な懸念を強く抱いていることに次第に気づいていった。実際、この懸念こそがスティーブの自己批判全体を引き起こしているものだったのだ。スティーブは、嵐のときに自分をゆがませた二つのとらえにくい要因に気がついた。一つは、セドリックが複数の種類の力（正当だが上司として一方的になる可能性のある力、技術の専門家としての権威と名声、テキサス風に男っぽく「ちょいといまいましい天候」と言うときのざっくばらんで魔力に満ちた絶大な力）を巧妙に使うことだった。嵐のときに、スティーブはセドリックが自分に対して行使した力の効果を感じることはできたし、その圧力が不当であることをそれとなく感じとっていた。だが同時に、自分に何が起きているのかを言葉で言い表すことはできなかったし、それから逃れる方法を思い描くこともできなかった。これは、すべてでないにせよ、多くの人に起こることである。私たちは、ある種の力が自分に向けられたとき、呆然としたり魅了されたり、自分に何が起きているのかをはっきり説明できなくなったりして、それに対する創造的な行動がとれなくなるのだ。

スティーブをゆがませていたもう一つの要因は、私たちの外側で起きている嵐と内側で起きている嵐の両方を偏りなく観察できる注意のようなもの、あるいはビジョンが欠けていたことである。それを「スーパービジョン」と呼ぼう。

一次ループ、二次ループ、三次ループの気づき

システム理論★は、スーパービジョンを定義し、理解するための枠組みを提供する（Deutsch 1966; Torbert 1973）。システム理論の観点から言うと、スティーブは、セドリックや北海の天候をめぐる危機において、一次ループのフィードバックにうまく対処した。嵐の間、海中にいた部下たちが無事に引き上げられるように自分の行動を調整した。だがスティーブは、十分に消化できなかった**二次《ダブル》ループのフィードバック**の衝撃も体験した。スティーブには、このフィードバックによって、自分の行動を修正するだけでなく、自分の構造や戦略の変容を求められることがなんとなく

★ 世の中のさまざまな現象を、相互依存的に作用し合う要因から成るシステムとしてとらえる科学理論。

わかっていた。ある状況で効率性と効果と正当性という目標が衝突したとき、ふつうは第一に正当性、第二に効果、第三に効率性を優先させる（なぜなら、長期的に見た場合、効率性はそれが効果につながる場合にのみ持続可能であり、効果はそれが正当性につながる場合にのみ持続可能だからだ）ということをスティーブは明確にする必要があったと言えるだろう。また、スティーブは、既存の権威構造（この場合はセドリック）が、会社の正当性を脅かす形で力を用いる場合には、相互性を強める、ある種の変容力に基づいた対抗戦略が求められることを学ぶ必要があったとも言える。

　だが、「相互性を強める変容力」という概念そのものが、大部分の人にはなじみがないため、スティーブがそれを知らなかったのも無理はない。さらに、たいていの人は、自分の現在の構造や戦略、行動論理《アクション・ロジック》を自分のアイデンティティそのもののように扱う。二次ループのフィードバックを受け入れることは、私たちのアイデンティティを失うも同然に感じられるかもしれない。人は自分の中でいっそう深い精神的存在を感じるまで、それを受け入れたがらない傾向がある。だが、その精神的存在があれば、たとえ異なる役割や戦略を試すときでも自分を自分として感じつづけることができるのだ。このいっそう深い精神的存在、つまりスーパービジョンは、自己像に基づいているのではなく、私たちの体験における四つの領域――私たちの**注意**、**戦略**、**行動**、**結果**――の間で起こっている実際の相互作用を体験することに基づく。システム理論において、これは**三次《トリプル》ループのフィードバック**と呼ばれる。なぜなら、図1-1に示すように、それが、外の世界における自らの結果と（一）私たちの行動、（二）私たちの戦略、（三）私たちの注意そのものとの間の今存在している関係を強調するからだ。三次ループのフィードバックは、私たちを「自分自身とともにある」状態にさせる（ソローが「きちんと意識している人に会ったことがない」と言ったのは、こういった形で常に自分自身とともにある人に会ったことがないという意味だったのだろう）。

スティーブは、研修のロールプレイで、ほかに取り得た行動を試してみたことで意識を広げていった。その時、暗黙のうちに気づいていたその状況下で他の多くの側面に、自分を重ね合わせることなく耳を傾ける必要があったのだ。最初はスティーブは、代わりに取り得た行動はただ一つ、「はい、お任せください」と言う代わりに、セドリックに真っ向から反対することだと思っていた。だが、スティーブは、気がかりな天気予報が出ていたとはいえ、あの時点では部下たちを早めに上がらせるべきかどうか、完全に自信があったわけではない。だとしたら、あの時にどうして上司と対決するリスクを負うのか？

代わりに取り得たもう一つの行動——スティーブは次のロールプレイでこれを演じた——は、単純に、セドリックへの対応を変えないまま、ベルをもっと早くに引き上げるというものだ。振り返りの中で、スティーブは、現実の状況にタイムリーな形で対処するためには、そのときの自分の意識が、エネルギーの調和していないいくつかのシステム——現実の外部の天候システム、チームの潜水のシステム、セドリックの心理的なシステム、スティーブ自身の心理的なシステム——を受け入れられなければならなかったと気づいた。たとえば、スティーブの意識は、部下たちがスティーブのことをどれだけよく思っているかについてのセドリックの偽りのない賛辞を

図 1-1　ある人の気づきの内側にある一次ループ、二次ループ、三次ループのフィードバック

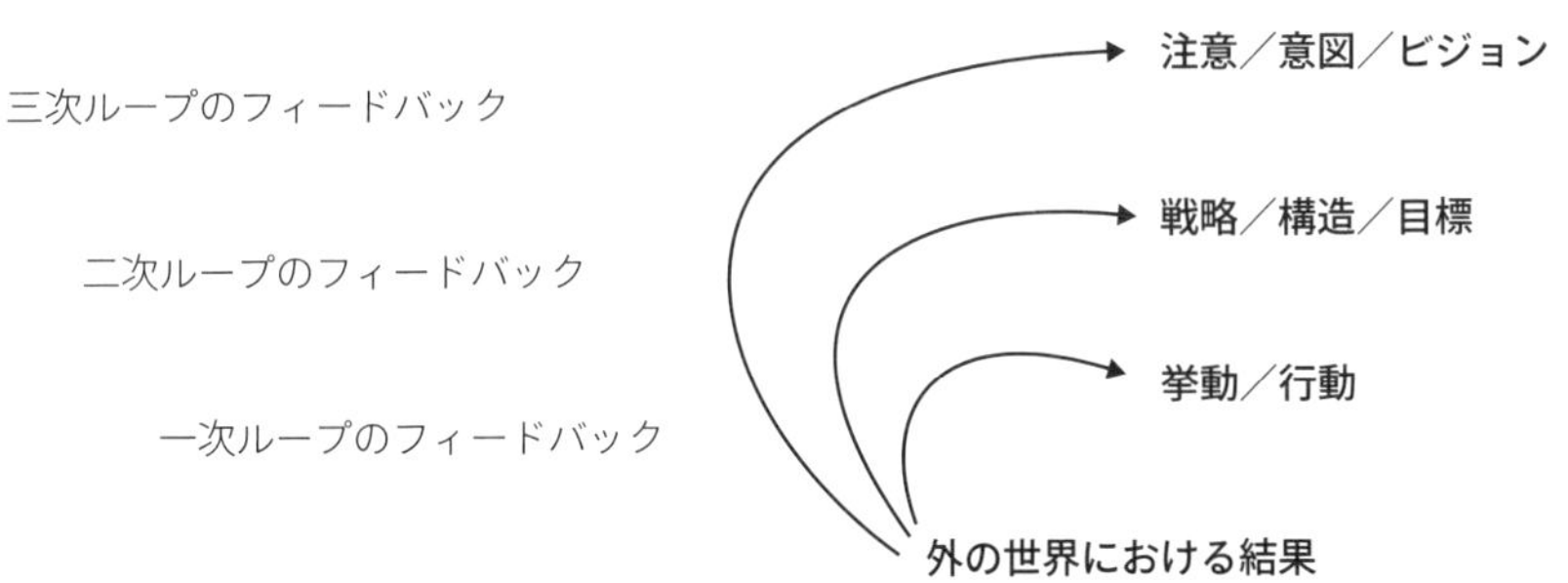

受け入れられなければならなかったし、スティーブがいつも自分について感じている、「ほかの人たちが自分に対して抱いている敬意は、命知らずとか、それとも自主性がなく簡単に操られる体制順応的な人間かに基づくのではなく、プロとしての判断力の確かさに基づくものだ」ということをその瞬間に思い起こし、明確に感じられなければならなかっただろう。つまり、セドリックには実際にそのときスティーブが行ったとおりに対応しつつ、一方でベルをもっと早く水中から引き上げるためには、ロールプレイを行っている間に感じ始めていたように、「米国政府の立法、行政、司法の三権分立のバランスと同様、自分の力とセドリックの力も相互にバランスし、高め合うことができる」と感じていなければならなかったのだ。

さまざまな関係者の影響のバランスをとりながら、目標達成のための行動と目標そのものについての探求とのバランスをとるこの力は、三回目のロールプレイにおいて、いっそう明確に具体化された。スティーブはその瞬間生じたスーパービジョンを行使することで、その力を発見し、生み出したのだ。「予定より早くこの仕事を終わらせることが、あなたや会社にとってどの程度の重要性をもつ状況なのか私にはわかりませんが」と、スティーブは顔色を窺うようにおそるおそる話し始めた。ロールプレイでのセドリック役が何も答えずに少しの間黙っていると、スティーブはこう続けた。「もちろんしばらくの間はベルを潜らせておけます。しかし、作業を完了できるかどうかはわかりません。部下たちは、私が頑張るよう求めているのはわかっています。それと同時に、私が自分たちの命を危険にさらすようなことはしないともわかっています。ここにいて私といっしょに状況を見守られますか？　それとも引き続き私に判断を任せてくださいますか？」　ここで、スティーブはセドリックに、「予定より早く終わらせる」という彼の目標の根拠を明らかにして、それを潜水士たちにとっての大事なこと（この状況におけるもうひとつの正当な現実）と対置させるよう促し、さらに、展開中の状況に好きなだけ影響を及ぼすようセドリックを招きいれる一方で、スティーブ自身の優先させるべきことを（セドリックから力を奪いとろうとする競争的な望みはないことを含め）明確にしている。

スティーブがこれらのロールプレイを通じて理解し始めたのは、自分が積極的に育むことができるのは、単に他の誰かの目標を達成するための新たな行動についての一次ループ学習だけではないし、また直感的なビジョンを実現させるための新たな戦略と新たな目標についての二次ループ学習だけでもないということだった。今スティーブは、進行中のスーパービジョンを意図的に育む三次ループ学習を行っているのだった。スーパービジョンは、元々の状況でスティーブが心に不調和があったことをちらりと感じたレベルの意識である。それが私たちの中でひらめくのは一瞬なので、多くの場合、私たちはそれを識別したり、消化したり、覚えていることができない。もしもスティーブがそもそも、あの緊急時に自分の心と、そしてより大局でみた状況の中にこの不調和があることとの観察を保持できていたならば――つまり心の中で自分のことをどうしようもないほど非倫理的だと思うのではなく、スーパービジョンを行使しつづけていたならば――その高まった意識によって、スティーブはそのときに別の行動をとることができたかもしれない。

ロールプレイで起こった、こうした行動後の意識の実験は、現実社会でスティーブをどこへ導いたのだろうか。スティーブがこの出来事について書き出し、ロールプレイを行ってから数カ月もたたないうちに、同僚たちはスティーブのことを「違う人間」になったと表現している。スティーブはもはや、単なる「一流の技術者」ではなかった――セドリックの考える、自分や他のメンバーたちを目の前の仕事で最大限に力を発揮させる存在ではなくなったのだ。いまやスティーブは、与えられた権限の範囲内でひじょうに精力的に仕事をする信頼できるリーダーであるだけでなく、広い視野をもち、信頼感を抱かせ、バランスが取れて、より広い範囲で気配りのできるリーダーであると目されるようになっていた。スティーブは、先ほどの述懐とロールプレイを行った管理職向けプログラムを経て浮上し、会社経営の中核に加わり取締役になるようオファーを受けた。セドリックを追い抜き、給料は以前の二倍以上になる昇進だった。

それだけではない。スティーブが学習することで高めたのは彼自身の境遇だけではなかった。三年後、スティーブは競合企業の社長に就任した。その地位に就いてすぐに、スティーブは企業による行動探求の機会を見出した。スティーブが新たに社長になった会社は、その直前に大きな顧客を失ったばかりだった。スティーブは、これをどうすることもできない出来事ととらえることなく、前任者に対して自分のほうが優秀だろうとも考えずに（確かに、スティーブだったら大きな顧客をそんなふうに失ったりはしなかっただろうが）、かつて顧客だったその会社のCEOに自ら電話をかけ、具体的にどのようにして自社が失敗したのかを尋ねた（つまり、一次ループのフィードバックを追求した）。それから、自社の社員たちに、業績不振の原因となっている事業システムと関係性を再構築させた（つまり、自社を二次ループの学習に引きこんだ）。次に、スティーブはかつての顧客に対して、予定通りに業績を上げられなかった場合には自社が異例の割合でその金銭的責任を負うことを義務づける新たな契約を提案した（そうすることで、契約内容に見合うべく努力しながら自社の内部で進行中の三次ループの気づきを促進する状況を創り出した）。こうして、会社は責任を果たし、上顧客を取り戻した。

この事例は、スティーブが自己批判を超えて、よりしなやかで時宜をぴったりと得た意識を育てる領域に入ったことを示している。その意識が、リアルタイムのプレッシャーの下で、受容性があって、相互性を高め、変容をもたらす力の行使を生み出し、その力が、自社の運命と顧客の運命の両方を好転させたのである。

四つの体験領域を含めることで意識の質を高める

ここでの問いは、どうすれば読者であるあなた自身が、一人のマネジメント実践者として（皆さんは少なくとも自分の時間と行為をマネジメントする）、効果や正当性、そしてスティーブ・トンプソンが述懐とロールプレイングという演習を通じて次第に身につけた個人的な誠実さの感覚を、単に受け身の姿勢で評価するレベルを超えることができるかだ。どうすれば、自分が今ある状況について自分自身が抱いている暗黙の、しばしば検証されていない前提をより意識することができ、それによって受ける制約を小さくすることができるのだろうか？

そのためにはまず、私たちの通常の注意や意識がどのように制約を受けているかを認識し始めることだ。そして次に、困難な状況の最中に新たなやり方で自分の意識の練習を始めることである。

自分の通常の注意がどのように制約されているかを認識し始めるための良い方法は、内省する瞬間を今すぐに設けることだ。「振り返りのためのジャーナル・ノート」を書いたことがないなら、自分の身に起こったことを振り返りノートに書く習慣をぜひ勧める。満足のいかない結果をもたらした、自分の人生における重要な出来事について、他の人といっしょに、あるいはグループで考えてみよう。そういった出来事を六つほど書き出してみる。仕事で、家族との関係で、友人関係で、何かのスポーツのチームで、教会で、または自分が参加しているその他の活動で現在抱えているかもしれない問題を含めてもよいだろう。これらの問題はどれも、現在の状況についてであれば、新たな洞察をすぐに役立てることができる。関わりつづけることになる特定の人との間に繰り返し起こる問題をつぶさに検証することは、とりわけ有意義だ（たとえその問題が完全に相手の過失によるものだったとしても「もちろんそう！」、それでもその問題を避けたり乗り越えたりするためにどう行動すればよいかを学べれば、自分も幸せになるだろう）。今でも疑問に感じているずっと昔の出来事も、「満足のいかない結果をもたらした出来事」のリストに入れる候補としてふさわしい。

自分の振り返りノートにぜひともこのような出来事をいくつか書き出してみよう。この後の章では、「ご自分の振り返りノートを見てください」という部分が何度も出てくる。実際、第二章では、このような出来事を一つ以上取り上げ、それについてより詳細に見ていく方法論を紹介する。

では、皆さんがどうすれば、自分の通常の注意が受けている制約に気づき、それを新たな方法で広げ始めて、徐々にスーパービジョンの能力を生み出すことができるかを見てみよう。まず、私たちは、スティーブ・トンプソンのストーリーの中で取り上げてきた、表1-1に示す四つの「**体験領域**[★1]」のすべてに自分の注意を働かせることはめったにない。その結果、私たちの注意は、たくさんの起こっていることを印象に刻み込まない。たとえば、本書を読むとき、皆さんは、しばらくの間、まわりの音やほかの物事に気づかないかもしれない。自分自身の身体の位置や呼吸にも気づかないかもしれないし、この本が、皆さんが読んでいる言葉や文章の知的意味とは別に、大きさと重さと質感をもった物体であるという事実にさえ気づかないかもしれない。こういった事実に気づかされることで、皆さんの意識が広がって一瞬のうちにいくつかの領域に注意が向かう可能性もある。皆さんの注意は、読書を続けながら、物体としての本の感覚（第一領域）、呼吸の感覚（第二領域）、文章の意味の感覚（第三領域）のすべてに行き渡ることができるだろうか？

ふつう、人生の中で、言語を学んだばかりの幼い時期は、体験の第一領域――外の世界――に直接的に対処する方法を学ぶことに従事する。そのために、より上手に走ったり、競技をしたり、バスケットボールをゴールに入れたり、針を指に刺したりせずに針の穴に糸を通したりする方法を学

★1　この表における4つの体験領域は、図1-1のフィードバックで示されている4つの区分と上下反対に対応している。文脈によって異なる言葉で表現されているが、領域ごとに類似性を見出すことができる。

ぶのだ。その次に、私たちは、十代の友だちや、ときには相談役としての両親を相手に、体験の第二領域である私たち自身の行動そのものにより焦点を当てる。以前からある伝統的な社交ゲームの中でより上手に役割を果たす方法を学ぶ。バラバラになった家族の中で、争いの調停者として聞き役になるかもしれないし、または仲間うちで自分よりも弱い者を打ち負かすことによって自分の立場を高めるかもしれない。大学生か二〇歳代前半になるまでには、私たちの多くが、認知の領域[★2]――体験の第三領域――において創造的な能力または問題解決能力を開発することによって、それが作曲であろうと、会計であろうと、ソフトウェア開発であろうと、医学であろうと、新しい価値を提供することに主な注意を向けるようになる。

だが今日、深遠な成人学習の領域である体験の第四領域まで進む人はほとんどいない。そこまで達すると、私たちは、私たちの注意そのものでありスーパービジョンと言える第四の体験領域を使って、体験の他の三つの領域の中で一度に二つ以上の領域にまたがって意図的に動ける能力を培うことを追求する。皆さんは、このパラグラフ全体を読みながら、物体としてのこの本の感覚と、自分の呼吸の感覚を同時に保っていただろうか？

本章および本書は全体として、その瞬間その瞬間に探求的に行動し注意を広げたいとより強く願う、私たちやあなたのような人に

表1-1　4つの体験領域

第1領域	**外部の出来事**：結果、評価、観察される行動結果、環境への影響
第2領域	**自分が認識する行動パフォーマンス**：具現化の過程で認識される挙動、スキル、行動パターン、行為
第3領域	**行動論理**：戦略、スキーマ、策略、行動計画、典型的な経験についての内省の様式
第4領域	**意図に関する注意**：プレゼンシングの注意、ビジョン、直感／直観、目的

★2　「思考」と読み変えてもよい。なお「認識する行動」は、第三領域ではなく第二領域である

宛てた特別な世界への招待状である。第Ⅰ部の最後の中間章に、皆さんの行動探求に関する知識的理解を実践と経験に変容させるのに役立つよう、第一〜三章の各章の要約と関連する意識の練習を掲載している。だがまずは、第二章で、どうすれば皆さん個人の行動探求が仕事上の会話や友人との会話に展開していけるかを探求するよう促す。それから第三章で、組織全体での行動探求がもつ独特の力について紹介していく。

第2章 話し方としての行動探求

第一章を踏まえて、皆さんはもう望むときにいつでも自分自身の中で行動探求《アクション・インクワイアリー》を実践し始めることができる（とはいえ、私たちが実践を始めた頃にそうだったように、この「実践したい」という気持ちを高めるためには多くの支援が必要かもしれない）。本章の終わりまでには、会話の中で行動探求を実践する方法について十分な指針を得て、仕事や人生のそのほかの場面で人間関係をめぐる行動探求を実践し始めることができるようになるだろう。これはという友人や同僚のグループといっしょに実践したいとさえ思うかもしれない。第一章で見てきたように、私たち自身にとって個人の行動探求を実践することの重要な価値は、より深い**誠実さ**の感覚であるが、本章では、私たちの関係性にとって対人的な行動探求を実践することの重要な価値は、より深い**相互性**の感覚であることを理解してもらえるだろう。

この章ではまず、あるコンサルティング会社の社員アンソニーが行動探求に初めて挑戦して豊かなリーダーシップ学習の道に入り、彼の部署と彼自身のキャリアを変容させた話に耳を傾けてみよう。章の後半では、あらゆる話す場面で行動探求を実践するための具体的な方法について述べる。そして最後に、リーダーシップの効果を高めたいと願う人が少人数のグループで行える具体的な訓練方法を紹介する。まずは、行動探求のイメージをつかみ、どうすれば、自分が組織や家族の中でどんな立場にあるかにかかわらず行動探求を実践できるかを理解しよう。

アンソニーの行動探求リーダーシップの試み

アンソニーは国際的な人材コンサルティング会社のホイーリング支社で福利厚生専門のコンサルタントとして、ここ二年間、大企業の顧客向けの企業福利厚生制度を極めて複雑な手法で比較するという専門的な世界にどっぷり漬かってきた。アンソニーはその手法について社内でも一握りの専門家の一人になっていた。この職務は、「自分を差別化するような独自のことをする」というアンソニー個人の志を実現するものだ。

だがアンソニーは今、専門分野に特化した社員としての自分の殻を破りたいと思っている。より付加価値のある、起業家精神にあふれた指導的役割を担う好機がやってきたのだ。この好機には二つの要素がある。アンソニーが業務品質を高める機会を認識していること、そして支社の戦略的経営チームといつでも接触できる立場にあることだ。ホイーリング支社の組織は文鎮型の構造で、支社が一二のチームに分かれており、それぞれのトップにチーム・コーディネーターがいて支社長に報告している。このコーディネーターたちは、ある問題に悩まされていた。請求書の作成、研修、採用と新入社員の指導、キャリア追跡調査、仕事の割り当て、勤務評価といった山のような管理上の職務において手が回らないのだ。コーディネーターたちは、新しい顧客獲得と同時に現行の顧客との仕事もしながら、こういった職務をすべて管理することになっている。常に、差し迫った時間の制約の中でめまぐるしく優先事項を回していかなければならない。顧客、従業員、そしてコーディネーター自身が、この状況がもたらす影響に苦しんでいた。アンソニーは自分がこの問題の解決を支援できると考えていた。

誰もこのプロジェクトをアンソニーに割り当てたわけではないが、アンソニーは当初から強いコミットメントを示し、チーム・コーディネーターの問題のいくつかを改善する計画を策定する。まず、アンソニーは支社長とミーティングをもち、この問題について話し合い、それから各コーディネーターと短いミーティングを開いて、自分の提案する方法について説明する。さらに、面接時の質問とアンケート調査票を準備し、その両方を実施することにした。データ分析をした後、月例会議でコーディネーターにフィードバックをする。そして、共同で決められた行動計画が策定・実施される。要するに、アンソニーは、効果の上がらない状況を嘆いてほかの人たちを責めることに浪費する時間をなくして、代わりに創造的かつ探求的で相互性を高める対応に時間をかけることにしたのである。

アンソニーは、自分が立てた柔軟性の高い計画を念頭に、支社長のドンとミーティングを行った。三〇分の予定だったこのミーティングは、アンソニーの表現によれば、「チーム・コーディネーターの問題へ対処するためにこのプロジェクトがいかに役立つかについての二時間の議論へと発展した」。重要なポイントがこのミーティングで明らかになった。ドンはアンソニーに、データを収集してからコーディネーターたちに提案を行うのがよいだろうと言ったが、アンソニーはそれに対して、自分は解決策を提案するつもりではなく、「すべてのコーディネーターを巻き込んだ協働の取り組みを促進するつもりです」と答えた。アンソニーは、参加者全員の**相互性**の感覚を最大限に生かすことに十分に気を配ったのだ。

アンソニーはアンケート調査と面談を進めた。さらにドンと何回か話し合った後、アンソニーは、チーム・コーディネーターの責任について明示的に調査することにした。そのまま残したいものはどれで、チームのメンバーに委譲したいものはどれで、集中業務管理で処理するべきだと彼らが思っているものはどれなのかを調べるのだ。

アンソニーは自分の経験について次のように述べている。

その後のチーム・コーディネーターとの議論は、一対一ベースの私の行動を試す最良の機会でした。コーディネーターたちは、扱いの難しい問題について進んで心を開いて話し合ってくれたし、彼らの毎日を楽にしてあげようとする私の取り組みに感謝もしていました。

それぞれのコーディネーターは、定められた専門分野のコンサルティングの指揮を執っていました。私は常に、どう質問を組み立てるべきか、どの分野に焦点を合わせるべきか、どれは巧みに避けるべきかを意識しなければなりませんでした。たとえば、私は何度も、縦軸に「市場の伸び率」、横軸に「市場浸透率」をとった図表（昔ながらの「金のなる木」「花形」「負け犬」の図）を書くことになりました。保健医療チームのコーディネーターと話しているとき、私は彼のチームを「花型」に分類し、確定給付年金チームを「負け犬」に分類しました。この二チームのリーダーに同じ責任を与えるべきでしょうか？　おそらく保健医療チームのコーディネーターは、収益を増やせるよう予算の増額を許されるべきである一方、確定給付年金チームのコーディネーターは利益を増やせるようコスト削減に取り組むべきでしょう。

いずれにしても、この図表は、私が自分の枠組み・主張・説明・問いかけのスキルを用いるうえで役立ちました。その仕事を二五年も続けてきた経営幹部やプロに、「仕事の仕方を変えるべきだ」とは簡単には言えません。ですが、私の中から、行動探求の話し方の構成要素がすっと出てきました。「これから数分間、収益と予算について話をしましょう（枠組み）。異なる二チームのコーディネーターが利益計上について必ずしも同じ目標を設定する必要はないと思います（主張）。この図を見てみましょう。年金チームは保健医療チームとはまさに正反対の位置にありますよね（説明）。この二チームに全く同じ課題へ焦点を当てるのは妥当でしょうか（問いかけ）」。これは、チーム・コーディネーターたちの意識を高める良い機会でした。

次のセクションで、アンソニーがこの前の段落で言っていた四つの異なる「話し方の構成要素」、つまり**枠組み**、**主張**、**説明**、**問いかけ**について、より詳細に見ていく。その前にこのストーリーの締めくくりに触れておこう。アンソニーは、経営幹部の月例会議でのプレゼンテーションの直前、緊張に襲われ足がすくんだ。上役に囲まれながら新たな行動を試すという、いくらでも突っ込まれるような状況にあったのだから無理もない。とはいえ、会議そのものはうまくいった。その結果、パイロット・プロジェクトの対象三チームを選び、部下のリーダーシップ・スキルを伸ばせるようコーディネーターの職務を委譲するというアイデアを試すことになった。アンソニーはそれから程なくして昇進を得た。

話し方の四つの構成要素を織り合わせ、効果を高める

アンソニーは、未知で不確実な領域に入っていける自信を持ち、組織上の正式な権限では上役ばかりが居並ぶ状況にもかかわらず、まるで自分も同じ立場にあるかのように臨機応変に話ができた。アンソニーは話し方について何を学んだのだろうか。

話すことは、人間界の行為の中で、ビジネスの世界であっても、学校でも、親子間でも、恋人どうしの間でも、最も影響力の大きい、主要な意思伝達手段だ。私たちが主張したいのは、話し方の四つの構成要素（枠組み、主張、説明、問いかけ）は、人間の行為の原子そのものだということである。もし私たちが、ちょうどアンソニーが会議の最中にそうし始めたように、私たち自身の行動に対して、そしてチームの現在のダイナミクスに対して、静かに聞きながら三次《トリプル》ループの気づきの場を耕すことができれば、その原子をうまく織り合わせることで、技術的に絶大な力をもつ原子力にも相当するような人間の潜在力を平和的に引き出すことができる。

工業化時代の間も、現在の情報化時代の間も、私たちは技術の力を強大化してきたが、人間の行動する力を高めてはこなかった。「話すのをやめて行動しよう」と口にする人々は、話すことは行動の真髄であるという事実にどうやら気づいていないようだ（そして、そういった人々はおそらく相対的に効果の低い話し方をしている）。実際、私たちは、互いに対してどのような話し方をするかによって深い影響を受けている。最高のマネジャーはしばしば、私たちが今主張していることの多くを直観的に認識する力をもっており、話し方の技術を半ば意図的に洗練させている。しかし、私たちの多くは、会話行動の原子のダイナミクスによって自分たちがどれほど多くの影響を受けるかにほとんど気づいていない。私たちは、会話の動態プロセスに注意を払う代わりに、話される言葉の意味だけに意図的な注意をすべて集中させる。

私たちの主張は、アンソニーが進行中の自分自身の話とともに存在する状態に至ることで、次第に話し方の四つの構成要素のバランスがとれ、統合されてその効果が増した、ということだ。つまり、もしも皆さんが、自分の話し方がこれら四つのうちの一つか二つに偏っていると気づいたら、他の構成要素をもっと加えてみることをお勧めする。そして、皆さん自身の会話で実験することで、こういった主張を確かめることができるだろう。

以下に、話し方の四つの構成要素の定義と例を挙げる。

1

枠組みとは、その場の目的は何で、どんなジレンマを解決するためにこの会議に皆が出席しているのか、どんな前提が共有されていて、どんな前提が共有されていないと思うか（だが、確認のために声に出して問いかけてみる必要がある）を明確に述べることである。つまり、自分の見方と、自分の思う他の人の見方を、検討できるように並べてみるのだ。これこそが、会話や会議に欠けていることが最も多い要素である。リーダーや招集者は、他の人たちも全体の目的を理解して共有しているものと思い込んでいる場合がひじょうに多い。枠組みが共有されているという前提が誤っていることが多いからこそ、明確な枠組みの設定（または、会話が横道にそれていると思われる場合は枠組みの再設定）は有効なのだ。枠組みを推測しなければならない場合（「この人は何をしたいのだろうか？」）、見当違いの推測をすることが多く、枠組みがベールに包まれているために、私たちの真意が否定的で操作的だとみなされたとしても不思議ではない。

たとえば、リーダーは、会議で最初の項目にすぐ取りかかるのではなく、明確な枠組みを提供して、それについて問いかけ、検証してみるとよい。「われわれは最終期限に向けて半ばを過ぎたところであり、これまで多くの情報を収集し、さまざまな手法を共有してきました。しかし、まだ一つも決定に至っていません。本日、われわれにできる最も重要なことは、何かについて合意することだと私は思っています。少なくとも一つは、われわれが満足できるような決定をしたいのです。私としては、〇〇がわれわれにとって最善の機会だと思うので、この件から始めたいと思うのですが、それでよろしいでしょうか？　それともほかに、本日やるべきこととしてもっと重要なことがあるでしょうか？」（この後に述べる話し方の他の三つの構成要素について見ていくと、会議の枠組みについて検証しているこの例には、話し方の四つの構成要素がすべて含まれていることがわかるだろう。）

2

主張とは、やや抽象的な表現で、行動のための選択肢、認識、感情、または戦略をはっきりと主張することである（例：「われわれはもっと速く出荷しなければならない」）。話していることのほぼすべてが主張という人もいれば、ほとんど主張をしない人もいる。主張ばかりでも、主張がまったくなくても、どちらかだけではそれほど効果的ではないだろう。たとえば、「ペンを余分にもっていますか？」というのは、明確な主張ではなく、問いかけである。問いかけられた相手は、正直に「いいえ」と言って立ち去るかもしれない。それに対して、「ペンを使いたいのですが（主張）、余分なペンを持っていますか？（問いかけ）」と言った場合、相手は「いいえ。でも秘書室に行けば、丸ごと一箱ありますよ」というように返す可能性がより高くなる。

ほとんどの人にとって効果的に行うのが最も難しいタイプの主張は、私たちがどう感じているか――とくに、いまちょうど起こっていることについてどう感じているか――についての主張である。これが難しいのは、一つには、私たち自身が、自分がどう感じているかを部分的にしか意識していない場合が多いからであり、また、自分の弱さをさらけ出したくないからでもある。さらに、恥をかくかもしれないことを嫌う社会通念によって、今の気持ちは決して語ってはいけないと思うこともあり得る。こうした理由から、会話に感情が入ってくるのは通常、あまりにも感情が強くなりすぎて爆発したときだけで、そういうときは、相手を厳しく批判するような形で感情が示されがちだ（「何だと？　やかましいな。少し黙っててもらえないか！」）。だが、このような感情の主張の仕方は、防衛の姿勢を引き起こすので、たいてい、まったく効果をなさない。それに対し、自分の弱さをさらけ出す表現は、相手に正直な共感を引き起こす可能性がより高い（「私は機関銃のようにまくしたてるこの会話に、苛立ちと疎外感を感じています。とても合意に向かっているとは思えません。こんなふうに感じている方はほかにもいませんか？」）。

3

説明とは、主張に肉付けする、ちょっとした具体的なストーリーを話し、それによって相手に、より明確な動機と方向を与えることである。例を挙げよう。「われわれは出荷のペースをもっと速めるべきだ（主張）。わが社最大の顧客であるジェイク・ターンは、同社自身が急ぎの注文を抱えていて、うちの部品を今週中に必要としているんだ（説明）」。この説明から伝わる使命や戦略は、主張だけから推測されたものとはまったく異なっている。主張だけの場合、部下または他部署の批判ととられる可能性もあるし、不適切な反応を引き起こす可能性もある。たとえば、現実の目標がはるかに具体的で短期のことが意図されている場面で、主張だけを聞くと一年に及ぶシステム全体の変化を引き起こすかもしれない。逆に、主張のない説明には、方向性がまったくない。

主張者は、自分の主張はただ一つの行動をほのめかしており、誤解したのは部下や同僚が悪いのだと確信するかもしれない。だが、この場合、推論に基づく大間違いであるのは主張者の確信のほうだ。ほのめかしというものは、その性質からして、汲み尽くせないものだ。

ほのめかされたり、解釈されたりする行動がただ一つであることはあり得ない。だからこそ、共通の目的達成への信頼性を高めたいのであれば、話し方の四つの構成要素のそれぞれを明確に示し、それらを順に織り合わせていくことがとても重要なのだ。

4

問いかけとは、言うまでもなく、相手から何かを学ぶために、相手に問いを投げかけることである。それは、原則として世界で最もシンプルなことだが、実際には、効果的に行うのが世界で最も難しいことの一つである。なぜなのだろうか？　一つには、私たちは、著者がたった今そうしたように、修辞的に問いかけを行う場合が多いからでもある。相手に答える機会を与えなかったり、声のトーンで、別に本当の答えを聞きたいわけではないということをほのめかしたりするのだ。私たちは本当にそれを知りたいわけではないのに、一日に何十回も「元気？」と言う。「あなたもそう思うでしょ？」と言っては、ほしい答えを要求しているのだ。

自分たちの主張していることについて問いかけをするならば、その秘訣は、もし自分たちの前提に対して同意しないならば、思った通りに反証してくれるよう相手に促すことだ。そうすることで、相手が自分たちの前提を認めれば、その承認には何らかの意味があるし、認めなかったとしたら、まずやらなければならないのは合意に達することだとわかる。この時点で、自分たちの観点にこだわるのをやめて、自分たちが今議論している課題について相手がどのように枠組み・主張・説明を行うのかについてさらに問いかけることが有用となるだろう。

効果的な問いかけを行うことが難しい二つめの理由は、問いかけは、その前に枠組み、主張、説明が行われていなければ、効果が上がる可能性がはるかに低くなるからだ。露骨な質問をすると、相手は、どんな枠組みや主張や説明がほのめかされているのかといぶかり、慎重かつ防御的な反応を起こすことが多い。「手元に在庫はどのくらいあるのか？」（「ふうむ。この人は人員削減の話をしようとしているのだな」）

話し方の四つの構成要素に一貫している中心的な価値観が、**相互性**であるということに気づいただろうか。主張と説明においては、できるだけ説得力をもって自分自身の現在の見解を示す。枠組みと問いかけにおいては、できるだけ創造的に相手の見解を受け入れるよう努力する。

だが、どうすれば、それぞれの状況において、何を問いかけるべきか、どんな説明をすべきか、何を主張するべきか、どのように全体の状況の枠組みを設定すべきかを知ることができるのだろうか。ひと口に言うと、話し方のこれら四つの構成要素は、第一章で述べた四つの体験領域を自己レベルで探ることから始まる（図２－１を参照）。

それらは次のようにして一体となる。現在の状況において、どんな問いかけをすれば可能な限り最も広い共通理解と協調的行動を引き出すかを見出す（そして、その答えをはっきりと聴きとる）ためには、外の世界の体験領域（第一領域）に主に注意を向ける必要がある

図 2-1　どのように話し方の 4 要素が、4 つの体験領域から時宜にかなった内容を引き出すか

枠組み	注意、意図、ビジョン（第 4 領域）
主張	戦略、構造、目標（第 3 領域）
説明	挙動、行動（第 2 領域）
問いかけ（と傾聴）	外の世界における結果（第 1 領域）

（例：「事業環境の何があなたにそのように強い態度を取らせるのだろうか？」）。今の状況にどんな説明が最もふさわしいかを見極めるためには、何をさしおいても、私たちの行動（第二領域）が語る、つまり体現するストーリーに耳を傾ける必要がある（例：「あなたが私の話に二回も割って入り、叫んでいるも同然であるという事実から、私は、この件の何があなたを怒らせているのかを知りたい」）。どんな戦略を主張すべきかを見極めるためには、体験の認知・感情の領域（第三領域）に主に注意を向ける必要がある（例：「私たちが争っているそれぞれの目的を同時に前進させる方法を見つけられれば、この市場に対峙するための創造的な戦略を導き出せるだろう」）。私たちの協調活動にとって、どんな枠組みが最も包含的で的を絞ったものになるかを見出すためには、体験の最後の領域である「直感的な意図」の領域（第四領域）に主に注意を向ける必要がある（例：「私たちが今後一〇年間にわたってこの会社と経営陣を成長させつづけたいのであれば、私たちが会社に与えられる最大の資質はもしかしたら、いかにして私たち二人、または私たち二つの事業部門がより良い形で協働できるかを学ぶことだろうと思い始めている。こうした一〇年後のビジョンは、そもそもあなたのビジョンと両立できるだろうか」）。

話し方のこれら四つの構成要素を織り合わせるためにスーパービジョンを行使するのは、皆さんには割に合わない投資だと思えるかもしれない。なぜなら、結果を得るための一方的な技術の力を事実上封印することが途方もないことに感じられるからだ。実際、問いかけや説明を用いて、自分自身を他者の視点の影響下にさらけ出すような真実の探求や話し方は、今まで何かしら自分たちが一方的な状況のコントロールによって築いた（あるいは築いたと思っている）勢い《モメンタム》を大きく脅かすとも思えるだろう。たいていの人は、自分たちの勢いを妨げられたくないものだ。「枠組み・主張・説明・問いかけ」による話し方は自分たちの勢いを妨げ、自分たちの楽しい夢物語に水を差す真実の反応を呼び起こすかもしれない。それゆえ、私たちは心からこの手法を試すことがなかなかできないものだ。だからこそ、私たちのいつものやり方で得た結果に満足していない状況において、対話による行動探求を試すのがよい。そこでは、新しいやり方を試すことで失うものはほとんどない。だが、すでに述べたとおり、二者間の行動探求によって、お互いの効率と効果が高まるだけでなく、そこで得られるもっとも重要な価値は、相互性の高まりである。私たち自身が変わることで一方的なコントロールよりも相互性に価値を置くようになって初めて、この話し方に十分なじめるだろう。

だが、今行動している自分自身を意識したいと心から強く思うまでは、常にかつ効果的に「枠組み、主張、説明、問いかけ」をやり遂げることはないだろう。また、私たちが「枠組み、主張、説明、問いかけ」への真の反応を知りたいと心から強く思うまでは、四つの構成要素を効果的に行うことはできないだろう。とりわけそれが私たちの持つ今の枠組み、主張、説明に対して疑問を投げかけることになる場合に探求したいと思えるかが重要だ。私たちは徐々に、真実と相互性に基づいた行動だけが、自分にとっても、相手にとっても、組織にとっても良いものだと確信するようになるだろう（この感情を抱くこと自体が生涯の旅であり、第四～七章までで、その旅における主な段階のいくつかについて掘り下げていく）。

私たちは、他の人たちが今ある状況をどのように体験しているのかについて真実を知りたいと心から願わなければならないだけでなく、私たちが問われ、間違いを証明されることさえも願っていることを相手に納得してもらうやり方で行動・探求する必要がある。なぜかといえば、人はたいてい、他の人の枠組みや主張や説明を反証したがらないものだからだ。率直にそうすることは失礼なこと――相手の「顔に泥を塗る」こと――だと思われることが多い。それが微妙な問題であればあるほど、なぜ反証となる反応に――それが本当に真の反応であるなら――耳を傾けることが大事なのかを具体的に説明することの重要性が高まる。

話し方の四つの構成要素を実践するための律された方法

八年前、共同執筆者であるエリカ・フォルディー、ジェニー・ルドルフ、スティーブ・テイラーが自主的な学習チームを作った。一カ月に一度集まって、行動探求を行うものだ。彼らは、ほかの同様のグループの立ち上げも支援してきた。そのやり方は通常、自分が体験した（または体験しつつある）重要な相互作用についての事例を個人が発表するというものだ。そのグループのメンバー内で進行中の事例のこともある。実際、本章で前述したアンソニーのストーリーは、彼がメンバーに支援を求めた、進行中の行動探求のプロジェクトだった。同様の他のグループでは、メンバーが、電子メールの即時性を利用して、その日に仕事で直面している具体的な難題について助けを求めることもある。

ルドルフ、フォルディー、テイラーの論文（Rudolph, Foldy & Taylor 2001）は、ある状況下でこのプロセスがどのように機能するかについて丁寧に解説する数少ない論文の一つだ。本章のこれ以降の部分は、彼らの解説を凝縮したものである。それは、枠組み・主張・説明・問いかけを用いて、明確さを増すための個人の自己変容を直接に支えるような会話を描写する。皆さんも、同僚や社外の友人たちで少人数のグループを作り、第一章の終わりに私たちが振り返りノートに書き始めることを勧めた事例などについて議論することもできるだろう。

このような事例を通じた演習の意図は、その事例を書いた人（とそれ以外の人たち）が自分はどのように行き詰まっているのかを理解できるよう支援し、将来同様の問題が起こるのを避けることだ。図２－３のような表が、この演習のガイドとなる包括的な枠組みを示す。以下に記すツールを用いて、この事例を分析し、ダナの暗黙の前提、行動、結果についての見解を、表に書き込んでいく。

ここで取り上げた事例では、ダナは、仕事に関連してコンピュータ技術が健康に及ぼす影響に対処する組合ベースの連合「アクション・オン・チェンジング・テクノロジー（ACT）」の理事である。この会話は、ダナが理事になって一年足らずの頃のものだ。この事例に登場するもうひとりの人物、アンは、ダナよりも一年半ほど前からこの組織で働いている。アンは理事になりたいとは思っていなかった。アンは、若いにもかかわらず、組織的にも政治的にもとても気が回る。ダナはアンをとても高く評価していて、とくに理事に就いたばかりの頃、アンを大いに頼りにしていた。

ダナの着任後二〜三カ月の間、アンとダナはひじょうにうまくいっていたが、ある時点からぎくしゃくするようになった。今では、この二人の会話は行き詰まることが多くなっている。次の例（図2-2）は典型的なパターンで、ダナとアンは自分たちの組織の支援対象として適切なのはどんな現場かについて言い争っている。他のスタッフであるミリアムとフレッドもそこにいるが、以下のやり取りの間は黙っている。まず図2-2★を読んでもらいたい。

学習グループは、ダナがどんな結果を望んでいるのかを読み取ることから始める。ダナはこの関係性から脱するために何を望んでいるのだろうか。対話の右側にある「考えたことと感じたこと」という部分（図2-2）が、事例を書いたダナ本人がどんな結果を望んでいるかのヒントになることが多い。

右側のダナの言葉から、アンは教育対象とする組織の選定を誤っているとダナが思っていることがわかる。ダナは、「それは得策じゃないわ」とか「的外れなことを言ってる」と思っている。実際の対話では、ダナはアンの考えを正そうとして、「敵はフォニング社のトップじゃないわ」と声を荒げる。そして、アンが自分にとっては敵かもしれないと言い返すと、ダナは「でもそれは戦略

★　この図はクリス・アージリスの「左側の台詞」とほぼ同じであるが、実践を重んじる著者の意図によって左右が入れ替わっている。

に沿ってないわ」と応じている。これらのコメントが、心の中で言っているものも、アンに向かって言っているものもすべて、彼女たちが行うかもしれないことの**内容**に関する手短な主張であることに留意してもらいたい。実は、これらはすべて認知の体験領域（第三領域）に濃縮された注意に由来する。それぞれが今どのように話しているかという**プロセス**に関係しているものは一つもない。行動しているときの挙動の体験領域（第二領域）への注意に由来するものも一つもない。

ダナに言わせると、妥当な教育対象はどこなのだろうか？　ダナがアンの提案したところを、「あそこはいい仕事をしてるでしょう？　先進的な顧客だけ受け入れるしね」とか、「すごく小さな会社だし、基本的に私たちの敵じゃないわ」といって受け流そうとしたことから、小さな先進的な組織は妥当な対象ではないというヒントが得られる。これらのコメントは、（自分の答えを伝えるための）修辞的な問いかけもあり、説明（「すごく小さな会社だ」）もあり、主張もあり、とさまざまであることに留意してほしい。会話のこの部分全体が、ほかに考えられる現場があるかというダナの最初の問いかけによって枠組みされている。

学習グループは、これらのパターンに気づき、ダナに、なぜこのようなことを言ったのかを明らかにできるかどうかたずねた。ダナは、自分の基準に合った教育対象を見つけ出すようスタッフに促したかったのだと言う。そうであれば、ダナはスタッフ全員に現場の候補を挙げるよう促し、それから後に、何が良い現場かを判断する共有基準を設ける試みとして枠組みすることもできたはずだ。だが実際は、ダナは暗に、自分自身が抱いている良い現場の基準を押しつけようとしていた。

また、ダナはアンと自分自身との衝突に悩んでいるようだ。ダナは心の中で、「まったく何なの？　また衝突？」、「私たち、どうしてこうなるのかしら。どうしてこう緊迫するの？」と思う。学習グループがこれについてダナに質問すると、ダナは、組織の前進を助けるような和やかな議論

図 2-2　二人の対話と平行する心の中でのつぶやきの例

ダナとアンの会話	ダナの考えたことと感じたこと
ダナ：ほかにはどんな現場が考えられる？	
アン：しばらく前に、フォニング社の人たちと話をしました。もう一度あそこと連絡をとってもいいですね。	それは得策じゃないわ。この人、どうしてあんなこと言ってるのかしら。
ダナ：マサチューセッツ州西部のテレマーケティングのグループのこと？　あそこはいい仕事をしてるでしょう？　先進的な顧客だけ受け入れるしね。	
アン：いや、あそこは電話オペレーターたちの待遇があまりよくないのです。	的外れなことを言ってる。
ダナ：すごく小さな会社だし、基本的に私たちの敵じゃないわ。うちの資源が無限にあるのだったら、あそこもいいかもしれないけど、そうじゃないものね。	
アン：そんなことは関係ないと思います。あそこには悪条件の下で働いている労働者がいる、ということです。私たちの支援を受けられるかもしれません。	
ダナ：敵はフォニング社のトップじゃないわ。	まったく何なの？　またも衝突？　この人の純粋主義にはイライラするわ。
アン：あなたにとっては敵じゃないかもしれませんが、私にとっては敵かもしれないんです！	
ダナ：でもそれは戦略に沿ってないわ。	私たち、どうしてこうなるのかしら。どうしてこう緊迫するの？　毎回、毎回、どうしてこのパターンに陥ってしまうの？

を望んでいると答えた。

　ダナの事例についてのここまでの対話の中で、ダナが自分の考え方だけが行き渡る「和やかな議論」を望んでいるという皮肉が、全員に、そしてとくにダナ自身に対して明白になった。後から考えてわかったことだが、ダナには、その会話において別の目的があった。そのときにはダナにもそれがよくわからなかったし、自分の考え方を行き渡らせたいという気持ちのほうがその目的よりも先に立っていた。その望んでいたもう一つの成果とは、「真の対話をすること」だった。「真の対話とは何ですか？」と誰かがたずねた。ダナは、「真の対話とは、アンと自分が互いの考えを十分に共有し合い、互いに耳を傾け合い、積極的に交渉するような対話だ」と答える。つまり、ダナは、相互性（真の対話）という価値観を支持しているが、この会話で効力を発していた自分の価値観は一方的なコントロールを試みることだと気づき始めたのだ。

　ダナの「望んでいた結果」と実際の結果を比べると、ダナが直面している課題をはっきりと理解することができる。この場合、実際の結果は、ダナが望んでいる結果の正反対だったと言ってよい。自分の考え方に納得させる代わりに、ダナとアンは暗礁に乗り上げている。真の対話をする代わりに、二人は決闘のように主張を繰り広げる。調和するどころか、二人は欲求不満を今にも爆発させようとしている。どうしてこのようなことが起こったのだろうか。図２－３の格子に沿って、「実際の結果」から反時計回りに、「実際の行動」、「実際の枠組み」、「望ましい枠組み」、「望ましい行動」とたどっていくと、その答えが見えてくる。

「望ましい行動」をできるだけ具体的に想像してみよう。たとえば、ダナが、公然と自分とアンの衝突を省みて助言を求める方法としては、次のように話すのも一案だ。

図 2-3　格子を用いた事例要約

ダナの実際の枠組み ④	ダナの実際の行動 ③	実際の結果 ②
・アンは純粋主義で、それは組織の価値基準としては間違っている。	自分の考え方を主張するが、相手の考え方について探求していない。	行き詰まり：ダナの考え方に納得してもらえないし、真の対話も行われない。
・私が間違っていたら、私の（上司としての）信頼はガタ落ちだ。私が間違っていたら、私は上司であるべきではないだろう。	論拠を明示していない。 統一見解のない「戦略的」という抽象的な基準に訴える。	欲求不満
・この難しい戦略の問題を何とかするのは私（一人）の責任だ。		
・もし自分が誤っていたと認めたら、私は面目を失う。		

ダナの望ましい枠組み ⑤	ダナの望ましい行動 ⑥	望ましい結果 ①
・アンも彼女の考え方も尊敬している。	ダナはアンの考え方について尋ねる。	ダナの考え方が納得される。
・私ひとりが組織の戦略の方向性に責任を負っているわけではない。	ダナは自分の論拠を明らかにし、他の人たちの論拠について尋ねる。	グループ内に調和が生まれる。 グループ内で真の対話が行われる。
・戦略の方向性に関する真の対話が私の信頼性を高める。	ダナは自分とアンの衝突について皆のいる所で省みて、助言を求める。	
・よりよい結果を出すためには実験するのも厭わない。		

「私はここでジレンマを感じています。一方では、自分が妥当だと思う組織をわが連合の教育対象にしたいと心から思っています。また一方では、私が自分の考えを無理強いすると、アンと私が何度も繰り返し、過去私たちを行き詰まらせてきたパターンにつながるように思うのです。つまり、私が私の考えを言い、そしてアンが彼女の考えを言いながら、お互いに相手の考えにほとんど影響を及ぼしていません。私の思い通りにはならないし、アンの思い通りにもならず、私たちはにっちもさっちもいかなくなっています。私は、『何が正しい戦略か』について影響を受け入れることに抵抗はないと思います。もしも私たちが力を合わせれば、実はアンと私が個別に頭の中に抱いている戦略よりも良い戦略を思いつくかもしれません。ほかのお二人にお願いですが、この提案を試してみていただけませんか?」

このように話す場合、ダナはまず、認知の体験領域における主張から離れて、挙動の体験領域に新たに注目しなければならないことに留意してもらいたい。スーパービジョンを行使し、いま提案したようなことを言うことのメリットは何だろうか?

このグループによる進め方には三つの利点がある。第一に、この進め方は、黙っていたミリアムとフレッドを会話に引き入れ、この二人に力を与え、グループ内の全体的な相互性を高め、ダナとアンが完全に両極化してしまう可能性を減らす。第二に、この進め方によって、最初の会話中、ダナが直接的、明示的には気づいていなかった全く別の領域、つまり進行中の**プロセス**における行き詰まりが描き出される。第三に、この進め方は、明らかに相互に影響を与え合うことで、この組織の戦略に二次《ダブル》ループの変化を引き起こす可能性を生むという利点だ。もしダナやその同僚たちが(そして皆さんも!)会議において行動の流れにその場でどう注目すべきかを学ぶことができれば、同様の状況に陥っているほかの人たちを助けることができるだろう。では次に第三章で、**個人のまたは二者間の**行動探求をいかにして**組織の**行動探求へと広げていくことができるかという問題に取り組んでいく。

第3章 組織化する方法としての行動探求

第一章では、どのように私たち一人ひとりが、自分自身の中で**主観**の行動探求《アクション・インクワイアリー》を実践することができるかについて説明した。これは、私たちの直感する目的・思考・挙動・結果★の間の関係に気づき始めるために、注意を払うこと——心が今ここにあること——を追求する行動探求である。このようにして、私たちは次第に自分自身の中により高い**誠実さ**を作り出す。

第二章では、私たちが他者との会話の中でどのように**相互主観**の行動探求を実践することができるかについて、詳細に考察した。この行動探求において私たちは、枠組み、主張、説明、問いかけを織り合わせることで、すべての関係者の視点から、現在起こっていることを描写することを追求する。そうして私たちは次第に、より高い**相互性**を築き、どのような結果に到達するにしてもその結果に相互に責任をもつ。さらに私たちは、効果的でタイムリーな相互主観の行動探求を行うには、参加者たちが同時に主観の行動探求を実践する必要があることを述べた。

本章では、**持続可能性**を目指して、時間や空間を超えて人、知識、資源を組織化する方法としての行動探求を紹介する。この行動探求は、自分たち自身を超えて、いまその瞬間にいっしょにいる他者や、互いに知り合うことは決してないかもしれない他者も含むため、私たちはこれをより大き

★　第1章では「注意・戦略・行動・結果」となっているものを言い換えている。

な集団における**客観**の行動探求と呼ぶ。後者のグループは、組織やネットワーク、株式市場などの市場の構造を通じて、時間経過を経て互いに結びついている。本章の終わり頃には、まさに何百万もの人々と関わる行動探求を通じて客観的に組織化する方法として、株式市場をじっくり見ていく。だが、そこへ行く前に、はるかに小さい規模の組織変革を取り上げる。数百万人ではなく数百人が関与する経営大学院で起こった変化についてである。そしてその前に、起業一年目の三人のパートナーシップ企業の体験の一部を簡単に振り返る。さらにその前に――このすぐ後に――行動探求が組織化する方法としてどのように機能するかを説明する。

組織の行動探求の基本任務、対象期間、力

私たちが思うに、効果的、変容的で、持続可能な客観の行動探求には、主観と相互主観での行動探求において私たちが見てきたのと同じく、一次《シングル》ループ、二次《ダブル》ループ、三次《トリプル》ループのフィードバックによる学習と変化の機会、についての四つの体験領域を織り合わせることが必要だ。どのCEOが自分の組織の変革をうまく引き出すことができるかを見ていく第七章で実証されるように、客観の行動探求が成功するためには、主観と相互主観の行動探求も実践する必要

図 3-1　4つの体験領域が、主観の注意、相互主観の話し方、客観の組織化にどのように現れるか

主観の注意	相互主観の話し方	客観の組織化
意図する	枠組みを設定する	ビジョンを策定する
考える／感じる	主張する	戦略を策定する
認識する／ふるまう	説明する	実行する
影響を及ぼす／理解する	問いかける（そして聴く）	評価する

がある。

客観の行動探求における四つの体験領域は、**ビジョン策定**、**戦略策定**、**実行**、**評価**と表現する（図3－1を参照）。市場経済においては長い間、収益性や市場シェアの拡大が主たる評価の形式だった。収益性の低下は、行動における一次ループの変化か、戦略における二次ループの変化のどちらかにつながるはずであり、もしかしたら使命における三次ループの変化につながる可能性さえある。だが当然ながら、営利目的の企業以外の形態の組織（たとえば、政府、非営利団体、大学など）もあるし、利益以外の評価の形式（たとえば、その組織が参加者間の公平性にどのように影響を与えるか、そしてその組織化のプロセスが、社会や自然環境に与える影響という観点から見ていかに持続可能であるか）もある。

年月を重ね、私たち著者は徐々に、行動探求と四つの体験領域という観点からリーダーシップと力を理解するようになった。いかなるレベルの組織のリーダーであっても、リーダーたる者は、従来の意味における有能さをもち、三次ループをもつ学習システムを生み出すのに必要な個人や組織の変容の支えにならなければならない。それに加えて私たちが主張するのは、十分な信頼を得られる正当なリーダーであり続けるには、ひじょうに異なる四種類のリーダーシップを遂行できるようにならなければならない、ということだ。リーダーと呼ばれるにふさわしいリーダーとは、以下の四つの任務を行えなければならないと私たちは考える。

1　どんな瞬間にも不意に起こり得る、外の世界の**緊急事態や機会に**、**タイムリーな対応ができる**。

2　実行の体験領域において、タイムリーな形で、**役職に応じて定められた日常の職務を遂行できる**。通常、これを成し遂げるのに一週間～三カ月を要する。

3　**主要な戦略的な取り組みを策定し、実行できる。**通常、これに三～五年を要し、戦略策定、実行、評価の領域における継続的な調整が必要となる。

4　**組織の使命を明確にし、使命、戦略、行動、結果の間の一貫性についての継続的な改善を促すことができる。**組織メンバーは、徐々にしかこのプロセスの価値を見極めて、行動探求のプロセスに積極的に参加できないため、これには七～二一年を要する。

これらのリーダーシップの能力に対応する四つの対象期間が互いに重なり合い、影響し合うので、長期間にわたって効果的にマネジメントするには、常に四種類すべてのリーダーシップを使いこなし、そのバランスをとる必要がある。実際には、さらに詳しく観察すると、この四種類のリーダーシップのそれぞれに、長期的な性質と短期的な性質の両方がある（たとえば、最も長期の使命の成否が、予期しない機会に対して即時に反応できるかどうかによって決まる場合もあるだろう）。

この異なる種類のリーダーシップに関わる要求の間には、かなりの緊張関係が生まれる可能性がある。なぜなら、二種類の短期的なリーダーシップは、その時々でより外的な要因によって決まるのに対し、二種類の長期的なリーダーシップは（仮にそれが実践されているとしたら）、より内的な要因によって決まるからだ。一方の極において、もしリーダーが時間の設定について受け身であると、緊急であればあるほど、外的要求が優位になり、継続的な探求と戦略的な取り組みを駆逐するだろう。もう一方の極において、事務職員が二つの短い対象期間に関して効果的に行動できないと、その人は、子どもや生徒、部下、仲間、上司から「役立たずで非現実的（信用できない）」とみなされるようになる。

ほとんどのリーダーは、リーダーシップの種類の間の緊張に対処するために、一つの活動を選択して、それを最重要とみなして重点を置く傾向がある。私たち誰もが、常に緊急事態と闘う（そして、往々にして緊急事態を引き起こしているかもしれない）「火消し」役の人物を思い浮かべられるのではないだろうか？　そして、型どおりの行動から抜け出せず、あらゆる変化に抵抗する「官僚」はいないだろうか？　また、抜群の戦略計画を立案するが誰にも協力してもらえない「遠望の人」もいないだろうか？　こういった風刺で表現されるやり方は、ほぼ確実に体験領域間の不調和を大きくし、時間の経過とともに組織の効果を低下させる。あるリーダーシップの役割を引き受けたときに、四つの体験領域間に大きな緊張と不調和を感じたとしたら、前任者たちがこれらの偏ったリーダーシップ手法を実践してきた可能性が高い。

だが、もしもリーダーがこの四種類のリーダーシップを積極的かつ意識的に使いこなしてバランスをとることができれば、それぞれの対象期間の要求が、他の三つの対象期間に関連する活動をますます補完し、支えるようになる。だがもちろん、そのように意のままに操ってバランスをとるためには、まずは、組織の四つの体験領域を包含した意識を得られるよう継続的に努力する必要がある。端的に言えば、継続的に三次ループの学習――スーパービジョン――を生み出そうとするこの努力こそが、確実に時宜にかなうリーダーシップの秘訣だ。だが、組織の中でこの努力をしている人は、いたとしても、ごくわずかである。それどころか、組織の何が間違っていて、それをどう修正すればよいかについて、組織のさまざまなメンバーがまったく異なる見方をしていることが多い。

前述したリーダーシップの四つの対象期間は、さまざまな種類のリーダーが通常用いる力のタイプにほぼ対応している。

1　**目の前の機会や緊急事態**には、いつもではないがしばしば、（単に、ほかの方法をとる時間がないと思われるという理由で）**一方的な力**の当座の行使が要求される。一方的な力は外の世界を一時変化させるのにもっとも向いている。

2　**日常の決まった仕事、役職に関連する職務、短期的なプロジェクト**は通常、**納得の力**と**論理の力**という二種類の力によって遂行される。相互の納得の力は、力の行使者ではなく、力に屈する者、つまり「支配される者の同意」によって生み出される力である。これは、プロジェクトにおいて、同僚の特定のパフォーマンスに影響を与える際に向いている。納得の力は、「自分が同僚たちに何か命じても、抵抗されるだろう」と心得ている。自分も相手を助ける限りにおいて、同僚たちは自分の求めに応じて（力を行使して）助けてくれる可能性が高くなる。

　それとは別に、既存の構造の中で確実に効率が高まることがわかっている新規のプロジェクト（たとえば、新しい販売ソフトウェア・システムの開発）において、首尾一貫した新しいミニシステムを創り出す論理の力が必要となる。論理の力は、望ましい成果を挙げる新たな方法を生み出すために、所定の構造の中で体系的に理由付けする力である。

3　**戦略の策定と実行**には、より複雑なことが必要となる。長期的な戦略を実施するためには、論理の力、納得の力、一方的な力を同時に上手く使いこなすことが求められる。真に意欲を引き出す戦略計画を策定するには、直感的でもあり意図的でもある、ある種の**先見の力**が必要となる。

4　最後に、**説得力のある組織の使命を策定または修正し、メンバーによる、使命・戦略・行動・結果の間の調整を向上させる継続的な行動探求を生み出す**ためには、**変容をもたらす力**と、いま述べたあらゆる種類の力をタイムリーな方法で織り合わせることが必要となる。

中小企業の「概念」「投資」「結合」

英国のウェブ・デザイナーとして成功している二〇歳代後半のエリザベスは、バース大学の大学院で実地研究を行うことにした。その研究では、一年間、デザイン事務所の新しい共同経営者二人と、自分たちが始めようとしている事業の業種についてじっくり考え、自分たちの日々の業務が設立の精神を実際に具体化しているかどうかを振り返った。

三人はオフィス・スペースを借り、コンピュータをつなぎ、いくつかの異なる種類の事業を見つけた。どれも、三人が最初に共同事業の立ち上げを真剣に話したときに膨らませたテーマに関連している。三人は、自分たちが埋めようとしているデザイン界の隙間を表現する「サービス・デザイン」という用語を作った。

個々の製品を販売する「プロダクト・デザイン」や「グラフィック・デザイン」とちがって、「サービス・デザイン」は、個々の顧客ごとにカスタマイズすることができる持続可能な（そして調整可能な）サービスの創出に関わる。共同経営者である三人とも、自然資本主義という考え方に心を引きつけられている。これは、事業に対して顧客の需要に応じる手法をとり、そのサービスの提供に関連するすべての原材料からの投資収益率を最大化することを追求し、地球システムそのものを、自分たちが維持したいと願うサービスとして扱う（たとえば、「温度調整サービス」や「淡水サービス」など）という考え方だ。彼女たちのサービス・デザインの志は、自分たちの仕事や生活における豊かさの手段を、モノの消費から継続的な価値の流れへと次第に移行させることにおいて役割を果たしつづけていくことである。

これらは、確かに**使命をビジョン化**[★1]（第四領域）する全体構想であり、エリザベスが大学院の研

★1　著者は、組織化の第4領域について、使命、ビジョンの両方を対象としている。一般に「使命」はより抽象的な組織の目的や存在意義を指し、「ビジョン」はより具体的な未来のある時点のありたい姿を指す。

究の一部として実施した筆記記録と人々の振り返りの構造が、一次ループ、二次ループ、三次ループの学習を行う可能性を高めた。だが、彼女の共同経営者たちは実際のところ何をするのだろうか？　共同経営者はこういった行動探求の用語をまったく使わないが、ごく初めの頃の顧客との会議で、こういった考え方を自分たちの**戦略**（第三領域）や**実行**（第二領域）にどのように当てはめるかについてすかさず問いかけを始める。それに引き続き、すぐに**自己評価**（第一領域）の会議を行う。たとえば、彼女たちが「モビリティの提供者」に移行し得ると思い描く自動車メーカーとの会議では、形式ばらない雰囲気を作り、すぐに型どおりのプレゼンテーションに入らないようにした。形式ばったプレゼンテーションは、「需要プル」型の手法ではなくむしろ「供給プッシュ」型の手法であるという理由からだ（彼女たちが、ひじょうに抽象的な「需要プル」という考え方と自分たちの実際の営業慣行との間に即座に類似性★2を見出したのは素晴らしい）。

　会議中、冗談や余談が飛び交う中、サービス・デザインにおいては市場に隙間があるという手短な説明をすると、その見込み顧客が、自社の「鉄の塊を売る」文化と、サービスに対する不満足な姿勢についてつぶやき始めた。彼は、最近、自分はそのブランド文化を変えようと試みたが取締役会で拒否されたと明かした。だが、事業の生き残りのためにはその文化を変える必要があると今でも思っているという。結果として、共同経営者たちは、三〇分もたたないうちに、その顧客にその会社と顧客自身についてかなりのことを打ち明けさせるほどの相互性を生み出した。実質的に、その会社と戦略上の同盟関係を築いたのである。

　ある通信会社で、エリザベスとサービス・デザインの共同経営者たちは、企業の社会的責任（CSR）部門が、その会社の収益に積極的に貢献する部門としてではなく、広報活動またはリスク管理機能と考えられていることに気づいた。共同経営者たちは、どうすればこの部門の、そしてこの

★2　類似の概念は、あるシステムにおいてその全体性が部分にも現れることに由来する。システムの規模や時間を超えて見出される相似形（フラクタル）を探したり、異なる規模で起こっている出来事からもっとも今共鳴しているアクションを見出したり、現場に関して歴史上もっとも近いメタファーを見出すこと。

会社全体のためになれるかと自問する。彼女たちは、架空のフィナンシャル・タイムズ紙の記事を創り上げた。未来のある時点でCSR部門の主導によってある大手電話機メーカーとの契約締結が実現するという内容だ。この契約によって、新しい電話機を必要とせずにソフトウェアのアップグレードを受けられる電話を製造することへの見返りとして、サービスによる利益は二社間で分けることになる。この架空の記事が、会社全体に関わる議論を恐れない土壌を作った。これは三つの成果をもたらした。まずCSR部門の役割が再定義された。CSRをコストではなく利益と結びつけた。そして、CSRは広報のおまけではなく、事業の核心に近いものだと認識されるようになったのだ。

エリザベスは事業を立ち上げて一年目の終わりに、自分が学んだことを振り返って、自分と共同経営者たちが大きな変化を体験したと気づく。以前の仕事では、彼女たちは、大企業の中の小さな歯車で、受動的に変化の波に乗っていた。今では、自分たちの事業においても、他の企業のコンサルタントをする際に引き受ける役割においても、積極的に変化を起こしている。エリザベスは、自分の話をぜひ聴きたいという人や、自分や共同経営者たちが受ける敬意に面食らっている。そしてこれは、自分たちが顧客たちとの会議で実践している相互性に関連していると認識する。エリザベスは、真の相互依存と新しい価値が創出されるには、四つの体験領域の間をどれだけ継続的かつ流動的に行き来できなければならないかに感銘を受けた。この新しい冒険の当初、エリザベスは、共同経営者たちが特定の顧客の要求や市場の現実に合わせて彼女たちの使命を曲げているのではないかと思い、何度も大きな緊張を体験したものだった。後には、抽象的なものから具体的なものへ、ビジョン策定から戦略策定、実行、評価へと行き来する動きそのものが、自分たちの価値観を曲げないための秘訣なのだと気づく。エリザベスや共同経営者たちは「行動探求」という私たちの用語を使ってはいないが、私たちがその言葉で意味することを意図的に実践しているように見受けられる。

経営大学院のマネジメント

ここで、突然だが、より大きな既存の組織という設定に話を移す。著者の一人（ビル・トルバート）が大学院学長として足を踏み入れた組織だ。組織の行動探求の実践に関係するさまざまな職務、対象期間、力の種類を織り合わせるという難題について、より具体的に説明するために、ここではビルの一人称でストーリーを語る。

一九七八年に私がボストン・カレッジ（ＢＣ）経営大学院（現在のボストン・カレッジ・ウォレス・Ｅ・キャロル経営大学院）の学長の職を受けたときには、すでに組織の周縁で行動探求の実験を広範囲で行っていた。ＢＣで私は、どうすれば継続的で変容をもたらす探求の環境を生み出し、それを慣行化し、一世代にわたって持続させることができるかを見出そうと心に決めていた。そのような探求を行うには、力について明確に理解することが不可欠だろうとわかっていた。また、私自身や他の人々に問いを投げかけたり挑んだりするだけでなく、どんなときでも、不完全な人でも、すべての人を本当にありのままに受け入れたりもする、実践の倫理的で芸術的な手腕も必要となるだろう。

あれから二五年たった今、ＢＣでの研究の結果は、人がこのような努力をする際にありがちなジレンマについて、具体的な説明を十分に上手く提供できているように思える。まず、その期間にこの組織で起こったことについて手短に概観する。それから、リーダーシップの四つの対象期間とそれに伴う力の間の相互作用を説明するために、いくつかの重大な出来事について詳細に述べる。

それまでの流れ

一九七八年から八〇年の間に、この大学院の教授陣がＭＢＡ教育の新たなモデルを開発し、実施した。それは学生に二種類のスキルを教えることに重点を置くものだった。チーム・コンサルティングのプロジェクトを通じて、行動のスキルと分析のスキルを教えたのだ。その分析スキルは、実際に進行中の活動が伴うプレッシャーの下で両方の種類のスキルを統合する方法を学生たちに示すものだ。同時に、そのモデルは、学生と教授陣の双方に、自分たち自身の効果だけでなく、そのプログラム自体の効果も検証し、改善するよう促した。つまり、このプログラムは、多くの米国の企業が同じことを成し遂げようとし始めるのに先立って、「継続的な品質の改善」モデルを作ることになったのだ。一九八二年には、このＭＢＡプログラムは、経営大学院学長による投票で、全米の上位一〇〇位以下から上位三〇位以内までランクアップした。卒業生への企業による初年度の平均給与提示額が（一九八〇年から八二年の深刻な景気後退の期間中でさえ）着実に伸びたことで、一九八七年には、この指標で上位二五位のプログラムにランクされた。

学生たちが「われわれは協力と誠実さを通じて成功する」というモットー（初期の好況期のＭＢＡプログラムにおいて、間違いなく異質な言葉）を入れた大学院の印章を作って成功した取り組みが、学生たちのこのプログラムへの献身ぶりを示している。また、このプログラムの最近の卒業生は、ダイアン・ワイス・プレゼンテーション・コンテストのための寄付基金を創設するのに成功した。今もなお、これは一年生の最後を飾るイベントである。これは、企業とのチーム・コンサルティングのプロジェクト――その目的は、企業について論文を書くだけではなく、その企業を実際に成長させること――の集大成だ。一年目の全日制の学生は全員、BCならではの、理論と実践を統合するこのプログラムに参加する。このコンテストに名を冠するダイアン・ワイスは、そのプレゼンテーションで自分のチームを一位に導き、クラスを首席で卒業した学生であり、そのわずか一年後にガンで亡くなった。

組織の変容を生み出す力を行使する

本章の冒頭に示した、リーダーシップの四つの任務、対象期間、それに伴う力の種類というこの単純な理論が、私がBCの発展において建設的な役割を果たすうえでどのように役立ったのだろうか？　ほかにも関係する要因があるだろうとは認めるが、行動の最中に探求することへの私の興味と、四種類のリーダーシップと力のバランスを取るという私の意識の両方が、前述の良好な結果を得るうえで役割を果たしたことを示す証拠がここにある。一九七八年、私は何が使命かの問いへと関心を向け、以下の四つの問いを包括し結びつける類似例★を探し求めた。

1　このMBAプログラムは、個々の学生のために何をするべきか
2　このMBAプログラムは、大学院自体がますます効果的な組織になるために何をするべきか
3　このMBAプログラムは、イエズス会系の大学であるこの大学を最良の形で象徴する存在になるために何をするべきか
4　このMBAプログラムは、専門教育とグローバルな政治経済学というより広い分野を強化

★　79ページ訳注参照。

するために何をするべきか

これらの問いかけから、私は教授陣から、彼らのさまざまな専門分野で効果はどう定義されるか、大学院の効果をどう考えるか、彼ら自身の効果をどう考えるかについて、一連の聞き取りをすることにした。それを通じて私は、行わなかったらあり得なかったほど同僚たちのことをよく知る機会を得て、教授陣たちがすでに、この大学院の学生のための行動志向のプログラムにどれほど前向きに取り組んでいるかを知った。またこの聞き取りによって、広く知られているもののこれまで公然と口にはされなかった、大学院の組織的な慣性に対する認識も明らかになった。さまざまな教授たちがこの雰囲気を「やりすぎない風潮」、「組織の劣等感」、「研究の創出に関する否定的な自己認知」、「学内に広がる凡庸感」と表現した。私たちが何か違う結果を達成するつもりならば、この組織の自己認知を変容させる必要があることは明らかだった。だが、どうすればよいのだろうか？

私は教授陣による公開のフィードバック会議で、組織内にこの弱気な自己認知があることを伝えた。すると、それに続く公開の議論によって多くの主導的な教授たちが刺激され、お決まりの企画やお得意の相互批判はやめて、大学院は新たな取り組みについて合意するべきだと気づかされた。何年もの間、いかなる新しいプログラムの採用も決定できていなかったが、やっと教授陣はＭＢＡプログラムの大きな再構築を承認し、その後の半年間に新たに五つの取り組みを承認した。これは、組織のビジョンを再策定する探求が、いかにして同時に具体的な戦略的取り組みを形成・支援し、組織の継続的な行動を改善することができるかの一例である。

その間に、私は、イエズス会士の教団の重要なモットーが「行為中の瞑想」であることを見出していた。このモットーは、より広範囲の意識と効果的な行動を同時に育むことへの強い思いを見事に表していた。この大学のイエズス会的な特徴はMBAプログラムにとって、決して無関係ではないし、障害でもなく、むしろ、自分や他者の効果的な行動を育む方法に重点を置くことを強く支持するものだと教えてくれた。この使命感――効果的な行動を育む――が、米国式のマネジメントにおけるニーズを、イエズス会系大学の特徴と結びつけ、私たちの経営大学院のニーズや、学生たちから消えることのない「自分たちの受ける教育はもっと実用的であるべきではないか」という関心とも結びつけた。この使命感が私に、さもなければ混沌とし期待はずれなものに終わっていたかもしれない数年間の努力全体を貫く一連の意味づけと意図的な焦点を与えてくれた。

マネジメントの現場ではよくあることだが、当初から混沌が脅威を投げかけ、緊急事態も起こった。こういった現実から、人々を集めて対話する温和な力に加えて、他の種類の力を行使する必要が生じた。私は、新しい役職に就いたその日に、まったく仕事ができない、何をすべきかもわからないキャリア危機に陥っている部下を引き継いだことを悟った。私が彼女に、仕事を続けるか退職するかのどちらかを書面にして私に提出してくれと言うと、その日のうちに彼女は前者をつづった手紙を私に手渡した。私たちが握手をして彼女がオフィスを出て行った後に、彼女が辞意を表明する別の手紙を床に落としていたのを見つけた。私は、オフィスと大学院の利益のために、一方的に彼女の退職を求めなければならないかどうかを決める（なぜなら、彼女は仕事を続けたいと言うが、どう考えてもそれは固い決意ではなかった）のに、眠れぬ夜を過ごした。翌朝出勤すると、彼女はオフィスのほかのメンバー全員とけんかを起こしていた。そしてすぐに、彼女の辞職への決意は相互のものとなった。

私が初めて学生たちとの非公式の公開会議に臨んだときのことだ。自己紹介をし、学生たちのことを知るのを楽しみにしていたのだが、ある教員を学期の途中で辞めさせる要求や学費返還の要求に共同戦線を張る学生たちを見出しただけだった。「不道徳な行為」が証明された場合を除いて、どうひっくり返っても学期の途中で教員を辞めさせることはできない。だが、ひじょうに慎重でとても運の良い会話がなされた結果、この教員が自発的に退職し、はるかに有能な教職員がその後任に就くことになった。どちらの事例でも、相互的な探求を行ったことと、いかなる関係者にも面目を保つばかりで説明責任を問わない解決策を拒んだこととがあいまって、真の解決策が生み出された。

ある学部が、私にはいかなる変更も強いる権限がないとの理由で、MBAのカリキュラム修正について対話を申し出る私と会うことさえ拒んだことがあった。それを知ったとき、私はショックを受けた。私は、変更を強いるつもりはまったくなかったが、その学部は自分たちの優先事項を変えない（または、優先事項について調べることさえしない）という点に関しては断固として譲らなかったのだ。結局、私は、より相互的で最終的に変容をもたらす対話を始めるために、一方的な力と納得の力の両方を用いて、力を誇示する段取りをしなければならなかった（実際、その学部はその後の一〇年間で、学内で最悪の学部から最良の学部に変容を遂げた）。

これらのストーリーが示すように、緊急事態に対処する私の手法は要するに、耳を大きく広げ、取り組むべき課題の重要性を主張し、課題解決につながらない妥協には決して甘んじないことにすぎなかった。だが、それ以外の場面では、私はもっともらしい提案にできるだけ慎重に耳を傾け、できるだけ相互的に行動した。（私と会おうとしなかった学部の場合のように）一方的な行為がより望ましいと思われた場合、一つ重要なのは、私を一方的な行為へと導きつつある前提要因について、敵対者と思われる人と率直に向き合うことだと気づいた。この戦術は、敵対者に、私の前提に異議を唱えるよう促した。私の前提が間違っていれば、私は喜んでその前提を捨てたし、相手も私が話を聞く人間だとわかった。少なくとも、私は話し合いの相手に敬意を示したし、驚いたり、ナイフで背中を切りつけられたりする感情は排除した。そうして、私はたとえ最終的に、その相手にとって一方的な行為だと思う行動をとることになった場合でも、いくらかの相互性の感覚を生み出した。このことを学ぶには、私は絶えず自己統制と辛抱をする必要があった。今ではそれは付随的なことに聞こえるかもしれないが、この戦術だけでも、ほかのどの教訓よりも私のマネジメント上の効果を大きく高めたと信じている。

この手法は、さまざまな成果へとつながった。IBMからの一〇万ドルの寄付金や、再構築された中核的なMBAプログラムで教える教員は、チームの一員として研究することに対して一コースの担当が免除されるという大学事務局との合意などである。まずは、受容的で、相互的に**変容をもたらす力**を用いることから始めたが、条件に応じて適切にあらゆる種類の力を受け入れたことが、大きな見返りをもたらした。たとえば、この新しい取り組みに対するIBMや大学事務局の同意と支援に代表される相互的な**納得の力**は、当初から多くの教職員にとっては、このイノベーションそのものに内在する**論理の力**や、米国式のマネジメントが直面するより大きな難問への対処に関する**先見の力**よりも間違いなく大きな意味と説得力があったことは、私の心の中では疑いの余地がない。では、どのようにして、このイノベーションに対する教職員たちのコミットメントを次第に高めていくことができたのだろうか？

行動探求を推進する行動探求チーム

MBAプログラムの強く首尾一貫した再構築を行うために、私は、中核チームを形成する、各学部のひじょうに信頼できるメンバーからのコミットメントを求めた。その中核チームは、この新しいプログラムを企画し、そのための支援を求め、そして最初に実施するメンバーだ。基本的な推進主体はチームであり、前例にない方法で行動することが求められた。いかなる提案であろうと、教授陣がそれに賛成する可能性はないだろうとする敗北主義がまん延していたので、できるだけ有能かつ献身的で信頼できるチームを組みたかった。このチームは、単にいっしょにビジネスを行う新しい方法を論ずるだけでなく、より重要なこととして、その方法を開発することになる。私は、近年のビジネス上の顧客との関わりから、提案内容を具現化するチームを作ることが、継続的な組織の行動探求を生み出すための最も魅力的で説得力のある方法であると気づいていた。

私たちが残りの教授陣に送った赤裸々な議事録を通じて、この中核チームのミーティングはすぐさま、相互の権限委譲と相互批判をかつてないほどに示すものとなった。私たちは、互いに教え合い、それから自分たちの指導についての批評を受けるというプロセスを採用した。たとえば、私たちの二回目のミーティングの議事録には、私たちの教育の取り組みに関して以下のような批評が含まれている。

トルバートの指導を批評した際の他のメンバーからのコメント――参考資料に振り回されている、参考資料についての議論不足のため混乱している、講義が多すぎる、具体例が不十分、急ぎすぎている、ホワイトボードを使っていない、要約がない、教育というより経営指導の例に近い。

私は、その日に教える際、このようにさんざんな結果を得るつもりはなかったが、結果的には、リーダーが根本的に相手に影響を及ぼす**変容をもたらす力**を得ようとする際に必要だと私が考えていた、自分を公然とさらけ出す格好の例を示すことになった。

私たちの最終提案への承認を得る上で決め手となったのは、自分たちの行いを信じるひじょうに信頼がおける教職員の中核チームが、その投票に先立つ数カ月間にわたり、継続的に同僚たちと情報をやりとりし、その同僚たちが提案に影響を及ぼすチャンスをありあまるほどもっていた（実際、初期の計画は否決された）という事実であることは間違いないと私は思っている。したがって、教職員チームと私は、私たちの提案と大学の両方を変容させるように、**変容をもたらす力**を行使した。また、結果にとって重要だったのは、教授陣に対する提案から、議論を呼ぶ可能性のある管理上の問題を取り除いておくなど、**論理の力**を多く行使することだった。そうして、このチームがさまざまな力——最初は**変容をもたらす力**、次に**論理の力**、最後に**納得の力**（以前からメンバーがもっている信用に内在している）——を融合させたことで、成功を収めることができたのだ。

行動探求としての株式市場

では次に、ずっと大きな組織化活動である株式市場を手短に取り上げよう。株式市場が、リアルタイムかつ分散型の客観の行動探求プロセスをどの程度表しているかを探っていく。

株式市場には、使命の再設定（ビジョン策定）、戦略策定、実行、評価という、組織化の四つの体験領域がどのように表れているのだろうか？　株価の分刻みの変動は、そのときに特定の株式を売買しているすべての株主が、彼らが意識しているビジネスや政治の最新の動きをどう評価しているかの総和であることはすぐに理解できる。たいていの素人の投資家や、プロの投資顧問もその多くが、どの株式をいつ売買するかの選択の手引きとなる調査をする際に、**評価**の体験領域（第一領域）を主な焦点または唯一の焦点にする。こういった人たちの判断基準は、今日のトップ記事、昨日の株価変動、企業の直近の四半期の業績だ。また、彼らの調査は、規律がなかったり、累積的でなかったり、自己を反映したものでなかったりする場合が多い（つまり、彼らは、自分自身が変わることによっていかに自分の成果を向上させられる可能性があるかに目を向けない）。だが、株式売買の意思決定に関して、体験領域の中の**実行**、**戦略策定**、**使命の再設定**において、律された、累積的で自己を反映した行動探求を行うことは可能である。

たとえば実行の領域（第二領域）において、自己を反映した実行の規律として、「八パーセント値を下げた株はすべて売る」というルールを採用することができる。戦略策定の領域（第三領域）においては、投資の専門家は顧客に、さまざまな投資戦略（大型グロース、中型バリュー、債権など）の中から選んだ戦略を提示することができるし、そうしている。そして、使命の再設定（第四領域）においては、一九八〇年代前半以降、社会的責任投資（ＳＲＩ）が、投資目的そのものにもう一つのビジョンを提供してきている。ＳＲＩの目的は、単に比較的信頼できる、利幅の大きい企業を選ぶことによって、投資家の経済的利益を最大化することではなく、経済的利益に加えて社会的公正性と環境の持続可能性も含めたトリプル・ボトムラインのすべてにより広い関心を向ける企業に投資することによって、この三つの側面から見たパフォーマンスを最大限に高めることでもある（Waddock 2001）。

エコノミスト、経済学を専門とする教授陣、ウォール街の投資顧問はほぼ例外なく、新古典派経済学の理論と金融ポートフォリオ理論に反するという理由から、一九八〇年代から九〇年代前半、ＳＲＩを否定的に見ていた。短期的かつ個人主義的な合理的選択の基準に従えば、株主の富の最大化以外の基準で投資ポートフォリオの範囲を絞ると、どうしても株主の投資収益を減らすことになるというのだ。このような理論において二次ループ学習の変化を真剣に思い描くことができたエコノミストや金融の専門家はほとんどいなかった（一九九八年のノーベル経済学賞受賞者アマルティア・セン〔Sen 1982; 1987〕はそれができた数少ない専門家の一人である〔Klamer 1989〕）。

それをふまえて、一九九〇年代後半にＳＲＩ専門の運用会社の大部分が、顧客に対して、平均的な従来の投資顧問よりも高いリターンを生み出し始めた（Becker 1999; Torbert 1999）ときの学者や投資顧問たちの驚きを想像してみてほしい。大手投資会社は突如として、いわゆるソーシャル・ファンドの宣伝を、印刷が間に合う限りのフルスピードで始めた。さらに、一九九九年から二〇〇一年末までの間に、プロが運用するＳＲＩのポートフォリオは、投資資産全体の一・五倍のペースで成長して、初めて三兆ドルを上回り、投資ファンド全体に占める割合は一〇パーセントを超えた（Social Investment Forum 2001）。

何が起こったのだろうか。このＳＲＩの動きは、直接的に財務に関わらないものの、長期的には財務実績をプラスにすることと関連がある変数を何とか概念化したもののようだ。歴史上のこの時期にどのようにしてそうなり得たのかを、異なるが関連する二つの視点から見ることができる。第一に、人間の経済活動は現在、地球の天然資源を枯渇させつつあることが測定によってわかっているので、これまでどおりを続けることのコストは増している。したがって、率先して社会や環境にやさしい戦略を見つけている企業は、将来的にコストを減らせる可能性がある。第二に、マーケティングの研究者は、比較的裕福で環境意識の高い「カルチャー・クリエイティブ（新しい文化を創る人々）」という成長市場セグメントを見つけ出している。したがって、率先して社会や環境にやさしい戦略を見つけている企業は、成長中の消費者セグメントに訴求できる。言い方を変えれば、

ＳＲＩの動きは、一種の一次ループ、二次ループ、三次ループの行動探求を実践しているのだ。三次ループのレベルでは、ＳＲＩは、新たに再設定した投資のための使命を明確に打ち出した。二次ループのレベルでは、ＳＲＩは、投資顧問のための新たな戦略を生み出した。たとえば、株主イニシアチブや企業との対話を通じて、社会的な投資基準を取り入れている成長中の投資家セグメントに対して自社をより魅力的に見せるようなさまざまな方針変更を行う機会を提供した。

ＳＲＩの動きが生み出したもう一つの進行中の二次ループの変化は、企業の経済・環境・社会的パフォーマンスを評価するための新たな基準や方策の策定だ。二〇〇〇年、国連財団は、グローバル・レポーティング・イニシアティブ（ＧＲＩ）が会計の世界的な基準や方策を新たに策定するという約束を支援して三〇〇万ドルを拠出した（Bavaria 2000）。

だが、この株式市場とＳＲＩについての話の最後に、いくつかの注意すべき点を述べることが重要だ。株式市場で利益を上げるための魔法の解決策はない。ＳＲＩファンドは大手石油企業を避け、ハイテク企業を選ぶ傾向にある。そのため、二〇〇一年以降、戦争と景気後退が組み合わさったことによって、ＳＲＩの投資利益は減少した。さらに、ＳＲＩの動き全体は、評価の方法すべてを含めて、まだ始まったばかりである（一九九〇年代後半から二〇〇〇年前半にかけては、正直な会計士たちでさえ正しい数字を算出するのに大変な苦労をしていた！）。したがって、ここでＳＲＩのために主張したことすべてについては、しかるべき議論が続いており、読者の皆さんにはさらなる探求が促されている（たとえば、Entine 2003; Waddock 2003）。

その一方で、ＳＲＩの取り組みは、株式市場の投資活動がいかに変容できるかについての有用な証左として役立つ。投資の意思決定は、主に短期的な評価データに焦点を当てた暗黙の行動探求から、トリプル・ボトムラインを最大限に高めることを積極的に追求する企業を見極める、ますます明示的になる行動探求へと進展していけるということを、私たちはＳＲＩを通じて見出しつつある。

＊　＊　＊

本章につづく中間章では、第一～三章の要約とそれらに関連した練習方法を紹介する。その後、第四章から始まる次のセクションでは、皆さん一人ひとりを生涯続く旅――継続的に一次ループ、二次ループ、三次ループのフィードバックを消化し、それに基づいて行動する能力を身につけるための旅へと誘う。

中間章

行動探求——概念と体験

第1〜3章の要約と課題

第1章　行動探求の基本

第一章では、個人レベルの行動探求《アクション・インクワイアリー》のことを、行動の最中に、それと同時に、進展中の状況について学習し、優先順位が高いと思える任務を遂行し、必要であれば、その任務の目的の修正を促す一種のスーパービジョンだと紹介した（スティーブ・トンプソンの事例で、スティーブが北海の嵐で経験したことを見つめ直し始めた後に行ったように、自分自身のビジョンを修正することもある）。

私たちは、行動探求が、自分自身の中で四つの体験領域を意識しようとする努力として、どのように始まるのかに焦点を当てた。スティーブ・トンプソンの北海でのストーリーでは、緊急時に変容をもたらすリーダーシップを行使するためには、三種類のフィードバックを受け取って消化することを可能にする、いわば「行動の最中の探求」を育てる必要があることを説明した。

◆外の世界で起こった結果についての**一次《シングル》ループのフィードバック**。これは、自分の目標をより効率的に達成したいのであれば、**挙動**を変えるよう私たちに求める。

◆私たちがより効果を上げるためには、どんな**目標**や**戦略**を変える必要がありそうかについての**二次《ダブル》ループのフィードバック**。

◆四つの体験領域を受け入れ、私たちの行動の正当性と誠実さを確かめるためには、どんな質の**進行中の意識**を育む必要があるかについての**三次《トリプル》ループのフィードバック**。

一次ループ、二次ループ、三次ループのフィードバックを通じて、行動探求は、私たちが自分の行動の効率、効果、正当性を高めると同時に、誠実さの内なる感覚を生み出すことができる。私たちの行動が外側の有効性と内なる正当性を同時に生み出すとき、その行動は深い意味でタイムリーなものになる。

だが、多くの読者の皆さんは、どうすれば、さまざまなところに注意を払い、単に考えるのではなくきちんと行動探求を行えるようになれるのか、と思うかもしれない。ここでは、個人でできる訓練をいくつか紹介する。これらの訓練は、すぐに試すこともできるし、のちに行動探求を実践し始めたいと思ったときにいつでも立ち戻ることができる。

気づきの訓練

ここで提案する注意の訓練は、最初に必要となる「気づき」についてである。前述したように、第一歩は、私たちの通常の注意や意識がどれほど限られたものであるかを認識し始めることである。私たちの内側では、気づかないままに多くのことが進行するからだ。ある人は、この種の意識について学ぶ中で、「これまでの人生すべてを包んでいた霧が晴れたみたいだ！」と興奮して言った。

本当の意味でそれに気づき始めるまで自分ではその存在すら知らなかった精神的・感情的・身体的活動が、どれほど多く私たちの中で進行しているのかがわかって驚いた人もいた。

◆家や職場で（可能な範囲で）、目覚まし時計か携帯電話を六〇分ごとに鳴るようセットする。アラームが鳴ったら、三〇秒間で、アラームが鳴った瞬間に自分が精神的・感情的・身体的にどう感じたかに意識を向ける（アラームが鳴ってイラッとしたことにも！）。

◆一つの活動から別の活動へと移るときに、前の活動をやめて次の活動を始めることについて自分がどう感じるかに意識を向けることによって、その移行を自分に気づかせる。

◆毎日、三度の食事のときと寝るとき、自分自身に対してチェック・イン★し、前にチェック・インした時以降で自分にとって最も満足のいく瞬間はいつだったかを特定し、ひと息ついて、それが最も満足感を与えてくれたのはなぜかを声に出して自分に言う。同じように、前のチェック・イン以降で自分にとって最も満足のいかなかった瞬間はいつか、何がそうさせたのかを特定する。それらの瞬間に、自分がそういった反応に気づいていたかどうか思い起こしてみよう。

◆自分がほかの人（または人たち）と意義深いやりとりをした後にどう感じているかに意識を向ける習慣をつける。

まずは、これらの訓練の中から一つを選んで、それを一週間やってみて、そして次にまた一つを選んで一週間やってみることを提案する。初めは、この気づきの訓練を一生懸命しようと誓ったことをすっかり忘れているのにも気づかず丸一日過ごしてしまうかもしれない。そうなることで、皆

★　何かを始める際に、自分の心や身体をさっと探査して、気になることや心にあることを発言する、組織開発によく見られる手法。

さんの人生を包んでいる霧について何かがわかるだろう。そのうち、こういった訓練が皆さんの生活においてある位置を占めるようになるにつれ、ますます自発的な気づきを経験するようになるだろう。この訓練の手順を毎日目に入るところに貼っておいてもよいだろう。

ところで、気づきは中立的な活動であり、気づきには何の判断も含まれない（つまり逆に言えば、気づきの瞬間の後にまず自分が行っていることが多いかもしれない判断は、気づきの一部ではない［が、判断していることへの気づきではある］）。発見のプロセスを楽しんでみてほしい！

第2章　話し方としての行動探求

第二章では、一方的な影響または相互の影響のプロセスに気づき、相手の話に対しても自分自身に対しても、より深く耳を傾けるにはどうすればよいかについて考察した。意味は**構築されるか崩壊するか**のどちらかである。アンソニーが人材コンサルティング会社での効果的な介入例の中で説明したように、四つの「話し方の構成要素」（枠組み、主張、説明、問いかけ）を織り合わせることによって、意味は構築される。主張と反対の主張を何も考えずに一つに集めると、意味は崩壊する。

行動探求の話し方そのものは、四つの体験領域についての私たちの意識によって構築されると述べた。**枠組み**は私たちの**注意**に焦点を合わせる。**主張**は私たちの**思考**に焦点を合わせる。**説明**は私たち自身や相手の**行動についての私たちの感知**に基づいている。そして**問いかけ**は、私たちを超えた外の世界における、他の人々の経験に対する懸念や**自分の行動の結果に対する懸念**によって、適切に導かれる。

命名の訓練

ここでは、四つの体験領域に注目し、話し方の四つの構成要素を織り合わせて会話を形づくる訓練をしよう。自身の囚われから解放される訓練によいのは、本書の考え方を実践しようとする皆さんの努力の支えとなる同僚や友人たちによる学習チームと、月に一度ミーティングをすることである。（ダナのケースのように）互いの具体的な事例を検証したり、その学習チームの各ミーティングのプロセスに注意を向け、介入したりするのだ。

とくに、会話の中で自分が感じていることを自分がどう主張しているかに気づく訓練をすることを提案する。第二章で主張について論じた中で、私たちは、たいていの人にとって効果的に用いるのが最も難しいタイプの主張は、私たちがどう感じているかを含んだものだという点を強調した。先ほど提案した気づきの訓練を実践するとき、自力で感情に名前をつけることですら難しいと思うかもしれないし、ましてや人前でそうするのはもっと難しいかもしれない。ある人は、複雑な状況について自分が感じていることを言い表す言葉を心の中で見つけるのに二日かかったという。私たちは、自分の中をよぎる感情に気づくことにも、それに名前をつけることにも熟達するようになって初めて、感情を適切に利用する効果的な主張をより上手に行えるようになる。気づきの訓練と同様に、自分の感情を特定することは、中立的で、善悪の判断を伴わない発見プロセスである。自分の中で何が進行しているかに気づく毎日の訓練に、こうした名前をつける訓練を組み込もう。

以下の定式を用いて、気づきの訓練を行っている間に、そして自分の中で感情が起こるたびに、どんな感情に気づいたかを明確にし、それを言い当てた名前を自分自身でつけよう。

「私は○○しているとき、○○と感じる（感じた）。それは私が○○だからである」

1 この感情を最も適切に言い表す言葉は何か？

2 どんな行動または出来事または経験がこの感情を呼びさましたのか？

3 この出来事が影響を及ぼす、あなたにとって重要なことは何か？

自分がどう感じているかを伝える方法はいろいろある。たとえば、ある同僚が、事前にあなたとの間で二人でいっしょにやろうと合意していたことを一人で進めたら、あなたは怒りを感じ、（ほかにもたくさんあるが）以下の七つのうちのいずれかの形でその怒りを表現するかもしれない。

1 同僚を無視する。

2 「どうしてそんなことをしたんだ？　きみは約束を破ったんだ。もう二度ときみとは仕事をしないぞ」

3 陽気な、少しおどけた口調で、「見事に進めたもんだね、あれをあんなふうに勝手に決めてしまうんだからね」と言う。

4 「私と相談するまで待つべきだったと思うけれど」

5 「あんなふうに自分だけで突っ走って、本当に頭にきたよ」

6 「私のことを待たずにきみがあんなふうに決めてしまったから、怒ってるんだ」

7 「きみが一人で決めてしまったことに少し怒りを感じているんだ。だって、私たちはまずはこの情報が手元に届くのを待とうと決めたじゃないか。どうしてあんな行動をとったのか、そして私の意見を聞いてどう感じるか、聞かせてもらいたい」

これら七通りの怒りの表現方法をとることで、それぞれどのように相手の反応の違いが生じるか、はっきりとはわからないかもしれないが、違いが生じることは確かだろう。今日からスタートして、その後に昨日、一昨日というように、この一週間をさかのぼってみよう。あなたは、どんな方法で自分自身が感情を表現するのを聞くだろうか?

手短に手順を示しているが、自分の感情や、それを自分がどう表すかを分析する訓練には、時間をかけ、きちんとした姿勢で取り組み、合間、合間に振り返りの記録をつけるということをするだけの価値がある。そういったことに時間とエネルギーを捧げること自体が、大部分の人にとっては、大いに発達するための訓練である。成功を祈る。

第3章　組織化する方法としての行動探求

第三章では、使命・戦略・実行・評価という四つの体験領域にわたって明確さと調和を高めることを追求する、組織化する方法としての行動探求を紹介した。私たちは三つの組織化の例を用いた。サービス・デザインの会社を興そうとしているエリザベスと二人の共同経営者の例から、自己の変容を試みているおよそ七〇〇人の学生、教授陣、スタッフから成る伝統ある経営大学院の例、そして株式市場へのアプローチとして二〇年にわたって社会的責任投資（ＳＲＩ）が徐々に開発されてきた例まで、規模が大きく異なる三例を取り上げた。

私たちは、リーダーが行うべき複数の任務、その対象期間、いくつかの種類の力が、いかに互いに織り合わさるかを強調した。また、タイムリーな変容をもたらす行動にも、ビジョン・理論・実践・結果の間の継続的な統合にも必要な、一次ループ、二次ループ、三次ループの学習を生み出すうえで、いかにリーダーシップ行動の最中の十分に意識した状態《マインドフルネス》と関わる人たちの相互性が役立つかも、詳細に示した。

行動探求の訓練の振り返り

現時点で、皆さんは、個人の学習スタイルや目の前のニーズなどの要因によって、行動探求の訓練をすでに試したかもしれないし、まだ試していないかもしれない。ここで紹介する訓練は、第三者（つまり本書）と自分との関係を振り返り、それと自分との関係に、どうにかして一次ループまたは二次ループの変化を起こす機会である。当然ながら、私たちには皆さんを強制的に変える力はないし、すべてを変える必要があるとも思わない。したがって、振り返った後にどうするかは、すべて皆さんが決めることだ。

ここまでに提案した気づきの訓練と命名の訓練をすでに行っていようとなかろうと、ここでは皆さんに、以下の行動探求プロセスを用いて、ここまで本書を読むうちに皆さんが個人的に体験したことをじっくりと振り返ってもらいたい。四つの体験領域におけるそれぞれの「話し方の要素」では、言葉を自由に使っていただきたい。

▼**行動探求**

探求のテーマ：この中間章にある最初の二つの訓練課題に向き合って。

最初の枠組み：示されたそれらの訓練課題に出会ったとき、それらに関して私が持った意図は、

「　　　　　　　　　　　　　　　　　　　　　　　」だった。

主張：私は、その時点での私にとって最良の対処は、「　　　　　　」だと判断した。

その理由は、「　　　　　　　　　　　　　　」からである。

説明：それから、私がどうしてきたかというと、

「　　　　　　　　　　　　　　　　　　　　　　　」

問いかけ・聴く：私の判断の結果は、期待どおりだったか？

「はい　・　いいえ」

期待どおりになった、またはならなかった理由は何か？

「　　　　　　　　　　　　　　　　　　　　　　　」

私は、自分の計画と、それを遂行した方法に満足しているか？

［　はい　・　いいえ　］

この探求を終えた今、私はこれらの練習に対する姿勢を変えたいと思っているか？

［　はい　・　いいえ　］

（必要な場合）**枠組みの再設定**：現時点で、こういった訓練で私がやりたいことは、

［　　　　］である。なぜなら［　　　　　　　　］からだ。

最後に、この振り返りのプロセスによって私は

□まったく変わりそうにない

□一次ループの学習に基づいた変化をしつつある

□二次ループの学習に基づいた変化をしつつある

□三次ループの学習に基づいた変化をしつつある

ここまでの三章で、主観・相互主観・客観の行動探求をいかに実践することができるかについて概要を述べてきたので、また原点に立ち戻る。次のセクションでは、私たちはどうすれば、タイムリーな変容をもたらす行動探求というこの道に向かって進化していくことができるのかを考えていこう。

第II部

変容をもたらすリーダーシップ

Transforming Leadership

第4章

機会獲得型と外交官型

つい陥りがちだが、縛られたくはない行動論理

ここまでの第一章と二章では、初心者がある瞬間に起きるある出来事について試すことができる行動探求《アクション・インクワイアリー》の例を説明した（そしてそれぞれの新たな状況において、ある意味で私たちは皆、初心者だ！）。スティーブ・トンプソンとアンソニーの行動探求を例に挙げた。そして第三章では、対象とする期間や力の種類がどのように織り合わさって個人やグループや組織の変容を促すかについてのひじょうに微妙な感覚を含む、はるかに複雑な意味の行動探求を紹介した。明らかに、「役立つ瞬間に問いかける」という初歩の行動探求と、「二〇年にわたる社会的責任投資活動の使命再設定、戦略策定、実行、評価というプロセス全体を作り上げる」という高度な行動探求の間には、ひじょうに大きな隔たりがある。

発達プロセスの概要

では、ここから先のいくつかの章では、行動探求のための高度な能力をつけられるよう自分が変容したり、他の人たちの変容を支援したりすることがどれだけ難しいかを説明したい。「一つずつ

のステップをたどっていけばこの使命を一カ月や一年で成し遂げられる」という手順のようなものはない。誠実さ、相互性、持続可能性の価値を常に十分に具現化することを目指す自己変容は、私たちのほとんどが大人になるときにたどる道程だが、ひとたび大人になってしまうと、その生涯をかける長い旅を意図的に続ける人はほとんどいない。この道程に沿って進める重要な一歩一歩は、新たな**行動論理**《アクション・ロジック》へと発達することだと言える。行動論理は、自分の経験をあまりに詳細に伝えてくれる包括的な戦略であり、それゆえに自分自身でも見ることができない。

とくに、それを見る必要がある行動の瞬間にはその行動論理が見えていない。発達経路上にある、「さまざまな人がもつさまざまな行動論理が職場や家庭での衝突の原因の一つである」と認識する地点に自分自身が到達して初めて見えるようになるのだ。そうなって初めて、一部の人は、自分自身や相手の行動論理を十分に理解することに力を尽くすようになる。そうなって初めて私たちは、自分たちの行動論理が、共に上手に仕事をすることや、共に上手に愛すること、共に上手に探求することを妨げているかもしれないその瞬間に、その行動論理に気づき、名前をつけ、それを変容させるよう自分自身や相手に対して促すことができるようになる。

ここからの四つの章では、私たちが人生の特定の時期にたいてい制約を受ける行動論理のうち、よく見られるが通常は暗黙のうちに作用し、疑問ももたれない行動論理を一つずつ説明していく。また、他の人たちが現在もっている特定の行動論理を超えて変容することを支援するにはどうしたらよいかについても述べる。私たちの効果を最も大きく制約するのは、この何も考えずに暗黙のうちに用いている行動論理なのである。こういった制約に気づき、それを超える実験をし始めると、私たち自身の行動の質を飛躍的に高めることができるだろう。相手や自分自身の中にあるこういった包括的な行動論理を意識できるようになれば、意図せざる衝突や誤解を減らすことができる。それどころか、私たち自身や相手が、自分が現在もっている前提の制約を超えて変容するのを後押しすることができる。

本章と次の章では、連続的な異なる四つの発達上の行動論理――**機会獲得型、外交官型、専門家型、達成者型**――について述べる。この四つのうちのどれかが、マネジメントに対する皆さんの全体的なアプローチを特徴づけるものかもしれない。私たちが変容するとしたら、これら四つの行動論理を順に経ながら進歩し、その後にもっと後の章で説明する他の行動論理へと進むという考え方は、発達理論と研究（引用については参考文献を参照のこと）によって、文化横断的に強く裏づけられる。

これ以降、この最初の四つの行動論理の一つひとつについて、より詳細に例を挙げて説明していくが、まず手短に紹介しよう。

1 **機会獲得型**《オポチュニスト》は、物理的あるいは外の世界における結果の体験領域（第一領域）を主な現実として扱い、そこで物事をコントロールすることに重点を置く。この行動論理は、一方的な力を唯一の効果的な力と考え、判断のための対象期間を数時間から数日までのひじょうに短い範囲に設定してその中で作用し、他の三つのリーダーシップの任務と対象期間を実質的に排除して、機会を拒み、緊急事態の火消しをする。**機会獲得型**にとって、タイムリーな行動とは、自分が勝つ時に生じるものである。

2 **外交官型**《ディプロマット》は、自分自身が感知する行動の体験領域（第二領域）を現実の重要なものとして扱い、効果的に行動するために自制心を働かせることに重点を置く。そうするために、組織のルーティンや地位の高いグループ・メンバーの行動パターンを模倣する。この行動論理は、納得の力と、その力が最も強く生み出す現行の規範を重視する。この行動論理はたいてい、ルーティン業務に重点を置き、一～三カ月の対象期間の中で作用する。**外交官型**にとって、タイムリーな行動とは、自分が予定通りに仕事や会議に行ったり、ルーティン業務を完了したりするときに生じるものである。

3 **専門家型**《エキスパート》は、戦略の体験領域（第三領域）を主な現実として扱い、経験的に体得した特定の分野（たとえば、会計、技術工学、マーケティングなど）を一つ以上習得することに重点を置く。この行動論理は、論理の力を最も意味のあるものとして扱い、特定のプロジェクトを完遂するために六カ月～一年間の対象期間の中で最もうまく作用する。**専門家型**にとって、タイムリーな行動とは、自分ができるだけ効率的に任務を成し遂げるときに生じるものである。

4 大部分の人は、体験領域のうちの戦略・行動・結果を（たいてい六歳から二六歳までの間に）一つずつ習得した後は、もう二度と自分の行動論理を変容させることはない。だが、少数派である（約四〇パーセント）高い教育を受けた熟練した大人はもう一度変容し、**達成者型**《アチーバー》の行動論理になる。この行動論理は、一～三年の対象期間の中で作用しながら、それよりも短い対象期間を創造的にうまくやりくりし、戦略・行動・結果の評価の間の相互作用を実際に現実のものとして扱う。**達成者型**は、予定した結果に最終的に到達するために、行動に一次ループの変化を徐々に起こすことに重点を置く。タイムリーな行動とは、自分が、市場や他の構成要素による判断どおり、ときに短期間で勝ったり、合意された期限を守ったり、効率的に仕事をしたり、効果的な結果を出したりする必要性をうまく同時にやりくりできたときに生じるものである。

皆さんは、自身の中で支配的な行動論理と同僚の中で支配的なものについて仮説を立てることで、それらをより効果的に理解できるようになるだろう。また、そうすることで、現在の「箱」から外に出て考えたり行動したりすることを試みようという皆さん自身や同僚の意欲もかき立てられるかもしれない。ここで重要なのは、私たちは決して、現実をどのような枠組みでとらえるかについて一つの絶対的な方法に完全にはまり込むわけではないと理解することだ。実のところ、「はまり込む」という表現は、私たちの中で支配的な行動論理と私たちとの関係をぴったり言い表す比喩ではない。

第一に、私たちが説明する連続的な行動論理のそれぞれにおいて、まったく新しい行動論理だけでなく、以前の行動論理すべての可能性も含まれる。したがって、後出の行動論理においては、私たちがいつ、どの行動論理を用いるかについての自由度がより大きくなる。

第二に、私たちが自分自身や相手の日々継続する体験を、さまざまな行動論理を証拠だてるものとして認識するようになればなるほど、実際に自分自身がそれを体験している瞬間——たいていは短くて、まだ持続可能ではない——や、後出の行動論理に関連した状況に、気づきやすくなるだろう。また、後出の行動論理に向かって状況が変容するのを促すために介入できるタイミングにも気づきやすくなるだろう。こういった実生活での行動探求には、私たちが自分自身を後出の行動論理へと変容させるのを促すという追加的なメリットがある。

第三に、私たちにはそれぞれ、概して、支配的な行動論理に加えて、強迫観念を受けたとき——

不安を感じたときや体調がすぐれないとき、怒りや疲労を感じたとき、または子ども時代の家に両親をたずねたとき――に陥る、ある特定の二次的な（つまり代替的な）行動論理がある。無力感や悪感情を避けるために、この代替的なよりどころのことは、行動の瞬間に認識しておく価値が十分にある。たとえば、本書の共著者の一人は、疲れているときには**外交官型**の行動論理に陥り、衝突を避けるために、自分の立場を保持するのではなくむしろ、いわゆる「大盤振る舞い」をする傾向にあることを認識するようになった。決断を下す前にその問題についてひと晩考えさせてくれるよう頼むことは、皆さんにとっては簡単なことかもしれないが、この著者にとっては、何年にもわたる奮闘を必要とし、それを習得することは大勝利に感じられた。

第四に、これが最後だが、私たちは、行動探求を通じて徐々に自分の注意を訓練していくと、これらの四つの行動論理を超えて進歩することができる。これらの四つの行動論理が多かれ少なかれ私たちを取り込む一方で、後期の行動論理は、多かれ少なかれ私たちが持つ行動論理である。なぜなら、後期の行動論理になるとどんどん自覚的になり、自己変容をするようになるからだ。行動探求をますます実践し、変化しつつある行動論理の中で自分が行動していることを認識することによって、その時点でどの行動論理が適切なものであるかを選択する私たちの自由度は高まる。

自分自身や他者の発達上の行動論理を診断する

だが、これまでのところ、皆さんにとって、これら四つの発達上の行動論理は抽象概念にすぎない。職場の同僚が、その同僚や自分を診断する話をするのに耳を傾けることによってそれらの行動論理について学ぶのが最も楽しいかもしれない。もちろん、ストーリーを読みながら、皆さん自身も、仕事をやり遂げるために最も頻繁にやりとりをする仕事グループのメンバーや他部署の同僚についての診断を始めることができる（または家族のいろいろなメンバーを思い浮かべるかもしれない）。本章の最後まで読み進む頃には、自分自身の現在の発達上の行動論理についても診断を下せるかもしれない。

自分の振り返りノートの三ページを使って、それぞれのページのいちばん上に、仕事上のつながりのある人（同僚、上司、部下など）で、関係をより効果的なものにすることで皆さんが最も大きなメリットが得られると思う三人の名前を書いてみよう。四ページ目のいちばん上には自分の名前を書く。本章とそれ以降の章を読みながら、各行動論理のどの性質がそれぞれの人に関連付けできるか、その人がその性質を示す特定の状況について短い描写を添えて書き出そう。それぞれの人が、中心となるある一つの行動論理を示すことに気づくはずだ。その人は、ときには以前の段階の行動論理の特徴を示す行動をとることもあるだろうが、次の段階の行動論理の兆候を示すことは（たまたまその人がその行動論理への発達上の移行段階にあるのでないかぎり）めったになく、さらに次の行動論理の特徴を示すことはほぼないだろう。だが、おぼえておいてほしい。皆さんはここで科学的な判断をしているのではない。推察しているだけだ。そして皆さんの推察のポイントは、正しくあることでも、自分自身や同僚を型にあてはめることでもない。むしろ重要なのは、自分自身や他の人の発達上の行動論理についての自分の仮説が、その人たちと働くうえでより効果的な行動を自分が選択することにつながるかどうかを問うことだ。そういった仮説についての行動探求を継続する中で、次第に自分の診断能力への自信を深めていくだろう。

ここでストーリーを語ってくれるのは、その診断のストーリーを書いた時点で行動論理や発達理論について学習していたマネジャーや専門家である。

「機会獲得型」のチャールズ

ある大企業内で業務請負契約で仕事をしているキャシーは、扱いにくい同僚のチャールズのことを次第に**機会獲得型**と診断するに至った。

チャールズと私の職級は同じですが、会社の在職期間はチャールズのほうが長く、今のチームでは私のほうが長く仕事をしています。チャールズが私たちのチームに最初に加わったとき、一日に三、四回、私の机のところに来ては、仕事に関する助言や企画のヒントなどを求めてきました。最初、私はとてもうれしく思いましたし、チャールズが私に技術的な専門知識を求めてくることでとても自尊心を満たされ、私の自信を高めてくれるように感じていました。

チャールズが私の机のところにもっと頻繁に長々と立ち寄るようになって数週間経ち、数カ月経った後、私はまるでチャールズがわざと私の時間を操作しているかのように感じました。その失われた時間の埋め合わせをするために、私は昼休みも仕事をしたり残業したりして、最初はチャールズに腹が立ちましたが、次に私の怒りの矛先は年功序列で昇進させる制度へと向きました。今では、私は自分自身が臆病で行動できないことを認めずに、他責の姿勢をとっていたのだと認識しています。

私は、いくつか実験をしました。チャールズが向かってくるのが見えたらすぐに受話器をとってみたり、彼を助けてあげる前に、「今までの調査に目を通して、どこで行き詰まっているかを教えて」と頼んだりしました。チャールズは、私が少しでも彼に仕事をさせようとするのを感じとると、他のメンバーに助けを求め始めました。

チャールズについて同僚たちはよく、「チャールズには、私生活のことを事細かに三〇分近くも聞かされるのが怖くて、『おはよう』さえ言えなくなった」とか、「キャシー、あの人の隣の席なんてよくがまんできるわね。私なんて三つ離れた机だけど、それでも耳を貸さないようにするのは難しいもの」といったことを話していました。

今になって思えば、私がチャールズを助けようとして費やした時間は、彼にとって益となるよりもむしろ害になったのではないでしょうか。なぜならチャールズはその後、別のチームに異動になり、昇進できずにいるのですから。チャールズが私に打ち明けたところによると、彼は上司から、助けを求めたり私生活や社交のことにかまけたりしないで、もっと自分の仕事に集中するべきだと言われているそうです。

このストーリーから皆さんは、チャールズが、自分自身や周りの人たちについて、またその人たちとの関わり方について、どのような前提をもっていると推測するだろうか？　チャールズは、どうすれば効果的になれると思うだろうか？　倫理的な人とはどういう振る舞いをするべきだと思うだろうか？　キャシーの説明に基づくと、チャールズについて、他にどんなパターンがあるだろうか？（また、キャシーの今の支配的な行動論理はどれかについて、キャシーの説明に何らかのヒントがあるかどうかを、問いかけてもよいだろう）。

通常、人はおよそ六歳から一二歳の間に**機会獲得型**の行動論理を通過する。自転車に乗ったり、編み物をしたり、パズルを解いたりなどの無数の活動を通して、外の世界の体験領域をコントロールすることを学んでいる。だが、大人になってもこの見方をもちつづける人が数パーセントいる。

こういった人々は、一方的に物事や人を操作することによって、または最も有利な取引を可能にすることによって、結果を有利に運ぼうとするのだ。チャールズは、キャシーの時間と技術的な支援と引き換えに、キャシーに助言を求めることによってキャシーを気分よくさせた。**機会獲得型**のマネジャーはときに、そつのない巧みな操縦者となる。このような人たちは、礼儀正しさを策略として用いることさえあるかもしれないが、依然として世界を、全員が敵であるジャングルでの闘いと考えている。チャールズのジャングルへの対処法は、最小のコストで自分に最大の利益をもたらしてくれそうな人に狙いを定めることだった。チャールズは、短期的に得られる見返りが割に合わないとわかるとすぐに、その人を捨てる。他の人にどう思われるか、または、自分のせっかちな行動が長期的な関係にどのような損害をもたらす可能性があるかについては、自分の望むこと（昇進など）が拒否されるまで、ほとんど考えなかった。

マネジメント・スタイルのベースとしては、**機会獲得型**の行動論理には、とくに短期的には、良い面がある。至急の場合、さっさと本題に入ることができる。組織化されていない販売地域を開拓できる。勇敢に冒険への道に踏み出すことができる。だが長期的には、負の側面があらわになる傾向がある。短期的に勝利を手にするために用いるごまかしや操作は、他の人からの信頼を失うという点で長期的なコストとなるだろう。**機会獲得型**が引き受けずに外部に転嫁するミスや判断の誤りの責任は短期的なコストの典型である。

この行動論理が高く評価するのは、財政的側面と一方的な力の側面だけであり、組織の構造的・精神的側面ではない。マネジャーや組織の変容や発達を支援することに価値を置いていないのだ。**機会獲得型**のマネジャーにとって、他の人も同じことをすると思っているので、「手札を見せないように」しなければならないのは自明の理である。「力こそ正義だ」というホッブズの方程式が

★　「人にしてもらいたいことを自らしなさい」とするイエス・キリストの教え

成り立ち、黄金律《ゴールデンルール》★とは、「お金《ゴールド》をもっている者が力を持《ルール》つ」ことだと練り直される。短期的には、このやり方によって、その人は他の人に対して不当に優位に立つように思えるが、実は、**機会獲得型**のキャリア開発の機会は、この行動論理によって大幅に制限されるのである。次の**外交官型**以降のマネジャーは、場合に応じて機会を掴むことを**選択**できるのに対して、**機会獲得型**の行動論理に縛られているマネジャーは、あらゆる場合に自らの機会を掴みに行くこと以外の選択肢はない。さまざまな業種のマネジャーを調査したところ、この行動論理をもつマネジャーは五パーセントに満たないことがわかった（Torbert 1991）。

皆さんが先のノートに掲げた三人の仕事仲間、または皆さん自身が**機会獲得型**の性質を示す場合について考えてみよう。これは皆さんにとって、どの程度まで、陥ることのある行動論理だろうか？　それとも、この行動論理にあきれるあまり、こうした人たちに手をこまねいてはいないだろうか？

「外交官型」のフィル

ある大手製造業の部品部門の監督者が、上司について次のように説明をしている。

私の上司であるフィルは、一人で決定を下せないようで、私に、「自分はチェスの駒かお飾りのリーダーにすぎない。自分の責任の範囲も掌握できていないと感じている」とほのめかすほどです。フィルは、規則をひじょうに意識していて、細心の注意を払ってそれを順守します。リスクを回避しようとします。どんなことをしても衝突は避けます。このことが、自分をチェスの駒のように感じる主な理由ではないかと思います。これまであまりに多くの闘いをあきらめてきたので、フィルには、闘うという考えが浮かぶことすらありません。同僚たち（フィルの他の部下たち）の間では広く、フィルはあの地位にいても役に立たないと見られていました。フィルは、命令系統の上の方からくることは何でも、抵抗なく受け入れるようですし、このことが私たちの部門に悪影響を及ぼすこともよくあります。たとえば、こんな例があります。私たち（部品部門）の部屋は、四〇〇人の従業員を抱える施設運用部門の入り口にあります。私は、新人が最初に接触する監督者です。最近、多くの従業員が採用されましたが、就業初日まで彼らに会う機会はありませんでした。この中には、コネで採用された人が何人かいました。副社長や取締役が推薦した人たちです。私は、世界は不完全であり、えこひいきがあるのはわかっていますが、新入社員全員との面接には私も関わるべきだと思っています。さらに私は、フィルがせめて目に余るような状況にものを言ってくれたらと思います。臨時雇用者としてここで働いて、正規雇用に昇格するのを何カ月間も待っている人たちがいるのに、コネ入社の人たちにはさっさと（すべての手当てを受け取る資格がある）正規雇用の地位が与えられるのですから。

フィルはときどき、私たちの部署で起きてほしいことを私に語ったり、私が彼に行った助言について私に同意したりしてきました。ですが、こういった議論はたいてい、「それは決して受け入れられないだろう」とか「上の人たちがうんと言わないだろう」という言葉で締めくくられます。そして、波風を立てずに「無難に事を運ぶ方法」を受け入れるよう私を説得しようとするのです。私だって波風を立てたいわけではありませんが、これほどまで間違っていると思えることをただ受け入れるほど鈍感にはなりたくありません。

フィルを導いている前提はどのようなものなのだろうか？　**外交官型**の行動論理は、自分自身の社会的パフォーマンスをコントロールし、それが自分にとって重要な参照集団（家族、仕事上のチームなど）の一部または全員の承認を確実に得ることに注意の焦点を当てる。多くの人が十代の前半に**外交官型**の行動論理に移行し、大人のマネジャーの中では、**機会獲得型**の行動論理をもつ人よりも**外交官型**の行動論理をもつ人の割合のほうが高い。マネジャーについての調査によると、**外交官型**の行動論理をもっているのは、第一線の監督者では二四パーセント、中級管理者では九パーセント、経営幹部では五パーセント未満だった（Torbert 1991）。

外交官型の人にとっては、重要人物の価値観が最高善である。あるものが、またはある行動が、流行の先端をいくものであったり、認められるものであったり、他の人に影響を及ぼすものであったり、地位の高い人が価値あるものとして扱うものだったりする場合に、それらは価値をもつ。行動のスキル――適切なタイミングでの適切な動きや言葉――が、あるグループのメンバーになり、他の人の基準を満たし、正しい規則を守るために不可欠だと考えられている。

機会獲得型の行動論理と同じように、**外交官型**の行動論理にも良い面と悪い面がある。良い性質としては、**外交官型**のマネジャーは、組織内の接着剤としてモラルや機能を高める信頼や忠誠心や親善といった特性を提供することができる。そして、誰かを「外交官」と呼ぶことが、その人が、最も難しい問題について公正さと同意の両方を認め、そのプロセスにおけるすべての関係者の自尊心と尊厳を高める、研ぎ澄まされた戦術感覚をもっていることを意味する場合もある。だが、他の場合には、誰かを「外交官」と呼ぶことは、その人が、何が何でも調和を保とうとして本当の感情も客観的なデータも隠して、衝突の種になりそうなことはすべて避けて丸く収める人だということを意味することもある。したがって、フィルの部下たちのように、**外交官型**に懸念や提案を却下されてやる気をそがれた同僚たちから疎外されることがある（**外交官型**が、衝突を避けようとする行為そのものによって衝突を生み出すこともあることを、その本人が理解できない場合が多いというのは、痛ましい皮肉である）。

外交官型のマネジャーは、自分自身についての修正のフィードバックを求めることはない。むしろ逆に、それをかわそうとする。彼らにとって、修正のフィードバックは、面子や地位を失うのと同じことなのだ。「修正のフィードバックは目標の達成に役立ち得るのだから建設的なものだ」と説明しても、彼らには通じない。**外交官型**のマネジャーにとって、「面子を失わない」という暗黙の鉄則ほど力強い目標はないのだ。このフィードバックの回避を考えれば、なぜ**外交官型**が、**機会獲得型**同様に、これ以降の行動論理をもつ人たちよりも、大人になってまで自分の行動論理に陥りやすく、さらには他の行動パターンのかけらも目に入らないのかを説明できる。

外交官型のマネジャーは、自己批判ができないのと同じように、他の人々を批判したり、集団の規範に疑問を投げかけたりすることができない。フィルにはまさにその性質がある。フィルは、いわゆる「コネ入社」の人たちに対する明らかに不公平な扱いを正そうとしない。**外交官型**の人が上に立つ組織は、競争的な現実を変えることや、新たな戦略の機会を発見・創造することへの適応を阻害されるだろう。部下たちは閉塞感や幻滅を感じるだろう。目標を下げたり、努力を減らしたりしやすく、「よく見せる」ために、売り上げや生産量の記録等の情報改ざんさえしかねない。

「機会獲得型」と「外交官型」に変容を求め、支援する

本章の結びとして、質問をさせてほしい。リーダーやコーチは、これら二つの行動論理をもつ人

たちが、自組織にとって有用で、より有能なリーダーとなることを支援するために、何ができるだろうか？ **機会獲得型**と**外交官型**の性質の要約については、表4－1を参照してもらいたい。

機会獲得型のマネジャーに対処し、彼らの発達を支援するにあたって、組織は、まずは仕事をすること、そしてマネジャーのパフォーマンスを評価することの両方を目的とした、わかりやすく明確に定義された、相対的に公正なシステムを構築しなければならない（実際にそのシステムが明確なものでないと、**機会獲得型**は真っ先にそれに気づいて、その弱みにつけ込もうとする可能性が高いだろう）。とくに、**機会獲得型**の年間目標とそれに関する具体的なインセンティブ（昇給、ボーナス、昇進）は、パフォーマンスに密接につながっていなければならず、そのパフォーマンスの目標は、社会的プロセスの目標を含むもの（同僚がどう扱われるべきか、など）でなければならない。**機会獲得型**はまだそのような規範を自分のものとして本当に理解していないからだ。

機会獲得型の部下を持つマネジャーは、パフォーマンスの不振に対して、現実に解雇などの一方的な罰を与える可能性に臆してはならない。**機会獲得型**は、口頭での否定的な評価を無視したり積極的に否定する傾向があるからだ。経験上、より繊細な種類の力（納得の力や論理の力など）が効いていないとわかったときは、一方的な戦略を用いて、その部下の一方的かつ無責任な行動を減らすよう他の誰かから促すのが最適な行動探求である。さらに、マネジャーは、あからさまな動きを起こす前に、同僚たちをその戦略に同調させるのが賢明だ。というのも**機会獲得型**は、衝突に対して断固とした態度を取ることが多く、綿密に計画された出来事に基づいて傍観者をすばやく自分の味方につけることによって厳格な人を抑え込もうとするからだ。

この戦略全体は非情で、発達的でないように聞こえるかもしれない。だが私たちは、**機会獲得型**の行動論理が組織内にどれだけの混乱をもたらすか、この行動論理が変容からどれだけ切り離されたものであるか、そしてさらなる発達が引き起こされたことを私たちが認識している数少ない例においては何が働いたのかを経験してきたので、この戦略を最も愛情のこもったやり方として提案している。それは、扱いにくいティーンエイジャー、アルコール依存症の人または麻薬中毒者に対して勧められることが多い、いわゆる「愛のむち」のようなものと考えるとわかりやすいだろう。

外交官型のマネジャーの発達への意欲をかき立てる環境を生み出すことに関心がある組織ならば、小さなチームによるリアルタイムのプロジェクトの周囲に経営開発活動を構築し、枠組み、主張、説明、問いかけなどの特定のスキルの訓練機会を定期的に提供するのが賢明だろう。**外交官型**は、あらたまった経営会議よりも、少人数の作業グループのほうが落ち着く。自分をよりさらけ出すことができるし、後々、変容に必要な、弱さを受け入れることができるような友情を形成するだろう。そのようなチームのメンバーは、一人ひとりが異なったリーダーとしての役割をもち、それ

表 4-1　機会獲得型と外交官型の発達上の行動論理と関連するマネジメント・スタイルの特徴

機会獲得型	短期的な視野。具体的なことに焦点を当てる。物理的な非常事態において有能であることが多い。虚偽的。操作的。規則を自由の欠如とみなす。運を重要なものとみなす。批判的なフィードバックを拒否する。責任を外部に転嫁する。疑い深い。固定観念にとらわれる。自制心が弱い。敵対的なユーモア。一方的な力に逆らう。性的区別。「その場をうまく逃れられること」を正当なものとして扱う。罰＝「目には目を」。肯定的な倫理観＝対等な取引。時宜にかなった行動＝「自分が勝つこと」。
外交官型	ルーティンに力を注ぐ。規則を守る。内外の衝突を避ける。同調する。集団の規範に従って動く。会員の身分や地位を追求する。口癖や使い古された表現、お決まりの冗談をよく言う。面子を保つことが極めて重要。親しい集団に対して忠実。規則を守れないと恥ずかしいと感じる。罪＝他人を傷つけること。罰＝承認しない。肯定的な倫理観＝よくする、協力する。時宜にかなった行動＝「時間どおりに動くこと」。

を交代で回してよく、そのチームに対して直接的な権限をもたないメンターに導かれた仲間の評価やフィードバックを定期的に受ける。この手法は最初、組織による非現実的なほど大きな投資に聞こえるかもしれない。だが、このような仕組みは、自律的または半自律的なプロジェクト・グループにおける確実で高いパフォーマンスにもつながるので、この投資には何倍もの見返りがあるのだ。

早期段階の各行動論理は、社会的な四つの体験領域のうちの一つだけに主に明確な重点を置いているので、前述した人たちのような複数のリーダーをもつプロジェクト・チームにおいては、必然的に大変な緊張が起こる。衝突を回避する**外交官型**のスキルは、目に見える物理的、具体的な現実や、参加者の相反する行動論理に打ち負かされるのは間違いない。組織の高い地位にあるメンバーが個人的な実験や変容の支えとなっていることを認識し、そしてチームのメンターから週ごとの評価のフィードバックと指導を受けているならば、こうした状況が**外交官型**にとって変容の経験となる可能性がある。

パターンに気づく訓練をする

本書を読みつづけていくと、次第に、皆さんの人生の現時点においてどの行動論理が支配的と思われるかが見えてくる(誰かに手伝ってもらうとよいだろう)。私たちは、本章で指摘したダイナミクス——私たちは皆、強迫状態にあるときの行動の基になる予備手段として、特定の代替的な行動論理をもつ傾向にあること——を強調することが重要だと考えている。これらはどちらかといえば無意識のパターンだ。皆さんが、自分の中でいま支配的になっている行動論理が**機会獲得型**または**外交官型**と診断しようとそうでなかろうと、効果のない行動を変容させる機会として、次のような訓練を検討してみる価値はある。

●自分が、慌てて目の前の機会に飛びつくような行動に出たり言葉を発したりしたくなる癖やパターンをもっているかどうかに気づく訓練をしよう。

1 まずは、自分が慌てて行動したり衝動的に行動したりするかどうかに気づくことから始めよう。

2 次に、前述の方法（九五頁参照）を用いて、そのような衝動にはどのような感情が伴っているかに気づこう。

3 次に、自分の中にそのような衝動的な反応を引き起こす状況に注意を払おう。チェック・インをする際、自分自身に「私はそのように気が急くとき、何が危険にさらされているように思っているのだろうか」とたずねてみよう。

4 次に、自分の慌てた行動のすぐ後に起こる一連の出来事に注意を払おう。そして、自分自身に「次に私がそこでひと息ついたとしたら、最悪の場合、どんなことが起こり得るだろうか」とたずねてみよう。そのような休止の後に起こり得る一連の出来事を想像してみよう。

5 この自己認識の訓練をしばらく行うと、いつひと息つくべきかを選べるようになり、タイムリーな行動探求によって、無意識の戦略に身を任せるのではなく、自分で戦略を決定できるようになるだろう。

●自分に影響を及ぼす外の世界の出来事に対して——とくに、それが自分の望むことやすることと他の人たちの望むことやすることとの間に衝突が起こる可能性がある場合——**外交的に**ないがしろにする（自分自身の感情を無視する）癖やパターンを自分がもっているかどうかに気づく訓練をしよう。

1　毎日のチェック・インで、自分が経験した不満足な瞬間を見つけ出す際、ないがしろにしたかもしれない瞬間の体験を探ろう。

2　その出来事について回顧し、他の人（たち）がとったありがたくない行動の直前に自分が何をしたり言ったりしたかを特定しよう。あなたは実は、その代わりにどうなることを望んでいたのだろうか。何を望んでいるかがわかっていたら、あなたはどのように感じただろうか。

3　望んでいなかった反応が返ってきたとき、どんな感情をないがしろにしただろうか？　よかったら、前述の手順（九八頁参照）を用いて、その感情に名前をつけてみよう。

4　次に、何かがあなたにとって望ましくない形であなたに影響を及ぼす瞬間に気づく訓練をしよう。注意せよ。こういった反応はあっという間に潜行してしまうので、私たちはそれが起こっていることがわからない。用心深く気を配ろう！

5　私たちの**外交的手腕**は、恐れや痛み、怒りといった感情が起きたときにそれらの感情を素直に表わさないように覆い隠す仮面となり得る。私たちはまず、自分自身に対して、そういった感情を隠す仮面をはずす訓練が必要である。チェック・インをするたびに、そして自分が外交官的に如才なくふるまっていると気づくたびに、一人で感情に名前をつける方法を実践しよう。

6　この自己認識の訓練をしばらく行うと、外部の出来事に対して自分の反応をいつ、どのように声に出すべきかを選択できるようになり、タイムリーな行動探求によって、無意識の戦略に身を任せるのではなく、自分で戦略を決定できるようになるだろう。

では次に、大部分のマネジャーや専門家に当てはまる、**専門家型**と**達成者型**という二つの行動論理の考察に移ろう。

第5章

専門家型と達成者型

マネジャーに最もよく見られる行動論理

発達上の行動論理《アクション・ロジック》のうち、**機会獲得型**《オポチュニスト》と**外交官型**《ディプロマット》は、ある意味では、マネジャー以前の行動論理である。まずは、実際のところ、中間管理職や経営幹部で、もっぱらこの二つをもっているという人はほとんどいない（表5－1を参照）。また、これらの行動論理はどちらも、フィードバックを用いて確実にパフォーマンスの向上を生み出すことはできない。さらに、**機会獲得型**と**外交官型**の行動論理は、新たな効率化によるコスト削減または効果を高める新たな源泉を通じた収益向上などタイムリーな行動をとることで新たなシステム的価値を生み出すことには関心がない。したがって、これら二つの行動論理は、多くのマネジャーを生まないし、その理由も理解できる。これらの行動論理は、将来の計画、パフォーマンスのフィードバック、業務の改善といったマネジャーにふさわしい行動を生まないからだ。

それに対し、表5－1が示すように、**専門家型**《エキスパート》と**達成者型**《アチーバー》の行動論理を合わせると、マネジャー全体の大部分――およそ八〇パーセント――になる。また、これら二つは、パフォーマンスを向上させるための一次ループのフィードバックを最初に重んじ始める行動論理でもある。だが、一次ループのフィードバックの重んじ方は、その二つの間で大きく異なるし、これら二つの行動論理が、自分自身や他の人が以降の行動論理へと発達するのに寄与する二次ループのフィードバックを促すことはまだない。

「専門家型」のラリー

第四章でフィルが**外交官型**であると説明したのと同じ監督者が、同僚の監督者であるラリーについて、こう描写している。

　ラリーが身につけている専門分野の知識は疑う余地がなく、ラリー自身、その分野においても管理記録の保管においても、自分は他の追随をゆるさない存在だと思っています。ラリーは完璧主義者で、ある部下がオフィスのクリスマス・ツリーを飾り付けしたときに、その技量まで批判するほどです。
　ラリーはとても真面目で、道徳的基準に対して高い義務感をもっており、このことによって自分はこのグループの他の人たちに差をつけていると感じています。ラリーは、自分の周りの誰よりも秀でようと努力しており、他の人の欠点を指摘するのも厭いません。自分のミスに対しても同じくらいに厳しいので、公平だとは思います。ラリーは、判断の基準を、それが自分の指針の範囲内である限り、考慮に入れています。しかし、何も

表 5-1　（あらゆる業界・組織レベルの）マネジャー 497 人の発達段階分布

機会獲得型	3%
外交官型	10%
専門家型	45%
達成者型	35%
以降の行動論理	7%
計	100%

かも自分で決めたがります。私はラリーと緊密に連携して仕事をしていますが、ときどき、私たち二人が責任者になっているプロジェクトをラリーが自分のものにして、全部ひとりでやってしまうのではないかと感じることがあります。そんなことになったら私の印象は悪くなり、もっとひどければ、グループ内の私の役割は軽んじられるでしょう。

ラリーは、フィードバックを受けることについては、その効果を疑問視しています。私もラリー自身も、ラリーにはフィードバックは必要ないし、イライラさせる原因になることさえあると感じています。ラリーは、自分は自分の仕事をするうえで必要なことは何でも知っていると確信しているようです。私も、ラリーの計画力と組織化の手腕はすごいと思っています。ラリーはずっと私にとって大きな助けとなってきましたし、あまり否定的に言いたくはないのですが、ラリーは極めて独断的なのです。彼の言うことは法であり、議論の対象ではありません。「私のやり方でやるか、さもなければやらないか」がラリーの信条です。私たちは対等な立場の同僚ですが、何から何まで支配する立場を維持しようと固く決意しているように思えます。私は辛抱強く待とうとしてきましたが、今のところ、ラリーは揺るがないようです。

外交官型は、他の人たちの自分に対する優先事項の対立（友だちにはいっしょに飲みに行こうと誘われ、上司には残業してほしいと請われ、妻には六時までに帰宅してほしいと望まれている）につきまとわれていると感じるかもしれない。そしてついには、巧みに他の人々の期待に応えつづけて、静かに苦しむよりも、意思決定の根拠として、より統合がとれ、より確実に価値を高め、より客観性のあるものを必死に追求するかもしれない。**専門家型**にとっては、行動の指針は、その状況に対して唯一の「正しい答え」を導き出す練り上げられた論理である。同僚によるラリーの描写に基づけば、この特徴づけがラリーに当てはまるのは確かなようだ。

専門家型になると、自分をグループ内の他の人たちと同一化させることにはもはや共感しない。それよりも、自分をグループ内の他の人たちから際立たせる独自のスキルに共感する。ラリーの場合、仲間の監督者といっしょに責任者になっているプロジェクトを、話し合いもせずに自分のものにする。**専門家型**は、質について他人の判断よりも、自分自身の判断を頼みにする。自分の判断を、スキルの習得を基盤とした客観的なものだと考えるのだ。

専門家型にとっては、他の人々の好みは、自分自身の行動の指針というよりも、より広範な状況における変数――それも、たいていは重要でない変数――として扱われる。なぜ「たいていは重要でない変数」なのかというと、初期の発達上の変容のどちらにおいても、その前の段階の行動論理への共感から決別するというプロセスによって、まず、それらが最も大事にしていることの価値が引き下げられるからだ。こうして、つまりは**外交官型**が「未開発の」**機会獲得型**を軽蔑し、**専門家型**が「なよなよとして策略的な」**外交官型**を軽蔑するというようなことになる。

専門家型の良い面は、未来志向、プロジェクトをまとめて完成させる手法、純粋に任務を完遂するために懸命に働くこと、その技巧の達人と定評のある人からのフィードバックを受け、その人から学ぼうとする姿勢（ただし、ラリーがそうであるように、仲間からは、フィードバックを受けたり学んだりしようとすることはめったにない）、その人の専門知識がもたらす一種の権威――それによって、部下たちが、その**専門家型**に「仕事がよくできた」と称賛してもらおうと懸命に努力することになる（そしてラリーのケースのように、イライラした同僚をも感心させる）可能性があることなどだ。

専門家型の悪い面は、良いチーム・プレイヤーでない場合が多いことである。それは、**専門家型**の人は、自分がもつ特定の専門領域における論理の中で完璧を強く求めるため、それが、他の人々には極めて競争的に感じられるようになる可能性があるからだ。また、自分の専門分野外のフィードバック（たとえば、消費者動向や製品化までの時間についてのフィードバック）に応えたがらないことが、全体として「フィードバックに対して心を開いていない」と周りの人たちに思わせる可能性もある。この点でも、ラリーがその最たる例だ。ラリーの論理は、唯一の論理となっている。

専門家型のもう一つの悪い面は、このタイプの人は自身が生み出したストレスの犠牲になる可能性がある点だ。第二章で、会社の福利厚生制度を比較するひじょうに複雑な方法の専門家になることに二年間精力を傾けているアンソニーという若いマネジャーについて説明した。アンソニーは、「完璧主義者」の肉体的苦しみと精神的苦しみの両方があることを証言している。「私は、気づけば、結果に違いがあればそれをどれもこれも理論的に説明しようとして、些細な点にとらわれている」。アンソニーが行動探求《アクション・インクワイアリー》を試みてうまくいったことは、彼が**専門家型**の行動論理を超えて**達成者型**の行動論理へと発達し始めたことの証明だ。現在のところ、これを実現させるマネジャーは半数に満たない。

この後、**達成者型**の行動論理をより詳しく見ていく前に、少しの間読むのをやめて、皆さんが今、自分自身の行動論理の中で、あるいは皆さんがより深く理解しようとしている同僚の行動論理の中で、「これは**専門家型**の特徴だ」と認識し始めているものと実例を振り返りノートに書き出してみることをお勧めする。

成長中の「達成者型」のジョアン

次に私たちが出会うマネジャーのジョアンは、**達成者型**の行動論理の局面に入るために、明確に行動探求を実践している。コンサルティング会社の支社の経営幹部たちがその役割を変える支援を行う責務を引き受けたアンソニーと同様、ジョアンは**専門家型**の行動論理の制約の殻を破り、新たなやり方で物事を理解・経験し始め、いかに行動探求が私たち自身の行動論理の変容に役立ち得るかを私たちに示している。ジョアンのストーリーの生き生きとした陽気な語り口だけでなく、その長さと詳しさからも、新しい世界を発見しようとするジョアンの意識が感じられる。

雑誌の市場調査担当マネジャーとしての私の仕事には、問題の解決者であることと、「完璧主義」であることが求められます。物事がなぜそうなっているのかを徹底的に調査する——結果を掘り下げ、分析し、提示する——ことは、私の日常業務のひとつです。人々は私のことを、「あなたは本当に数字に強いですね」とか「そんなことをよく理解できますね」などと言います。これらは、**専門家型**が耳にしたらとてもうれしく思うようなコメントで、私も以前はこういうコメントを聞くのが大好きでした。でも、今ではこの行動論理がとても制約的であることに気づきつつあります。あまり細かいことにこだわらず、もっと全体像に心を向け、短期的な効率よりも長期的な効果を求めて努力したいと思っています。

マーケティング担当部長のスティーブは私に、社内の別の役職に就くための面接を受けていると打ち明けました。そして、もし採用されるとすればそれはもうすぐだろうと言うのです。私は、自分をマーケティング担当部長の後釜として真剣に考えてもらうためには、発達段階のうちの**達成者型**の特徴をもっと示すことが不可欠だと感じました。そこで、たくさんの実験を組み込んだ計画を考えました。

スティーブのことを聞いて私が最初にとった行動は、スティーブと話して、どのような方法をとるのがいちばんよいかの助言を求める、というものでした。私は、最終的にマーケティング担当部長になることにとても興味があるのだと言いました。スティーブは自信をもって、「きみならできる」と言いましたが、スティーブの答えは、私がすでに知っていることを確認しただけでもありました。私は、経営の上層部に対してもっと際立つ存在になる必要がありました。一般的には、積極的に動いて、そういった人たちと話す機会を増やす必要があったのです。

次に私がとった主な行動は、職務記述書を書き直すことでした。私たちは社長のジムから、職務の分担について検討できるように職務記述書を送ってほしいと言われていました（その頃にはすでにマーケティング担当部長の職は空いていました）。スティーブの忠告に従い、私は自分の職務記述書を書き直し、引き受ける意志のある職務としてマーケティング担当部長を挙げました。手紙を添え「これまで私は自分の能力と興味を十分に示してきたかどうかわかりませんが、この機会を利用してお伝えしています」とはっきりと書きました。また、私の優先事項の一つは、書き方のスキルと話し方のスキルを向上させつづけることだと彼に伝えました。

このような行動をとることによって、私はジムに、私が自分の行動を変えるために努力していることを伝えていました。このような手紙を書くこと自体が、私にとってはついぞやったことのないことでした。また心を開いて自己分析を行い、批判を受け入れるスペースも設けました。私はジムに、自分の熱意の高さを理解してもらい、私のキャリア開発を支援してもらえるよう願ったのです。

その手紙と書き直した職務記述書に対して、直接の返答はありませんでしたが、ここ二〜三週間の間に、ジムと国内営業部長が、自分の気に入ったプレゼンテーションのコピーを私に送ってきたり、他のプレゼンテーションについて私の意見を求めて訪ねてきたりしました。最近、ジムに、プレゼンテーションのひな形を開発するよう言われました。私は手紙の中で、このプロジェクトに興味があることを強く示していたのです。

継続的に行っているのは、ジム、広告担当部長、国内営業部長と毎日連絡を取ることです。これはどうということのない些細なことに思えるかもしれませんが、実は私が試した中で最も効果的なことの一つです。以前は、丸一～二週間ジムに話しかけないこともふつうでした。この取り組みによって、ある連鎖反応が生まれました。私が彼らに電話をかけて会話が始まり、それがきっかけとなって彼らが私により頻繁に電話をかけてくるようになったのです。こういった会話の中で、私はさまざまなテーマについての私の知識を伝えることができ、ときには、そのことから、あるプロジェクトの責任者を任されたり、ある事柄の動向追跡を任されたりすることになりました。さらには、それによって、この人たちや社内の他の経営上層部どうしの議論において、私の名前が頻繁に出るようにもなったのでした。

私がとったもう一つの効果的な行動は、私がそれまでまったく関わったことのないプロジェクトに進んで取り組むことでした。私たちは、自社発行の雑誌における広告スペース販売のための新たな料金体系を策定する必要がありました。このプロジェクトの期限はほぼ不可能なものでしたが、私はそれに間に合わせることができました。そのために、夜九時まで残業した日も何日かありましたし、週末も二回つぶしました。私は、このプロジェクトにとっては、円滑かつ速やかに進むことが重要だと感じていました。遅れや誤りがあれば、ジムは二度と私にそれを任せてくれないかもしれなかったからです。私がこの分野で力を発揮できるとはジムは思っていなかったかもしれません。私が率先してこれをやらなければ、ジムは今もそのことを知らなかったでしょう。

次に私がとった主な行動は、私の給与について話し合うためにジムとの会合を設けることでした。基本的に、私は昇給を求めたかったのですが、それだけでなく、自分の能力と自分の貢献度には自信があるし、営業で成功を収めるだけの十分な積極性もあるということを伝えたかったのです。この面接は、私が自分の話に、枠組み・主張・説明・問いかけを正しく適用する最高の機会でした。こういった会話の要素について考えることによって、私は困難で張り詰めたものになる可能性が高い会話を、前向きで生産的な会談に変えることができました。私たちは、自分たちの論拠を話し、いくつかの問題について互いに自分の意見を相手に理解してもらうことができました。ジムは、貢献に対して十分な対価を私が受け取っていないということに同意してくれました。

結論として、私は自分が実現した前進にとても満足しています。マーケティング担当部長の地位に誰を昇進させるかはまだ決定されていませんが、私は、自分がその地位に就くという目標に向かって大きく前進したと感じています。

私がジムや社内の他の人たちと頻繁に連絡をとっていることが、私が**専門家型**の段階をすっかり抜け出して**達成者型**の段階へと進むのに役立ちました。はるかに生産的な方法で批判を受け入れ、短期的な満足から長期的な効果へと重点を移しました。しかし、私が個人的に最も感じた進歩は、もはや誰かの手先ではなく、自分が首唱者になる能力を身につけたことです。

達成者型は、目標の達成に情熱を傾ける。ジョアンはこれまで、内部の事情を探り、数字を極め、答えを提示することに重点を置いてきたが、**達成者型**の行動論理の対象範囲はもっと広い。それは、物事が内部でどのように働くかについてだけでなく、より幅広い周囲の環境において効果的になる方法や、組織全体が効果的であるために支援する方法にも焦点を当てる。ジョアンが**専門家型**から**達成者型**へと進むにつれて、ジョアンの注意が調査データを掘り下げることを超えて、さらに広がっていくのがわかる。「さまざまなテーマについての知識」を伝え、新たな料金体系の提案など、これまでと違った種類のプロジェクトを引き受ける。市場調査担当マネジャーという、より技術志向の役職から、マーケティング担当部長という、より起業家志向でより経営志向の役職に自分を昇進させるよう主張しており、これはいかにも、組織がその確立された戦略を追求するのに役立つ機能に重点を置く**達成者型**らしい。

達成者型は、その前の段階の行動論理をもつ人たちよりも、自分自身の考え方と相手の考え方との相違に注意を払い、チームワークや、意見の一致によって形成される合意に価値を置く。**達成者型**の行動論理の段階に達して初めて、異なる対象期間を同時にうまく扱うことを、単に厄介なことと考えるのではなく、マネジメントというものの本質に近いものと理解するようになる。新たな広告料金体系の策定に際し、ジョアンは、この複雑に織り合わさった対象期間を説明する良い例となっていて、まずは行動しなければならないが、効率的かつ効果的に価値を提供できなければならないと認識している。

達成者型は、自分へのフィードバックを歓迎し、同僚との関係において相互関係を追求する。ジョアンのケースでは、ジョアンが**達成者型**の行動論理を身につけるにつれて、他のマネジャーとの関係が上向いている。ジョアンは、この分野における自分の取り組みが「連鎖反応」を引き起こし始めてさえいることに気づき、他のマネジャーと連絡をとる頻度を増す。ジョアンは、上司に対して、自分が思い通りにやり遂げたことだけでなく、相互関係が築かれたことも強調して、自分の給与という問題について説得する。ジョアンはますますフィードバックを追求し、その価値を尊重しているようだ。

だが、**達成者型**のフィードバックの扱い方には、対照的な面、つまり悪い面もあるかもしれない。率直に言うと、フィードバックは、**達成者型**のすでに確立された物事の仕組み（その人の行動論理）に調和したフィードバックは機能するが、そうでないと拒絶されるだろう。以下のような例に覚えがないだろうか。

◆プロジェクト・マネジャーが、他の部署のマネジャー数人とともにあなたにも、会議に出席して、そのプロジェクトの進行状況について自分の部署の意見やコメントを述べてほしいと言う。多くの変更点が提案されるが、プロジェクト・マネジャーは、すでに自分が取り組んでいる基本的なやり方と一致したものしか受け入れない。

◆ある晩、友だちがあなたに、自分が立ち上げようとしている新たなビジネス・ベンチャーのことで興奮して電話をかけてくる。おまけに、その会社に投資してその立ち上げを支援してほしいと言う。あなたには、友人の計画は健全だとは思えない。あなたは友人に、計画を進める前に探求すべきだと感じている主な問題点をいくつか指摘する。また投資する資金はないとも伝える。友人はその両方の返答にひどく怒り、「もうきみとは友だちではない」と言って、電話を切る。

これら両方のケースにおいて、**達成者型**はイニシアチブをとり、それについてのフィードバックを求める。だが、そのフィードバックを得た後に、**達成者型**の成果を求める取り組みがなされるのは、自分自身があらかじめ決めた重点事項についてだけであることが明らかになる。**達成者型**は、行動論理そのものの妥当性を疑問に思い、行動の最中にできる限り自分の手法を再構築する準備はできていない。

部下や上司に対する**達成者型**の姿勢は複雑だ。**達成者型**の段階にあるマネジャーは、一方では、部下どうしの創造性に価値を置き、それを奨励して、部下たちに大きな責任を委ねる可能性がある。同時に、**達成者型**は、上司と相互に行動を起こし、上司との相互作用を生み出し、プロジェクトを提案し、上司に異論を唱えることもある。だがその一方で、組織のより大きな目標についての自分自身の限定的な概念に疑問を投げかけることができないことから、現在の公式もしくは暗黙の体制から逸脱する戦略的代替案を真剣に検討したり受け入れたりすることができない。

皆さんもきっと**達成者型**の考えや行動の例を

表 5-2　専門家型と達成者型の発達上の行動論理と関連するマネジメント・スタイルの特徴

専門家型	問題解決に関心がある。原因を追求する。自分自身が練り上げた論理を根拠にして自分や他人に対して批判的である。目立ちたがり屋で、独自性を求める完璧主義者。効果よりも効率を選ぶ。独断的。定評のある客観的な名人からのフィードバックしか受け入れない。技術的な利点に基づいた決定に価値を置く。ユーモア＝悪ふざけ。不測の事態、例外を理解する。肯定的な倫理観＝内部的に一貫した道徳観に対する義務感。時宜にかなった行動＝迅速で効率がよいこと。
達成者型	長期的な目標。未来は鮮明でやる気を起こさせるもの。行動のフィードバックを歓迎する。時宜にかなった行動＝効果的な結果を得るために時間的要求を巧みにやりくりすること。手先ではなく首唱者でありたい。一般化が可能な行動の理由を追求する。関係性において階層性ではなく相互性を追求する。複雑性、システムを大事にする。自分自身の基準を満たせないと後ろめたさを感じる。自分の暗部や、客観性の背後にある主観性に気づかない。肯定的な倫理観＝自分自身が選んだ（が、自分自身が創り上げたのではない）倫理体系に基づいた日々の実質的な改善。

たくさん知っているだろう。私たちが行ったマネジャーについての研究（表5－1）で、**達成者型**は、全体のサンプル数の三五パーセントだった。表5－2は、本章で私たちが検証した二つの行動論理のそれぞれと関連する、具体的なマネジメントの特徴を浮き彫りにしている。

アートの四つの行動論理の概要と今後の展望

ここで、もうひとつのストーリーを取り上げて、第四章と五章で検討した**機会獲得型**、**外交官型**、**専門家型**、**達成者型**の四つの行動論理に立ち返る。アートは、自分の家族が所有する会社のマネジャーである。アートは、自分の話の中で、その四つを一つずつたどっていった変遷について語っている。これは私たちにおさらいを促し、また、ジョアンのストーリーの中で一瞬見えたもの――つまり、人々が連続的により広い、より包括的な行動論理を獲得する可能性――をひじょうに鮮やかに浮き彫りにもする。アートは、少なくとも四回の変容を達成し、もしかしたら五回目の変容が進行中である人物として登場する。アートのストーリーのうち、最後の二段落は、さらに先の三つの行動論理である**再定義型**《リデファイニング》、**変容者型**《トランスフォーミング》、**アルケミスト型**に目を向けている。これらはどれも、**達成者型**の次の段階に発達する行動論理である。アートのストーリーの中でそこまで読み進めると、皆さんは**達成者型**の次の新たなテーマを探すことができるだろう。それらについてはこの後の章で詳しく論じていく。では、アートのストーリーを見てみよう。

一五歳のとき、私は祖父の店で働き、**機会獲得型**の傾向を身をもって示しました。私は当時、自分をよく見せるためにいろいろやったものの、それがその後良い結果につながることはありませんでした。

大学生だった一九歳のとき、私は、大型車体修理チェーンのフランチャイズ権を買った父の下で働きました。私のマネジャーとしての振る舞いは**外交官型**でした。私は皆に好かれたかったので、対立的な局面を避けました。ですが、あの業界で働く人たちの性質が原因で、私が**外交官型**でいられたのは短い間だけでした。従業員たちはたいてい、アルコール依存や薬物中毒であったり、情緒面や行動面の障害や、社会上または法律上の問題を抱えたりしていました。法廷や刑務所を出たり入ったりしていて、一週間の生活費をやりくりできない人もたくさんいました。今にして思えば、つまり彼らの大部分は明らかに**機会獲得型**だったということです。

私は**外交官型**の思考様式から**専門家型**の思考様式――当時はそのような名前をつけていたわけではありませんでしたが――への転換点をおぼえています。それが起こったのは、私が初めて人を解雇しなければならなかったときでした。それ以降、私は、従業員にきちんと仕事をさせることに重点を置くことになりました。私はひじょうに几帳面で、手順にのっとる人間だったので、全国で使用が推奨されていた標準手順をうちの店でも実施していました。私は、自分がすでに行っている「完璧」な方法と異なる方法で何かをすることを私に進言しようとする人は、誰であっても嫌がりました。でも、仕事の後、周りに誰もいないときに新しいアイデアを試したことがよくありました。また、私は、誰かが、自分で解決できない問題について質問してくるのを歓迎しましたし、それを楽しんでいました。

失業率が低く、新たな従業員をこれ以上見つけられなくなったとき、この戦略を用いる大きな障壁にぶつかりました。補充する人が見つからないため、規則に従わないという理由で従業員を解雇できなくなったのです。

私は、その後に、**達成者型**のスタイルを見出します。厳格な手順に従うよりも、結果をしっかりと出すことに目標を置きました。しかも、その目標を達成する方法はたくさんあり得ました。私は、いろいろな人たちと働くうちに、すぐに柔軟性の価値を学びました。「いろいろな人」とは、数日または数週間も姿を消してしまうことがよくあったアルコール依存症患者や、道具箱の上に鏡を置いて誰かに見られていないか確認できるようにしている妄想性人格障害の人、車を跳び越えながら店の中を走り回ったり、壁をよじ登ったり、配管からぶら下がったり、背後から忍び寄って誰かを驚かせたりするいわゆるハイテンションの人、「どうやってこんなにうまく仕事をやったのか」と私がたずねると「ドラッグでハイになって仕事しただけのことさ」と答える従業員などです。以前は、こんなことをしている人は躊躇なく解雇しましたが、それぞれの人がそれなりに役に立つことがわかりました。このとき私は、自分のすることや、もっとうまくできる方法があるかについての批評を求めました。私は他の人たちから何が学べるかを見つけようとその人たちを観察し、誰からでも何かを学べることに気づきました。

しばらくして、私は、ときどき仲裁をするようになりました。このことが私を、複数の行動論理と、プロセスと任務間の相互作用という**再定義型**の感覚に引き合わせたのだと思います。最初に聞いた簡単な状況説明はとても納得できるものに思えるのでした。そしてもう一方の説明を聞くと気が変わるのです。さらにプレゼンテーションを聞くと、そのケース全体についての私の見方は再び変わるのでした。**変容者型**のように、それぞれの側に、自分の言いたいことを言ったように感じさせ、私の決定を公正で筋の通ったものと受け止めさせる、さまざまな問題解決方法を試すのも興味深いものでした。顧客や従業員に向き合う際、私は今では、同じ手法を戦略的に用います。

次に突然の出来事が起きたのは——それは**アルケミスト型**の段階に入る兆候だったかもしれません——ある顧客が自分の車のことで怒鳴っていたときです。それは忙しい時期のことでもありました。私は一五人の従業員を抱え、七五台の車と店内に数百点の品物をもち、顧客からの問い合わせにも対処しなければなりませんでした。その人が怒鳴っている間、私はそのような状況を上空から俯瞰するような気持ちでいたのを覚えています。私は、この状況を是正するために何をすべきかを見出し、下りていきました。この事件以後、私は必要に応じてこれを実践し、自分自身を状況から切り離し、その状況をコントロールするために自分が何をすべきかを落ち着いて決められるようになりました。何度かやってみて、私は自分がこれを実践できることに驚き、怖さも感じました。

アート自身が**達成者型**以降の行動論理のテーマをいくつか特定している。「複数の行動論理と、プロセスと任務間の相互作用という**再定義型**の感覚」や、**変容者型**が意思決定のプロセスを他者と共有することや、**アルケミスト型**が現在の状況からの分離と現在の状況において最大限の努力を講じた行動との相互作用を経験することに言及しているのだ。

次のステップ

この後の章では、**達成者型**以降の行動論理について、より詳しく探っていくが、その間にも、皆さんが、自分自身で新たな行動論理を発見する可能性に魅了され、それに喜びを感じるようになることを願っている。さまざまな行動論理と関連する自分自身の性質をいくつか挙げてみる（または、今すぐそれを書き出してみる）と、発達のプロセスの第一歩を踏み出せるだろう。皆さんのリストは、一つの行動論理に集中しているだろうか？　そしてその行動論理は、快適だが困難でやりがいのあるホームポジションのように思えるものだろうか？　または、それは、二つの行動論理にまたがっていて、あなたが一つの行動論理から次の行動論理への変容の途中にいることを示しているのだろうか？　あるいはジョアンのように、あなたの現在の行動論理はあなたを束縛するもので、次の行動論理は解放するもののように思えるだろうか？　それとも、これまで述べてきた行動論理はどれも、組み合わせたとしても、基本的にあなたとは違うように思えただろうか？　その場合、この後の章のどれかで、あなたがより適切に表現されているかもしれない。

現段階で、皆さんは、自分の行動論理の主観（自己レベル）の自己評価を超えて、同僚や家族からの相互主観（二者間レベル）の評価を追求することに、または客観（より大きな集団レベル）の科学的手法を講じることにさえ関心をもっているかもしれない。もしもそのとおりなら、私たちは以下の提案ができる。二者間の評価については、各章の表から拾ったあらゆる行動論理に関する言葉を混ぜ合わせて一ページに並べ、同僚たちに、「私に当てはまると思うものに丸をつけてください」と頼んだ人がたくさんいる。このプロセスから、自分にとって豊富な情報を得られるだけでなく、互いのスタイルについて仕事に関連した実りある会話が生まれることも多い。そして、同僚たちが皆、同様のフィードバックを求めてくることも少なくなく、それがチーム全体としての活動に二次ループ学習の変化をもたらすことにつながる。

客観の科学的手法を講じることについては、マネジャーの行動論理に関する私たちの統計すべての基盤となっている手法である「グローバル・リーダーシップ・プロファイル」★を提示できる。この手法についてもっと詳しく知りたい場合は、附録を参照してほしい。また、ジョアンやアートが

★　英語名はGlobal Leadership Profileである。Leadership Development Profileとも呼ばれていた。

やっているように、自分の現在の行動論理の次の段階の行動論理を特徴づけるテーマについて考え、それを積極的に試み始めてもよい。

こういったあまり系統立っていない取り組みは、**専門家型**の行動論理をもつ人よりも、**達成者型**の行動論理をもつ人の興味をより引く可能性が高い。ただし、その**専門家型**の人が現在、ジョアンがそのストーリーの中で自分自身がそうだと語っていたように、その行動論理によって束縛されているように感じている場合を除く。たいていの**専門家型**は、たとえば第三章で述べた行動志向のMBAプログラムなど、もっと系統立った環境に身を置くことによって、変容に向かってより快調に進めるだろう。そういった環境では、それぞれの行動探求のスキルを実践するよう教えられ、促されるだろう。

開かれた心の訓練

専門家型と**達成者型**はどちらも、自らの行いに高度に熟達し、精通していることに、明確で確固とした満足感を覚える。逆説的に言えば、こうした満足感に長くしがみつきすぎてしまって、さらなる学習と発達を阻害することもある。自分自身の心を開くために、「どこで出会うどんな人からも、自分にとって価値のある何か新しいこと――小さかろうと大きかろうと――を得られる」という前提を常にもつことによって、開かれたシステムの行動論理を実践することだ。他者と出会っている間に、または出会った直後に、または日々のチェック・インの最中に、自分自身にとってひじょうに価値のある新しい何かを発見するために、（以下に示す三つの問いのような）問いかけをじっくり行いながら自分自身の声に耳を傾けよう。

1　私がこの人に関して本当に高く評価する性質を具体的に一つ挙げるとしたら、それは何か？　私はどのようにしてその性質を自分自身の中で育てることができるだろうか？

2　私をイライラさせる人の特定の性質に名前をつけるとしたら、何だろうか？　鏡を見て、自分の中にもそのイライラする性質を見つけられるだろうか？　私は、自分があまり好きでない自分自身のこの性質とどのようにいっしょに過ごし、どう変容させられるだろうか？

3　どんな人についても、そしてとくに私と異なる考え方をする人たちについて、自分の中で以下の問いかけをしてみる。

◆「あの人は、私とは大きく異なるが、私の知らない、または私が理解していない何かについて何かを知っている。あの人がもっていて私がもっていない知識または経験とは、何だろうか？」

◆「これは、四つの体験領域のうち、一つか二つ、三つ、または四つすべてにおいて、どのように私に情報を与え、便益をもたらすだろうか？」（それについて学ぶことで便益を得られるようなその人の考え方や経験に関する「何か」を特定するまで、自分自身を「つり下げて★」おくこと）。

◆この人について模索し、私の問いへの行動探求を進めていこう。後で、この人について異なる感じ方をするかどうかがわかるだろう。

ここで提案された訓練に、自分が魅力を感じるか、嫌悪感を抱くかに注意を向けよう。

★　保留の技術の一つ。「探求を続けても役に立たない」などの判断の声に耳を貸さずに探求を続け、同時にそうした自分の判断の声やその前提の思考を見えるようにしながら観察すること。

結論

では、アートが私たちのために開いてくれた、**達成者型**以降の行動論理の世界という新たな領域への入り口に戻る。**再定義型**から始まるこれらの行動論理は、第四章と五章で私たちが焦点を当てたそれ以前の四つの行動論理とは、組織のリーダーである、または将来リーダーとなるあなたにとって決定的な形で異なる。最近の研究（第七章で概説されている）によると、**再定義型**かそれ以降の段階にある人々は、**再定義型**以前の行動論理をもつ人々よりも、自分の組織を変容させることにおいて効果的である可能性が高いという。**再定義型**以降の段階に進むことにはこのように大きな社会的メリットがあるので、**再定義型**（第六章）と**変容者型**（第七章）の行動論理に一章ずつを充てて、これらのテーマが**達成者型**の行動論理とどのように異なるか、これらの行動論理によってどのようなパフォーマンスが可能になるかを示していく。

第6章
再定義型の行動論理
リーダーシップの変容への懸け橋

第一章から三章までで、行動探求《アクション・インクワイアリー》は学習のプロセスに重点を置くと述べた。この学習プロセスは、連続的な変化を生み出す、機械のような自動フィードバック・プロセスではなく、でこぼこが多く不連続で天地をひっくり返すこともあるような、変容をもたらす学習である。この学習によって個人や組織は、ビジョンを広く深いものにし、行動の瞬間に一次《シングル》ループ、二次《ダブル》ループ、三次《トリプル》ループのフィードバックから学習する新たな能力を得ることができる。

第四章と五章では、生涯にわたるこのでこぼこの学習プロセスについての説明を始めた。ほぼすべての人が、若い頃にいくつかの行動論理《アクション・ロジック》の変容を経験する。本書では取り上げないが、私たちの人生はまず**衝動的《インパルシブ》な**行動論理という段階からスタートする。そして大部分の人が、三歳から六歳までの間のどこかで、**衝動的な**行動論理から**機会獲得型《オポチュニスト》**の行動論理へと変容する。大多数の人は、通常一二歳から一六歳までの間に、**機会獲得型**から**外交官型《ディプロマット》**へと変容する。そして一定数の人は二一歳までに**専門家型《エキスパート》**の行動論理へと変容するが、それよりはるかに多くの人が、働き始めてから一〇年のうちにその段階へと変容する。

こういった変容がでこぼこなのは、私たちがそういった変容を経ていくということを、私たち自身も知らないし、私たちの両親や教師や上司も知らないことが多いからだ。そういった人たちも私たちも、本書で構築しているような発達段階の地図を手に、意図して自分をこのような変容に導いてはいないのだ。

だが発達段階の地図があったとしても、このプロセスは依然としてでこぼこである可能性が高い。なぜなら、自画像を描いている自分を描いたエッシャーの絵のように、私たちはそれぞれの発達上の変容において自分自身と自分の心象地図をすべて描き直しているからだ。実際、さまざまな発達の枠組み――つまり行動論理――を直線的に並べたものは、地図そのものが変わらないままの単純な動きを示しているという点で、それ自体が誤解を招く恐れのあるものになっている。だが、個人が経験する発達上の変容はそういったものではない。

図6－1は、生涯にわたる発達の道筋を経験するとはどういうことかを示すささやかな試みだ。基本的な行動論理のそれぞれの変化がもつ、天地がひっくり返るような性質を図で示すために、**機会獲得型**から**達成者型**《アチーバー》までの間の三つの変容はそれぞれ、後ろ向きの宙返りのような矢印で描かれている。そして**再定義型**《リデファイニング》の行動論理は、目的地ではなく、それまでの歴史を反映して宙返りしながら、取って代わる行動論理の認識を深めて

図 6-1　さまざまな行動論理のダイナミクスと同時性についての後期段階の認識

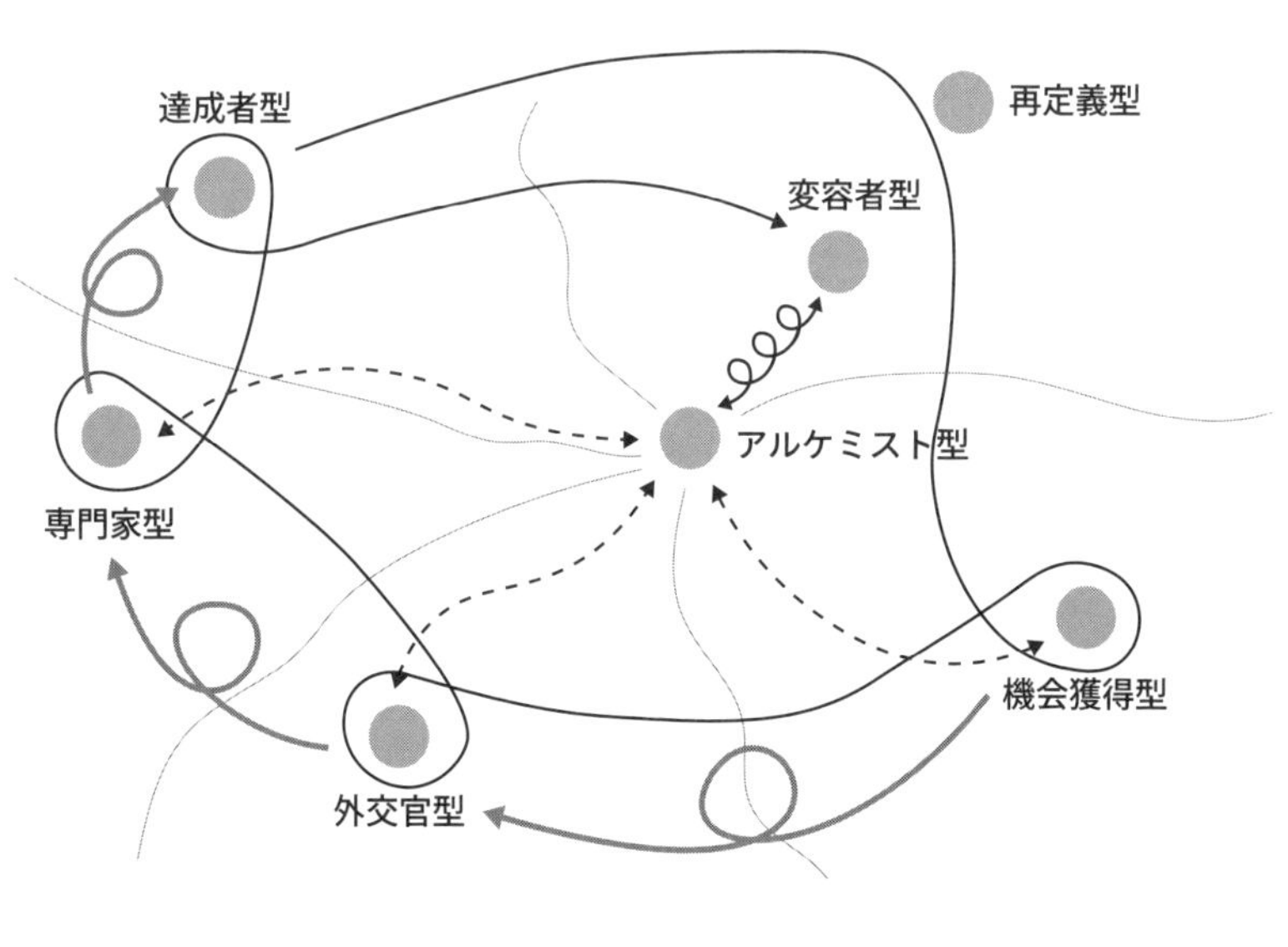

いき、ついには**変容者型**《トランスフォーミング》の行動論理（第七章でより詳しく説明する）に到達する道として示されている。それから、**変容者型**から**アルケミスト型**までの旅は、また違った種類のものとして示されている。**アルケミスト型**と早期のすべての行動論理との間をつなぐ、矢尻が二つある矢印は、第一二章で取り上げる「時間のプロセスからはずれた進行中の時間」を示している。

外交官型、**専門家型**、**達成者型**は、「在来型の行動論理」と呼ばれる段階を進んでいく。この在来型の行動論理は、社会的カテゴリーや規範、権力構造を、確固たる現実の性質そのものとして、当たり前にとらえる。私たちは、それぞれの体験領域――まずは**機会獲得型**として外の世界、次に**外交官型**として自分自身の行動の世界、そして**専門家型**として思考の世界、さらに**達成者型**としてそれら三つの間の相互作用――におけるスキルと制御を順に徐々に高めていくことによって、うまく関係を築く方法を学んでいる。在来型の行動論理の中で行動している人の場合、たいていは、自分たちが特定の枠組みや行動論理を通して自分自身や相手や世界を見ていると自覚していない。また、私たちの行動論理が、私たちの人生の中で異なるものに変容してきたことも認識していない。三〇代に入る頃までに、より長い自分の歴史をもち、家族や組織、社会の多様性や、より長い自分の歴史によってもたらされた変化を強く感じることで、自分自身やいま直面している世界について私たちや他の人々がもつ基本的な前提に対して、探求や選択、制御を行うことができるかもしれないと認識し始める人もいる。

表5－1は、仕事をしている米国の高学歴の成人四九七人のうち、九〇パーセントの人が在来型の行動論理をもつことを示している。この表で「後期の行動論理」とされている、**再定義型**、**変容者型**、**アルケミスト型**などのポスト在来型の行動論理に分類される人は七パーセントにすぎない（残り三パーセントが在来型以前の**機会獲得型**の段階に分類される）。だが、本書の残りの部分で見ていく

ように、このように全体に占める割合が少ないポスト在来型のリーダーたちが、私たちが自分自身や組織を変容させて有効性や相互性、誠実さを高めていく集団的能力に及ぼす影響は、不釣り合いに大きい。変容をもたらす考え方のメリットについてもっと学んでいくにつれ、より多くの人が変容の旅に出かけたいと思うようになるだろう。

ポスト在来型の行動論理

在来型の行動論理が**共通性**と**安定性**を大事にするのに対して、ポスト在来型の行動論理は、次第に**相違**と、行動論理の進行中の創造的**変容**への関与を大事にするようになる。したがって、ポスト在来型の行動論理は、人の選択を制限する**暗黙の枠組み**という性質をますます失い、行動論理の多重性や発達の自由度、それぞれの場合において行動論理を選択する「対応能力」ともいうべきものを強調する（発達上の行動探求というこの理論全体のような）**明白な枠組み**に近づいていく。

さらに、こういったポスト在来型の行動論理を構築している人たちは、自分がそれぞれの社会的相互作用において、他者とともにさまざまな形の力を行使していることをいっそう大事にするようになる。彼らはそうするうちに、自分が既存の行動論理や力の構造を強化または変容させていることを、ますます認識するようになる。現在の状況の中で新たな共通の枠組みが生み出されるかもしれないということだけでなく、質の高い共同作業が起こる可能性があるならば、（その新しいチームのメンバーは異なる文化をもつ国から集まっていたり、異なるスキル［たとえば、営業と会計］や異なる企業での評価・報酬制度、または異なる行動論理をもっていたりするので）その共通の枠組みを生み出さなくてはならないということも理解する。

ポスト在来型の行動論理を旅していく間に、私たちは、そのときに作用しているさまざまな行動論理とそれらがどのように互いに影響を及ぼし合っているかについて、行動の最中にシステム間の相互作用を考える能力を開発する。世界はもはや、ビリヤード台の上のボールのように、最初に計画された戦略的行動に基づいて、一方的かつ連続的に後発事象を引き起こすような、個別の対象が存在する場所ではない。そうではなく、因果関係が、循環し関係し合う体系的なものであると認識され、人が選択するその評価方法は、その人の行動論理だけでなく、外の世界からのフィードバックも反映していると認識される。さて、ここで初めて、第二章で紹介した枠組み・主張・説明・問いかけのスキルと、反証的なフィードバックを追求するスキルが、単なるスキルというよりも、むしろ会話の原理に近くなる。

その他の関連する変化も起こる。私たちが人生の指針としたいと願う原理は、より強い影響を及ぼすようになるし、他の人の規則は、それほど絶対的ではなくなり、正当性が疑わしい制約にすぎないと次第に感じられるようになる。同時に、私たちや私たちの組織が、標榜する原則に合致した行動を取っているかどうかという問いが、より強い動機付けとなり、より執拗に繰り返されるようになる。同様に、それに関連して、いかに私たち自身の不一致を乗り越え、偽善を避けるかという問いがより差し迫ったものになる。ある人や組織の中での食い違いは、もはや包み隠されたり、外部の敵やスケープゴートに投影されたりすることはない。むしろ、それは、第一章で、水中パイプラインのマネジャーであるスティーブ・トンプソンがやり始めたように、行動における真の誠実さを構築するための原材料として扱われる。

私たちがどれほど、自分たちの意図した結果を調和的に実現するような行動を着実に行っていないかについて、高いレベルの気づきを生み出す方法は数多くある。一つは、私たちが今ここにいる自分自身により高い意識で存在しつづけることを目指す、さまざまな形の精神的訓練を行うことだ。二つめは、（第二章で示したような）効果的に行動しようと具体的に努力したが意図した結果を生み出せなかったケースをメンバーが提示して分析する小グループを、自分たち自身で立ち上げることである。三つめは、発達理論と対話しながら（そしてできるだけ、自分が師と仰ぐ人やエグゼクティブ・コーチとも対話しながら）批判的かつ建設的な自伝を書くことだ。

第五章の終わりにあるアートの自伝的な文章は、どのように実践すればよいかの例示であり、本章の残りの部分で、この慣行をもっと具体的に説明する。著者の一人は、そうすることで過去二〇年にわたって多くの人たちを導いてきた。四〇歳代後半のアフリカ系アメリカ人の経営幹部であるセリアは、博士課程のテーマとして以下の「仕事に関する自分史」を書いた。セリアのストーリーは、**再定義型**の内省の見本である。彼女のストーリーを読んでいると、皆さんは、自分自身の人生で、今になると、ある行動論理が作用していたと思える過去に起きた出来事について、メモをとりたくなるかもしれない。この内省的な慣行によって、私たちは、自分自身をより受け入れられるようになると同時に、今の私たちなら、もはや魅了も制約もされない行動論理を表しているとわかるように、他者も、より受け入れられるようになるだろう。

セリア「私の夢のルーツをたどる」

機会獲得型と外交官型

私の大学時代は、本当に**衝動的な**年月でした。ここでは、そこまで遡らずに、大学卒業後から話を始めることにします。この頃、私は、スキルを身につけ、自分個人の力がどこにうまくはまるのかという感覚を得ようとしていたので、**機会獲得型**の行動論理をもっていたと思います。私は自分が心地よく感じられる場所を探していました。また、この発達上の評価に鑑みると、私は**外交官型**の枠組みの中にも溶け込んでいっていたと思います。なぜなら、私は他者を理解し、他者の文化や、人がその決断をさせたものは何かについての感覚を得ようとしていたからです。私にとって、この二つの枠組みの間にはっきりとした分かれ目はありません。

振り返ると、私が初めて職場の分析を始めたのは、自分にとって最初の「本物の」仕事に就いたときでした。結婚して間もなく、私はワシントンＤＣのリッグス銀行に就職しました。それ以前、私は直接的に差別を経験したことはありませんでしたが、そこには確かに差別がありました。窓口担当の行員は、黒人の顧客に対して、白人よりも長く待たせたり、声が聞こえない距離にいるときには（聞こえていたときもあったと思うが）蔑称で呼んだりしていました。銀行は私に研修に参加するよう求めましたが、私は数字に対する情熱がまったくなかったし、実際、ひどい窓口係でした。その環境は私に合っていなかったのです。そこで別の仕事に転職しました。

私は、同じ地区にあった大手の通信法専門の法律事務所の受付になりました。その仕事はやりがいを感じるほど能力を必要とされていなかったので、そこで働く人々を行動させるものは何かを見つけることに大部分の時間を費やしていました。私は仕事上のミスがとんでもなく多く、私の頭にあったのは、ただ給料をもらえるだけの凡庸な人生を追求することでした。

次なる私の冒険の場は、アルミニウム・カンパニー・オブ・アメリカ（現アルコア社）でした。政府との契約を追跡するという、自分では準専門的と理解していた職に採用されました。私が自分は本質的に民衆扇動家だと気づいたのはこの職場ででした。私は秘書たちに「どうしていまだに上司のためにコーヒーを淹れているのか」と食ってかかったり、マネジャーたちに「どうして本当におもしろい仕事を任せてくれないのか」と抗議したりしました。その光景は見るに堪えないもののように思えますが、学んだことは多かったです。ついに事務職を離れた後に、私は、キャピトル・ヒルに足を運び、アルミ業界に影響を及ぼすさまざまなことに関する上下院の公聴会に出かけるようになりました。私はこの仕事も、工場長のためにトレンドについて報告書を書く仕事も大好きでした。

その次に、私は米国州・郡・市職員同盟の部長付きの管理者の面接を受けました。この同盟の風土は私に合っていて、その組織で成功するように自分の行動をそこに合わせていました。このとき私は初めて、自分が変化の担い手に向いていると認識した、というよりもそう理解しました。そこでの仕事が心底好きだったのです。そのことは私にとって、真の信念となりました。私は、被雇用者が雇用者から公正な扱いを受け、団体交渉権と文書による書面契約を入手できるよう支援する方法について学びました。私は仕事に夢中になりました。

一九七六年七月、独立記念日の後の週末に、私はボストンでアレックスと会いました。アレックスは、マサチューセッツ州職員の契約交渉をめぐるストライキを解決するために組まれた特殊部隊のようなチームの責任者でした。主導権を一手に引き受けて、公務員や組合員たちに対してひじょうに強い存在感を生み出していました。私たちのストーリーは、そこから始まるのです。私たちはストライキが解決してしっかりとした組合ができると、バージニア州に移りました。ここで私たちは、米国州・郡・市職員同盟の全国本部で働き、全米を回って組織化運動を運営したり、ストライキを解決したりしていきました。私たちは、それぞれの配偶者と正式に離婚し、その後間もなく結婚しました。

専門家型

私はアレックスに会ったとき、自分についての姿勢を明確にしました。これは私の人生における転機でした。アレックスは私にとって心の師《メンター》でした。私の人生にこれほど深い影響を及ぼした人はいません。アレックスのおかげで私は、自分のもっている個人の力を理解し、自分の夢を追求できる自信をつけました。アレックスこそ、いかにして情熱をもって自分の考えを述べるかを私に教えてくれた人です。私が自立し、他の誰かが私に期待する人生ではなく、私自身が望む人生を構築できることを私に示してくれました。アレックスは真のリーダーでしたし、今もそうです。人々はアレックスに引きつけられました。アレックスには使命があり、それを積極的に追求していました。賃金や労働条件が公正で生産性の向上につながっているような、人を重視する職場を築こうとしていたのです。以前、私はとても通俗的で、間違っても結婚すべきではなかったと思うような男と結婚していました。人生には何の情熱もなく、最初の夫は将来に対するビジョンをまったく持っていませんでした。もし二番目の夫と出会っていなかったら、おそらくあの満ち足りることのない関係をずっと長く続けていたでしょう。

私は、自分自身の主導権を握り始め、自分自身と自分の外の世界に打ち克ち始めていたので、**専門家型**の段階に移りつつあったと思います。それ以前の私は自分に自信が持てず、たいていの場合、自分を有能だと感じられませんでした。私は成績優秀な一家の末っ子でした。母がよく私のことを「愛しい子」と表現し、私には他の兄弟がもつ天賦の才能がないことをほのめかしていました。アレックスとの出会いによって私は本来の自分を手に入れました。今や、私が何かをしようとしているのは、他人がそう考えるからではなく、それが自分にとって正しいと思うからでした。

それからの数年間、私の人生は、その新しい私を探求する人生となりました。私は、肉親たちから遠く離れていたので、**自分**が誰なのかを見つけ出すことができたのです。また私はアレックスを熱烈に愛していました。私は、労働者の裁判に熱中しつづけていたし、職場の不平等に重点を置くようになっていました。しかし、組織の——労働者と企業の両方の——政治的性質という別の視点も浮かびつつありました。「労働者にとってよい」という名の下に、多くのことが為されていましたが、それらは、労働者にとってよりも、組合とその長期的存続にとってよりよいことである場合が多かったのです。自分の権力を維持するためならどんなことでもするといっていいほど腐敗した組合の幹部やマネジャーを目にしてきました。

前段階の行動論理への回帰

アレックスは結局、ニュー・ジャージー州の社会サービス局にスカウトされ、人事部門のトップに採用されました。私は、労使間の協調——当時はまだこういう言葉は使われていませんでしたが——という考えの定着を支援する、労使合同委員会の委員という地位を提示されました。

私はこの仕事に全力で打ち込みました。始めの頃の私は乱暴でした。振り返ってみると、私は、この新しい労働環境に適応しようとしていたとき、**外交官型**の枠組みに後退していたと思います。また、**機会獲得型**の視点から行動していたこともあると思います。おそらく、これらの二つの行動論理は仕事をより難しいものとしていました。これらの違いを理解しておらず、**専門家型**にとどまる術も知らなかったのです。

また、私は、対立から協働へと精神的に変化していたわけではありませんでした。対立的なスタイルのままでした。人と話をする際、その人を引き込もうとするのではなく、説得しようとしました。そして建設的に話を聞く方法を知りませんでした。私は、誰かが私の考え方に反論することを恐れ、その人を自分の意見で説き伏せようとしました。従業員参画の試験的取り組みにおいて私たちが行っている仕事のことを、誰も重要だと思っていなかったので、私は怒りを感じていました。

でも夫はそのとき、周囲のことを忘れて自分の世界に没頭していました。彼が何に夢中になっているのか私にはわからなかったし、尋ねませんでした。そして知りたくもありませんでした。仕事の力に魅せられていたのだと思います。それは私にとって暗黒の時期でした。離婚することも考えましたが、私は心からアレックスを愛していたし、二人いっしょの未来を見ることができました。アレックスのいない人生は、実行可能な選択肢とは思えなかったのです。私たちはここをうまく乗り切る必要がありました。今日に至っても、この暗かった一年半がどれほど深刻だったかをアレックスがわかっているのかどうかよくわかりません。私は今でも、何が起こっていたかをはっきりと思い浮かべることができますし、寂しさを感じます。あの試験的取り組みが失敗に終わった後のこの期間全体は、「休眠期」とでも言えるような期間でした。

達成者型への移行

私は何をすべきだろうか？　私は、「自分は優秀なのだから成功できる」と信じる必要がありました。しかし、成長するために何をする必要があるのだろうか？　私は大学院に行くことにしました。今の仕事で本当の満足感を得られないなら、もっと学んで、もっと貢献できるようにしよう、と。どういうわけか、アレックスも再び私の目にはっきり見えるようになりました。私のそばに戻ってきたのです。おそらくそれは、私自身が自分のことをはっきり見えるようになったからだと思います。アレックスは、私に大学院適性試験（GRE）を受けることを求め、その試験が終わるのを待ちました。私がうまくいっていないと思ったとき（実際、うまくいっていなかった）には励ましてくれました。アレックスは、私が修士号を取得するまでの間ずっと私を支えてくれました。それはまるで、学校で学んだことを毎日職場に応用しているような感じでした。私は立派に卒業しました。それは私の能力を完全に肯定することであり、私の自尊心は回復されたのです。

州当局の内部コンサルタントが私の仕事となりました。私は、組織を率いる方法を変え、さまざまなモデルを試したいと思っていた幹部たちと仕事をしました。私は再び、一匹狼のような状況に陥り始めました。私には組織開発に対する情熱がありました。しかし、以前と比べると、はるかに独断的ではなくなっていたし、より前向きで、未知のことの発見に対する関心も高くなっていました。以前からとても自然に進歩したように思えました。私は再び同僚たちの前に出ていました。でも今度は、恐れを感じずにそうしていました。自分にぴたりとはまる、そしてそれが自分の運命だと確信できる夢を追い求めていたのです。

この時期に、思いもよらないことに、母が突然この世を去りました。このことが私に深い影響を及ぼしました。母を失うことがどれほどの悲しみであるか、私にはその覚悟ができていなかったのです。それはおそらく、私がようやく母との関係を理解し始めていた時期だったからだと思います。私は、私自身についても、（議論ではなく、対話と理解に基づいて）良好な関係を築く方法についてもたくさん学んでいたので、やっと母と対話できるようになり、脅えたり、けなされた気になったり、防衛的になったりせずにいられるようになったところでした。このとき、私は初めて、**再定義型**の経験をしたのです。母の考え方はもう強圧的ではなく、避けるべきものではなくなっていました。むしろ、母の考え方と私の考え方は今、快い感覚で異なっており、じっくり味わうべきものに思えていたのです。それなのに、私が母との関係を完成させる前に、母はこの世を去ってしまいました。母は、私の人生の形成において自分がいかに重要であったかを決してわかっていなかったろうと思います。おそらく、だからこそ私は母を何度も怨んだのでしょう。二年間、私は毎日母を求めて泣きました。たいていそれは、一人で運転して仕事に行くときでした。いつも母は私の中に押し寄せてきました。いろいろな意味で、母のおかげで私は前に進み続けることができました。なぜなら、母はきっと私が修士号を取ったことをとても誇りに思ってくれたでしょうから。

ここから私は理想の仕事を見つけました。私は州当局の品質管理担当の部長になりました。経営チームの一人として、全体的な品質管理システムの実施に関してチームへ提言する役割を担当しました。この時期、私は常に、相当大きなチャンスを求めて仕事をしていました。私は自分が果たしている役割について以前よりも落ち着いた気持ちでいましたし、以前ほど中心的な役割である必要もありませんでした。自分は誰か、自分はどんな成果を生み出すのかなど、自分自身への不安も以前ほどはありませんでした。ですが、このわくわくするような期間も終わりを告げます。この終わりはまたも辛いものでした。政治環境の変化によって、局長が交代し、組織変革と品質に重点が置かれなくなりました。私は打ちひしがれました。まだ全面的な承認を得ることができなかったのです。先に進むべき時がまた訪れました。それは私を次の学習の踊り場へと進ませましたが、その前に、私は再び休眠期に入りました。

再定義型の旅

アレックスは再び転職することになりました。そして今回、事態はそれほど明るくありませんでした。私はいつも、アレックスは自分を取り戻すだろうと信じていたし、実際そうなっていたのですが、今回はいつもより苦闘しました。私は不安定な状態で、アレックスもそうでした。平穏で幸せな日々は遠い彼方に行ってしまいました。でも、私たち二人ともがどんな長所をもっていたか、今ならわかります。経済的な理由からも、輝きがなくなってしまったことからも、私はその状態にそれ以上は耐えられませんでした。アレックスはもうそこにいなかったし、同じ仕事をしている喜びはなくなってしまいました。私たちは経済的な激変に直面しており、なんとかする必要がありました。私は、夫に付随的な働き方から、家計を支える働き方に移りつつありました。私はこの変化に対する準備はできていませんでしたが、今になってみると、私の人生全体は自力で成熟期に達しようとしていて、本当の自分になり、自分の夢をかなえようとしていたように思えます。

私はニューヨークのいくつかの会社から、仕事の誘いを受けました。夫と相談し、思い切ってやってみることにしました。正直なところ、私はその可能性を嬉しく思うと同時に、怖さも感じていました。公的部門の労働関係の仕事から民間企業のマネジメントの仕事へ移るということは、私にとってライフスタイルがすっかり変わるということであり、その覚悟ができているのか自分でもよくわかりませんでした。とにかく私は面接に行き、帰り路はずっと泣いていました。きっと採用されるだろうと思い、自分の人生を決定的に変えることになるのだとわかったからです。最初の仕事は採用にならず、私は打ちのめされました。私は頭の中で、そして夫とともに、すべての問題を解決し、前に進む準備ができました。

私の当時の職は耐え難い状態になりました。幸い、他にも職のオファーが続いていて、ケミカル銀行からのすばらしい職のオファーを受けました。専門能力の開発部門を率いる副社長級の職を手に入れたのです。

ケミカル銀行では、ずっと前からそこで働いているような感じがしました。何をすべきか、どうするべきかわかっていました。部門をどうまとめればよいか、社内の経営幹部にどう対処すればよいかもわかっていました。実際、私は、生まれてこのかた常に経営幹部――私の夫も、いろいろな意味で私自身もそのような存在でした――に対処してきていました。私は、幹部向けの開発プログラムを成功させた後、すぐに、そういった幹部たちのために戦略家の役割を担うようになりました。会社は私に、品質改善の助言を頼るようになり、私は、専門能力開発のトップとしての任期を終えたあと、同社の品質責任者の地位を任されました。私は、営業部門と協力して、業績測定を改善し、報告プロセスを効率化する世界的な取り組みを行っていました。それは本当に理想の仕事であり、私はその仕事をうまくやっていました。

その後、合併が起こり、私が手がけていたような創造的で戦略的なことはすべて、突然中止となりました。その頃、私は、のちに履修することになる経営幹部向け博士課程を偶然見つけ、その情報を集め始めました。人材会社からスカウトの電話もかかってきており、他の機会に目を向ける時間はありました。

現在、私は、社内コンサルタントとして、顧客のシステムの中心よりはむしろ、境界で顧客が自分自身で発見をする支援をしています。これは私にとって、真の成長ポイントです。私はもう昔のように支配的である必要はありません。以前ほど答えを言うことはなく、より多くの質問をします。そしてその質問は顧客自身の長所を発見することを軸として展開します。物事に対する私の取り組み方は、より柔軟になっています。より戦略的な視点から物事を見るようになりました。また、対話の力と議論のマイナス面を認識しています。いずれは自分で事業を経営したいと思っています。

セリアの話が最後までいくと、私たちには、セリアが、母親や夫に対して年少の存在から、完全な年長者になり、家計を支えて働く職業人で、家族の中では年配の世代になったのがわかる。また、熱狂者から、たとえ自分の価値観と一致しないビジネス環境においても協働的な探求を促すファシリテーターへと変わっていっている。ここに、彼女が第七章で探っていく**変容者型**の行動論理との共鳴をしている様子がうかがえる。

セリアが、話を終えるとき、大きな企業を離れてセリア自身の優先順位により同調する環境を生み出すことを考えているのはとくに興味深い。研究する中で、私たちには、この**再定義型**の行動論理を示すマネジャーが増えていることがわかっており、こうした人たちは、自分の労働環境をコントロールしやすい職場で、なおかつ、変容をもたらすために他の人たちの世界の深くに耳を傾けることが主たる仕事となる小さなコンサルタント会社で役割を担うために、大企業での仕事を最近辞めた人たちである場合が多い。この傾向は、世界全体で企業内の雇用保障が下がっていることが影響しているかもしれない。それはまた、私たち自身の心理状態に関心が高まっていることにも由来するかもしれない。そしてその心理状態は、大衆文化と科学技術におけるポストモダンの表現力豊かな傾向によって影響を受けているのかもしれない。または、九・一一以降の時代に私たちが受けとっている、環境、政治、ビジネス、精神の世界は一つの全体であるということを示す劇的な兆候に、ますます多くの人々が影響を受けているのだろうか？　それらの世界が一つの全体であることは、単純にどれか一つに肩入れをするのではなく、トリプル・ボトムライン――経済的収益性、社会的公正性、生態学的な持続可能性――を最大限に高めることを求めている。

セリアのストーリーを読んで、皆さんは**再定義型**の行動論理の特徴である考えや行動の種類について、何らかの印象をつかみ始めたかもしれない。表６－１にもう一度特徴をまとめる。

表 6-1　再定義型の発達上の行動論理と関連するマネジメント・スタイルの特徴

再定義型	相対論的な考え方をする。現在の状況と過去の状況の両方により重点を置く。対立感情を意識することが多い。時間そのものを、鋭く独特な瞬間を伴った、流動的で変化する可能性のある媒介物として経験する。自分自身や他の人たちの独特な自己表現に関心がある。自力で行う創造的な仕事を追求する。共通点や安定性よりも、相違点や変化に引きつけられる。判断や評価をしたいとあまり思わない。見解の主張よりも、耳を傾け、パターンを見つけることによって影響を与える。一匹狼のような存在になることもある。自分自身の影（と自分自身のマイナスの影響）に気づき始める。意思決定機能が麻痺する可能性がある。

まとめ

ポスト在来型的な理解に対する気づきを得はじめる時期は、私たちにとって混乱する時期かもしれない。**再定義型**の負の側面としては、進む方法についての停滞感に加えて、明るみに出てきた何か、または解決が必要な何かについての不安な気持ちなどがある。私たちが未だ相対論以降の原則を構築していないことが原因だ。

だがこれは、それまで味わったそれぞれの経験が一新する時期、私たち自身や他の人たちの独自性への新たな劇的な洞察の時期、新たなレベルの親交に到達する関係を構築する時期、そして世界に対する新たな関心を追求する時期でもあるだろう。興奮と疑いがなじみのない形で交互に起こる。もしもこれが、セリアのストーリーに見られる浮き沈みのように、矛盾したものがごちゃ混ぜになったものに感じられるなら、これは**再定義型**の経験を正しく表しているということだ。図6－1を見直してみると、**再定義型**のところでは立ち止まることなく、ある意味、それ以前の人生の経験や行動論理を再評価する旅をしていることに気づくだろう。

再定義型は二つの世界の架け橋なのである。一方は、私たちが、すでに確立されている文化の一員としてどう機能するかを学びながら、子どもとして自分の中で成長させていく、すでに確立された比較的安定的な階層的な理解である。もう一方は、変容しつつある子どもや部下、同僚を導く責任ある大人の力を浮き彫りにする、比較的流動的な相互的理解である。

在来型の段階にある従業員たちの目には、**再定義型**のマネジャーは、確実性や確固たるリーダーシップがそれほどないようにも映る。これは、**再定義型**が、現在の状況で幾重もの階層から成る前提や解釈が働いていることに気づいているためでもある。

即時性の訓練

再定義型の行動論理が変容をもたらすリーダーシップへの架け橋であるのと同様に、もっと後のポスト在来型の行動論理におけるタイムリーな行動探求のきめ細かく調整されたパフォーマンスへの架け橋にもなる、瞬間的な即時性——現在の意識と選択と芸術的な実践——に対する特定の能力が存在する。中間章で、一つの訓練をそれぞれ一週間試したらまた次の訓練を試してみるとよい、と述べた。これをやり終えると、多くの訓練が蓄積されて、その日に行うものをその中から選べるようになる。ここまでくると、その際に、どのようにして自分がより多くの即時性を生み出しているかに注意を払い始める準備ができているだろう。

◆気づきの訓練をしていて一時間ごとに時計のアラームが鳴ったとき、自分が精神的・感情的・身体的にどう感じているかに気づくのに要する時間（最初は三〇秒間）が次第に減っているだろうか？
◆一つの活動から別の活動へと移るときに自分がどう感じるかに意識を向けることが自動的にできるようになったか？
◆食事のときと寝るときにチェック・インをした際、驚くことが次第に少なくなっているか？
◆出来事が起こったときに、そのことに対する自分の感情を正確に言い表す言葉を自分で探すのにかかる時間は少なくなっているか？
◆自分が主張しているときに、状況についてどう感じているかを自然に受け入れているか？

◆出来事が、「慌てる」「ないがしろにする」「閉鎖的」という**外交官型**の反応を呼び起こしたときに、その直後にその反応をしたことに自分が気づいているだろうか？

◆他の人たちの考え方に反対する頻度が減り、それについて好奇心を表す頻度が増えただろうか？

◆皆さんの意識の中にかかっている霧が少なくなったように思えるだろうか？（または、いかに自分に霧がかかっていることが多いかに以前よりも気づくようになったため、以前よりも多くの霧がかかっているように思えるだろうか？）

次のステップ

次に目を向ける**変容者型**の行動論理は、「いかにして、他の人たちをリーダーシップのプロセスに参加するよう誘ったり、ときには求めたりさえする相互的な方法で、発達上の変容をもたらすタイムリーな変化を主導するか」という課題に対する、最初の一般的な反応である。**再定義型**の行動論理の段階にある人たちのほとんどが、しきりにこの方向に変容しようとする。

第7章
変容者型の行動論理
変容する力を開発する

変容者型《トランスフォーミング》の行動論理《アクション・ロジック》の主な特徴は、行動中の自己への気づきである。この型は、他の行動論理や型そのものを直観的に行動論理だと認識するだけでなく、**再定義型**《リデファイニング》がそうであるように、すべての行動を、個人や家族、企業、または国の行動論理において進行中の発達変容をもたらす変化を促進するものか妨げるものとして直観的に認識する。まったく異なる行動論理に基づいて状況の枠組みを設定し、漸進的な変化と発達変容をもたらす変化の両方に参加しているかもしれない人たちの中で、私たちが現在の行動中の自分自身に意識を向けている場合、核心的な問いは、「今、誰に対するどんな行動が時宜にかなっているのだろうか？」である。

変容者型は、ある種のタイムリーな行動の可能性に魅了される。その行動とは、**外交官型**《ディプロマット》の感覚では「時間どおり」であると認識され、**専門家型**《エキスパート》の感覚では「効率がよい」と認識され、**達成者型**《アチーバー》の感覚では「効果的」であると認識されるもので、自分自身や他の人や組織の変容を同時に支えることができるものだ。ここでカギとなるのは、システムの変容に自発的な性質がある、という点だ。他者によるタイムリーな行動が、しっかりとした枠組みにはめられた二次《ダブル》ループのフィードバックを私たちにもたらすことによって、私たち自身の変容を支える可能性が生まれる。そして同時に、私たちの一人ひとりが、そのフィードバックや変容を消化することを選択することによってのみ、私たちの自由や個人性を高めることができる。同時に、もしも私たちが、同僚たちが変容に向かおうとする行動をとっていると実感したならば、私たちもまたそのフィードバックを消化し、変容へ向かう柔軟な道を選ぶ可能性のほうがより高まる。したがって、ほとんど知られておらず、めったに行使されることもない変容の力は、相互に影響を与え合っている人やグループ、組織または地域のそれぞれのタイミングに対して入念な探求的な注意を払うことによって律される、相互的で**自分をさらけ出す力**なのだ。

本書で述べている発達に関する研究土台となっている「グローバル・リーダーシップ・プロファイル」（詳細については「附録」を参照）などの行動論理の評価基準によって**変容者型**と判断された人々の大部分は、当然ながら、私たちが本書で用いているような発達の用語を明確に話したり考えたりしているわけではない。それでも、直観的に、あるいは関連する理論（たとえば、シェイクスピアの「人生の七つの時代」、ヒンズー教の人生の四住期、孔子の教え［六〇にして耳従う……］、エリクソンの発達理論）に基づいて、時とともに変わる必要性を十分に理解している。たとえば、**変容者型**の行動論理をもつ人は、以下のような戦略的決定を順番に行う傾向がややあるようだ。まず、**機会獲得型**《オポチュニスト》的な適切な自己高揚感と自己防御感を抱いて給与や条件の交渉をする。次に、仕事に就いて最初の数カ月のうちに、リーダーシップに対する柔軟性と感受性などの新しい文化を学んで、より**外交官型**的な姿勢を採用する。そして三つめに、昇進につながる付加価値のある貢献を目立たせるよう**専門家型**を実践する分野を選ぶ、といった具合である。

変容者型は、複数の視点をはっきりと認識し、組織との関係や部下との個人的関係を維持する力を十分に備えている。**変容者型**は、**専門家型**が尊重する高い質の基準（**専門家型**の上司が生み出す傾向にある恐怖と競争のもたらす意図せざる作用なしに）で、**達成者型**が予想するような売り上げと利益パフォーマンスを直感的に混ぜ合わせる傾向があり、それでも**外交官型**と家族のストーリーを共有する時間を見つけるだろう。

変容者型に見られるもう一つの新しい行動は、（**再定義型**がするように）単に個性を受け入れるのではなく、相互の関係性という背景において進化する個性を歓迎することである。**変容者型**は、（第八章から第一一章で探っていくように、チームや組織全体だけでなく）他者が過去の経験の結果として発達したことと、その人たちが、誠実さ、相互性、持続可能性に向かって自律的に発達する機会を必要としていることを認識して、明示的にでなかったとしても、暗黙的に、発達上のプロセスに次第に調和するようになる。この認識を携えていることは、（部下や自分の子どもたちなどの）他者が間違いを犯すのを快く許すということだ。ただし、それは一次《シングル》ループ、二次ループ、三次《トリプル》ループの自己修正をより敏捷かつ深く行うという文脈においてである。だが、**変容者型**はまた、自律性の限界にも気づいており、感情的な相互依存が不可欠であるということを理解しているだけでなく、ますます自律的になる友人間の個人的結びつきは自分にとっても最も大切な宝物であると考えている。このような相互性に対する新たな認識のためには、関係性や組織化プロセスの初めに明確な相互のビジョン、憲章、誓約を策定することがますます重要になる。

達成者型と違って、**変容者型**は、自分の考え方や目的を、状況の中で考え直したり、さらにはそれを変えたり、他の人たちがそうすることの支援も厭わない。**変容者型**は、複数の考え方の不一致や矛盾、流動性を調整するような、機会やジレンマや衝突の新たな枠組み方法を意識的に追求し、選択する。**変容者型**は、**再定義型**から、対立するニーズや義務などの内面の矛盾を認識し、それに対処する能力を受け継ぐ。だが、**再定義型**は相対主義であるゆえに、往々にしてそのような衝突によって身のすくむ思いをするのに対して、**変容者型**は、矛盾する反対方向への張力を肯定的に評価し、当初は和解し得ないように思えた違いそのものを変容させる解決策を追求するようになる。

変容者型の行動論理から行動する人は、組織内の階級や役割が何であろうと、真に人々を導く。この人たちは、使命や戦略、行動、結果が互いに衝突していないか、それらがもっと同調する可能性はないか、自分自身や同僚の注意を集中させる。**変容者型**は、使命と戦略の間、戦略と行動の間、行動と結果の間にある不一致を見つけ出す方法を策定して、効果を弱める非倫理的なプロセスを修正できるようにするだろう。システム的な不一致に対する**変容者型**の感受性は、同僚や部下の人種、民族、階級、発達における不公平に対する鋭敏な気づきを包含する。**変容者型**が、**外交官型**によく見られる政府による援助への依存を生み出すのではなく、個人や組織の発達を促す方法で社会的不平等を正すためにあらゆる努力をするというこの考え方は、自民族中心的なビジョンや要求よりも、グローバルなビジョンや要求と調和する。

変容者型の表現は、おおらかで、純粋さと強さが混じっている。肉体感覚による経験や胸を刺すような痛み、喜びや楽しみなど、感情を生き生きと、納得のいくように表現する。表現は、空想や感受性、経験に基づいたユーモアなどの軽いタッチである場合が多い。**変容者型**とさらに後のポスト在来型の行動論理は、いかに過去が現在に影響を及ぼすかに対してだけでなく、いかに私たちの現在の行動が、言動も含めて、現在と未来に影響を及ぼすかに対してもますます感受性が高くなる。

変容者型の世界観をもつ人は、その人自身のニーズを満たすことを超えたところに、人生の目的を見出す。自身や他者の継続的な発達が第一の関心事である。また、**変容者型**は、自分がずば抜けてうまく行えることを見つけようとする。この人は、使命感をもって、個人的な探求――ライフワーク――に関わっている。職場の中または外で、またはその両方で、この探求に集中しているかもしれない。というのも、従来の職場と家庭の境界には、**変容者型**が実践したいと思っている関係性の原則ほどの意味はない。**変容者型**にとってのアイデンティティの問いには、その人の社会的・精神的使命感の問いが含まれる。

ここで、成長中のある**変容者型**についての典型的なクローズアップ・ストーリーをひとつだけ紹介する。大きなコンサルティング会社のチーム・リーダーであるシャロンは、たとえトップダウン型で一方的な意思決定をするという評判が以前から立つ上司がいた場合でも、**変容者型**が感知し実践できる相互性の顕著な例を示している。シャロンの説明によると、その上司は、部下と相違点について率直な議論をするようなタイプではないのだが、シャロンは、あえて自分との相違点について上司と議論する。

私がいっしょに仕事をしていたマネジャーは、私とまったく違ったスタイルをもつ人でした。正念場であるこの年に私がマネジャーに昇進することがあるとしたら、この人を味方につけ、その上司に私がマネジャーにふさわしいと思ってもらうことが極めて重要でした。

その上司は「暗殺者」と呼ばれていました。危機的な状況にあったその年、上司が誰かを狙い撃ちすることはわかっていました。私は、この状況に対処するには、その件について上司と話をする——正直に、誰も口にしないことを話題として取り上げる——しかないと考えました。そこで私はこう言いました。「スティーブ、今年、あなたの下で働くのはひどく怖いのよ。あなたが部下を昇進させないってわかってるから。私があなたとはまったく違うやり方をするから、きっと私がへまをするってあなたは思っているでしょう。でも私を信じて。きっとうまくいくわ。私にはわかるの」

スティーブはひじょうに仕事志向が強く、予算分析や細かな分析も全部見たがりました。私はこう続けました。「スティーブ、このプロジェクトのメンバーは六人だけなの。どういう状況かをあなたに話すのに報告書を見る必要なんかないわ」。私にとってここが変化を起こすために極めて重要なポイントだったと思っています。なぜなら私たちのスタイルは完全に異なるものだったからです。スティーブのスタイルは長年、彼にとってはうまく機能してきました。私はスティーブから学ぶことはできましたが、自分があんなふうになることはとてもできませんでした。そしてまさにそのとき、私は自分のスタイルはやはり正しいと気づいたのです。私のやり方は間違っていませんでした。一つの答えを探し続ける必要はないのです。

私はスティーブと、私たちの違いについて話し合いました。それまでに、スティーブの評価方法やその進め方についてスティーブ本人と向き合ったスタッフは他にいなかったと思います。私はただ繰り返しこう指摘しました。「スティーブ、私とあなたは違うけど、私を信じて。私はこれまですべて期日どおりに仕事を完了してきたでしょう?」 するとスティーブは「そうだね」と言わざるを得ませんでした。「私のプロジェクト・チームはみな満足しているわよね?」 スティーブは「そうだね」と言いました。私は「ね? 私のやり方のほうが悪いということじゃなく、私たちは違うってことなのよ。そして私があなたからは学べないってことでもないの」と言ったのです。

スティーブには多くのことが伝わったのだと思います。みなが私にこう言いました。「シャロン、スティーブに何をしたんだい? 彼がきみに〈とくに優秀《アウトスタンディング》〉の評価をつけるなんて。きみはスティーブを味方につけたね」

ここで重要なのは、シャロンが、上司と話をする中で、上司と自分の行動論理の違いを取り上げたときの取り上げ方である。行動探求《アクション・インクワイアリー》の用語で言うと、シャロンは、二人の枠組みの相違を明らかに認識し、仕事のスタイルに対するこだわりを検証・構築していくプロセスにおいて探求しながら、自分の考え方の主張と説明を組み合わせて行っている。シャロンは、その組織内でこれまでは口にすべきではないと考えられていた「上司の自分に対する評価」という話題についてでもそれを行っている。この話題について話し合うことが自分の大切な道義《プリンシプル》にかなうのであれば、シャロンはそれを避けない。

シャロンの話は、変容をもたらす力を実践する典型的なストーリーであるが、**変容者型**の段階に、潜在的な影や混乱がないわけではない。複数の考え方が衝突していて、他の人たちがその衝突を強めるやり方で行動しているのが見える能力は苦痛をもたらす。力の動き、なかでも変容をもたらす力の強さに対する意識は、執着という方向に向かう可能性がある。また、変化を生み出す方法についての自分自身の全体性理論――歴史や組織の大まかな流れを個人の慣行と一体化する理論――を生み出す感覚は、謙虚な気持ちにならないと、誇大や慢心につながる可能性がある。**変容者型**の理論と他の三つの体験の領域との

表 7-1　変容者型の発達上の行動論理と関連するマネジメント・スタイルの特徴

変容者型	正しい意思決定を行い、それを維持するためには――単なる規則、習慣、例外ではなく――道義、協定、理論、判断が重要であることを認識している。時宜にかなった行動探求、相互性、自律性に高い価値を置く。独特の市場のニッチや、特定の歴史的瞬間に気を配る。短期的な目標思考と長期的な発達プロセス志向を織り合わせる。ある人に見えるものはその人の行動論理によって決まるという逆説に気づいている。衝突を創造的に解決する。さまざまな役割を担うことを楽しむ。機知に富み、経験に基づいたユーモアがある。権力の影の側面に気づいていて、それに心が引かれる。

違いを明らかにするような精神的な慣行を続けていく必要があるのだ。表7－1に、変容者型の行動論理をまとめている。

研究に基づく「変容者」

研究によって、後期の段階の行動論理をもつ人々は確かに、より効果的なマネジャーで、より大きな変容をもたらすリーダーである傾向があることがわかってきた。私たち自身の研究はとくに、**達成者型**より後の行動論理と、問題を再定義し、問題への対応において一方的な行動ではなく協働を提案するというマネジャーの傾向との間のつながりを指摘している。

私たちは、ある研究で、四九人の大学院生を対象に、「書類受け」と呼ばれるマネジメントのロールプレイ演習を行った（これは、電子メールの時代になるずっと前の一九八〇年代半ばのことである）。この演習では、学生たちは、事故で死んだマネジャーの代わりに雇われたことになっている。彼らは、前の職場でもう一週間働かなければならないが、新しい同僚たちと会う前の日曜の午後に、前任者の到着書類受けに入っていたレター、メモ、報告書、電話メッセージ三四通に返事をしているところである。各被験者が返事をする三四通はどれも同じものだったので、私たちは統計的検査法を適用でき、「グローバル・リーダーシップ・プロファイル」によってポスト在来型の行動論理をもっと評価された人たちは、**達成者型**や**専門家型**など早期段階の行動論理をもっと評価された人たちと比べて、書類箱の中のより多くのメッセージなどに対応して問題を再定義したり、協働の提案をしたりしたことがわかった。

仕事中の**変容者型**の行動についてさらに多くのことを見つけ出すために、私たちは追加研究を行った。さまざまな職をもつ男性九人と女性八人に聞き取りを行った。この人たちは主にサービス業で働いており、金融機関が五人、調査会社が二人、病院が二人、コンサルティング会社が四人で、残りの四人は製造業で働いていた。全員が上級学位をもっており、大部分が経営学修士（ＭＢＡ）だった。九人が管理職で、そのうちの一人は最高執行責任者（ＣＯＯ）であり、三人は職能分野の長だった。四人は専門家または専門分野に特化した社員（ファイナンシャル・プランナーや貸し付け担当）という立場にあり、四人はコンサルタントだった。一七人のうち一五人が三〇歳代で、年齢の中央値は三六歳、仕事の経験年数の中央値は一〇年である。図７-１は、参加者の行動論理の観点から、この標本がどう分類されるかを示している。書き取った聞き取り内容を「在来型」と「ポスト在来型」の二つのグループに分けた。

私たちは、在来型とポスト在来型のプロフェッショナルの間には職場で考えたり話したり行動したりする方法に重要な相違が確かにあることを見つけた。リーダーシップの実践方法、上司との関係、考えや計画を提案する際の行動の起こし方という三つの主要分野でその相違がとくに著しいことを見出したのである。

図 7-1 研究の被験者 17 人の行動論理

（人）

ポスト在来型	変容者型	6	10
	再定義型	4	
在来型	達成者型	5	7
	専門家型	2	

「変容者型」はどう考え、どう行動するのか

リーダーシップ習慣

◆**変容者型**は、**達成者型**に比べ、二次ループの学習を行い、他の人たちが因果関係の起点となれる状況や、共同で任務がコントロールされる状況、他の人たちが選択をしてリスクをとれる状況を設計する傾向が強い。

◆**変容者型**は、（a）部下の枠組みを退けずに、それについて問いかけて、理解しようとする努力と、（b）部下の枠組みの矛盾した点などについて統合的な気づきを形成する努力と、（c）そういった枠組みを、新たな共通理解を合成する基盤として用いる努力を**達成者型**に比べ意識的かつ頻繁に行う。

◆**変容者型**は**達成者型**に比べ、自分の組織の限界や自分の上司の制約を試し、自分の部下や自分自身のために新たな領域の行動を生み出す傾向が強い。

上司との関係

◆**変容者型**と**達成者型**はどちらも、自分の上司の信念や目標、行動に影響を及ぼすことを適切なことと考える。

◆**変容者型**は、**達成者型**に比べ、上司に影響を及ぼす際、当初とは異なる枠組み間で交渉を行い、新たな共通の枠組みを創り出す傾向が強く、一方の**達成者型**は、自分の考えのほうがすぐれていて、それには疑う余地はないと言い張る傾向が強い。

◆**変容者型**は、**達成者型**に比べ、自分の認識を、不変の現実ではなくあくまで認識だととらえて、上司と認識の違いについて明確に議論する傾向が強い。

◆**変容者型**は、**達成者型**に比べ、ルールではなく自分の道義に基づいて行動する。たとえその道義が上司によって確立されたルールと対立するものであったとしても。

行動のイニシアチブ

◆自分の行動が自分自身の道義と矛盾している場合、**変容者型**は、**達成者型**に比べ、その矛盾に気づいて、それを小さくするために行動する傾向が強い。

◆**変容者型**は、**達成者型**に比べ、自分の行動プロセスは、一般化され規則に支配されるものではなく、独自のものだと考える傾向が強い。

◆**変容者型**は、**達成者型**に比べ、自分の効果は、自分自身の解決策やプロセスを採用させることにではなく、舞台――他の人たちの目標と同様に自分自身の目標を示せる枠組み――を整えることにあると考える傾向が強い。

◆**達成者型**は、他の人たちの考え方に関する気づきを指針として用いることによって、自分自身の目標に対する賛同を得る。実行を、目標に向かう直線的な動きととらえる。だが、**変容者型**は、他の人たちの考え方に関する自らの気づきを用いて、自分の認識が他の人たちの認識に影響を及ぼすかどうか試すだけでなく、自分の目標に疑問を投げかけ、それを修正する。**変容者型**は、実行を、新たな共通理解の創造を伴う発達上の反復プロセスで、問題の枠組みの再設定が繰り返し行われることにつながるものと考える。

これらの記述が全般に主張しているのは、マネジャーが、自分や同僚や組織全体が変容できる舞台を整えるためには、**達成者型**の行動を超え、**再定義型**の相対主義を経て、**変容者型**の行動論理に至るまで、考え方を発達的に変化させていくことが求められるということだ。このことがいかに劇的なまでに真実であるかが明らかになるのには時間を要した。私たちは、企業や大学、保健医療組織の変容を支援するコンサルティングの取り組みについて研究をつづけていた一〇年の間に、次第に理解するようになったのだ。ここでは、在来型の発達上の行動論理をもつCEOと**変容者型**と判断されるCEOが組織の変容を導こうとするときに起こる結果の違いについて概観しよう。

組織変革の取り組みについての研究

一〇年の間に、三人の著者と他の一人のコンサルティングのパートナーが、一〇件の組織開発の取り組みに参加し、それぞれの活動に平均四年を費やして、研究を行ってきた。対象の組織は、営利目的の企業と非営利の組織の両方が含まれ、その規模は、従業員数一〇人から一〇一九人までで、平均は四八五人だった。それらの組織は、金融サービス、自動車、コンサルティング、医療、石油、高等教育など、さまざまな業界を代表していた。

一〇人のCEO全員と、多くの上級管理職は、グローバル・リーダーシップ・プロファイルの評価を受けていた。CEOのうち五人はポスト在来型の行動論理をもつ（四人が**変容者型**で一人が**アルケミスト型**）と診断され、残りの五人は在来型の行動論理をもつ（二人が**達成者型**、二人が**専門家型**、一人が**外交官型**）と診断された。CEOがポスト在来型の行動論理をもつとわかった五つのケースすべてにおいて、組織はプラスの方向に変容していた。つまりその企業は規模、収益性、質、戦略、評判を高めたのである。その中には業界のトップになった企業もいくつかあった。さらに、熟練した記録員たちが、これら五人のCEOは合わせて一五の組織変革を後押ししたと認識できた（実際、私たちがいっしょに仕事をしていた年月の間、ポスト在来型のCEOは、一人を除いて全員が、少なくとも二件の変革を後押しした）。

逆に、CEOが在来型の行動論理をもつ五つの組織のケースでは、概して、組織変革が起こらなかった。一つのケースでは、三段階の退行があり、二つのケースではまったく変化がなかった。そして残り二つのケースでは、好ましい組織変革があった。好ましい変革がなかった三つのケースでは、その組織は危機や著しいパフォーマンスの閉塞を経験した[1]。

この発見は、このデータに関する別の分析によって、さらに揺るぎないものとなる。四人のコンサルタントのうち二人は**変容者型**の行動論理と判定され、残りの二人は**アルケミスト型**の行動論理（第一二章で説明する）と判定された。私たちの発達上の行動探求の理論によれば、**変容者型**の行動論理を超えて発達する人は、ますます継続的に行動探求を実践し、タイムリーな行動をすることのシステム間の複雑性、そのために必要となるその瞬間その瞬間の**自分をさらけ出す力**を実践することとの逆説をより大事にする。そうなると、**アルケミスト型**のコンサルタントは、**変容者型**以前の行動論理をもつCEOが自分の会社の変革を促すように後押しすることにおいて、**変容者型**のコンサルタントよりも効果的であるはずだと私たちは予測する。私たちのデータはこの予測を裏づけている。在来型の行動論理をもつCEOが組織変革の成功に関わっていた二つのケースにおいて、**アルケミスト型**の行動論理をもつコンサルタントが指導的な役割を果たしていた（変化がなかった二つのケースのうちの一つも担当した[2]）。

さまざまなリーダーの行動論理がどのようにして組織変革に異なる効果を及ぼすか、そしてそれ

（1） CEOが後期の発達段階にあることと、好ましい組織改革が起こったこととの相関の強さは統計的に有意（p＜.05）であり、スピアマンの順位相関係数は42%という著しく大きな値を示した。

（2） したがって、10件の事例それぞれにおけるCEOと指導的コンサルタントの発達段階の点数を合わせ、そしてその結果の順位相関係数と各組織が成功させた変革の順位相関係数との相関を見ると、相関係数59%であり、相関は統計的に有意（p＜.01）であった。

はなぜかをより明確に理解するために、一人の**変容者型**のCEOの行動と、**外交官型**のCEOとを対比させてみよう。

私たちの研究の対象となった**変容者型**のあるCEOは、組織が危機に面していたとき、経営陣に対して自分のリーダーとしての弱点や短所を率直にさらけ出した。この開かれた心に基づいて、他の人たちも同様のリスクをとり、そのチームは、盲点になりそうなものを取り除く責任の所在を特定することができ、新たなスキルを磨こうという意欲を互いにかき立て、互いのパフォーマンスに対するフィードバックを欠かさなかった。

この行動を、私たちの統計サンプルの一人である**外交官型**のCEOと対比させてみよう。この**外交官型**のCEOは、同僚や市場からの否定的なフィードバックについては、いかなるものも建設的に扱うことを極度に嫌い、フィードバックを行うことができなかったので、ついには彼の戦略計画チームは全員が辞職した。私たちコンサルタントも彼に影響を及ぼすことができず、その後、彼に辞職するよう勧めた。それも聞き入れられなかったとき、今度は取締役会議長にCEOの交代を勧めた。そして私たちの忠告が受け入れられなかったとき、私たち自身が辞めた。その組織は損失を出しつづけ、評判もガタ落ちとなって、ついにCEOが交代した。

この例では、自分自身を変容にさらす**変容者型**は、他の人たちの中にも、単なる外面的な協調や参照（さもなければ抵抗）ではなく、自発的な変容を生み出す。それに対して、**外交官型**のCEOは、それぞれの特定の会議で平和を維持し対面を保つことに熱心なあまり、自分自身の弱い面に気づいたり名前をつけたりすることができず、自分の修正を支援してくれるよう同僚たちを促すことにもはるかに消極的である。

組織が好ましい方向に変容しなかった三つの例をもう少し詳しく見ていくと、それぞれのケースで、在来型の行動論理をもつＣＥＯが、コンサルタントや、**変容者型**またはそれ以降の段階にあると判定された経営幹部を次第に自分自身から遠ざけていたことがわかる。あるケースでは、そのＣＥＯは、社内での相談役でもある経営幹部と組織変革プロセスをひじょうに高く評価したかと思えば、その幹部を経営陣から外そうと企て、組織変革プロセスを凍結しようともしていた。この行ったり来たりを繰り返した結果、その組織はこの期間中に変容できなかった（その相談役兼経営幹部は、ＣＥＯに対して民事訴訟を起こし、勝利した。その経営幹部は退職し、違う組織でＣＥＯを任されることになった）。

　在来型の行動論理で動いているＣＥＯが望ましい変容を後押しした特異な二つのケースを、遡ってさらに詳しく見てみるのも興味深い。どちらの場合でも、ＣＥＯは、外部のコンサルタントや**変容者型**と判断されたチームメンバーを、親友として扱い、その人たちにさまざまな介入の内容と時機を操るうえでの幅広い裁量を与えていた。

　これら二つのケースのうちの一つでは、（前述の研究が完了し報告をした後に）悲劇的な続きがあった。そのＣＥＯは、もともと**専門家型**の行動論理をもつと診断され、枠組み、主張、説明、問いかけなどの協働のスキルを数多く学び、各チームのために複数のリーダーシップの役割を生み出した。そして、合併によってはるかに大きな別の組織のＣＥＯになった。そのＣＥＯは、私たちといっしょに仕事をしている間に、**達成者型**の行動論理に発達していたであろうが、出来事が示すように、時機や枠組みの再設定という**変容者型**の感覚をまだ発達させていないことは間違いなかった。新たな環境では、信頼もほとんどなく、チームとしての経営の発展の歴史もなかった。にもかかわらず、このＣＥＯは、新しい環境でどんな行動がタイムリーで創造的であるかを探求することなく、高い信頼があった前の組織でうまくいったことをそのまま再現しようとしたのだ。その組織は後退し、数億ドルもの損失を出し、CEOは孤立して、解雇された。

結論

それでは、私たちが**変容者型**について行った三つのひじょうに異なる研究——書類受けの室内実験・面接調査、一〇の組織に関する現場での長期的なアクション・リサーチ——の結果は、変革のプロセスに踏み出そうとする、あるいはまさに今そのプロセスの真っただ中にある他の組織に対して、何を示唆するのだろうか?

まず、研究が示しているのは、**変容者型**は、組織のどの職種にあろうとも、建設的な変化の担い手になる傾向はあるが、組織変革の達成に真剣に取り組んでいる企業であればどこも、とくにCEOの行動論理の重要性を慎重に考慮するべきだということである。私たちの現場研究の結果は、どこでも変化が始まるような文化を創り出すためには、少なくとも初めにCEOの後押しが必要であることと、それを確実に行えるのは**変容者型**の行動論理をもつCEOだけであることを示している。

この結論は、ジェームズ・C・コリンズが『ビジョナリー・カンパニー2——飛躍の法則』(山岡洋一訳、日経BP社、二〇〇一年)の中で強く強調している。コリンズは、市場シェアと財務業績に関して「良好」から「偉大」へと変容し、新たなレベルの卓越性を長期にわたって持続させた一一社を選び出した。コリンズは、それらの会社のCEOの携わり方の質——コリンズはこれを「謙虚さとすさまじい決意」の矛盾した融合(**変容者型**にとっての探求と行動の統合?)と要約している——が、こうした持続的な組織変革の重要な要因であると気づいた。コリンズはこれらのCEOの質を理論的な用語で説明できていないが、私たちには、そのCEOたちの発達段階は**変容者型**であると見受けられるし、興味のある読者の皆さんにはコリンズの本を読んでご自分で確かめてみることをお勧めする。

枠組み再設定の訓練

さて、**変容者型**は、行動探求の一つの（または複数の場合もよくある）型を、自身が洗練することを選ぶゆったりとした道《ディシプリン》ととらえて、生活のますます多くの瞬間に探求を試みる。それが歌やダンスやスポーツを通してであろうと、瞑想や祈りや日記をつけることを通してであろうと、大工仕事や裁縫や料理を通してであろうと、詩や音楽や演劇を通してであろうと、**変容者型**は、それぞれの瞬間に気づきと同調を高めることを意図した慣行を追求する。

同様に、仕事であれ家庭であれ、私たち自身や他の人たち、私たちの組織の異なる思惑の間に緊張があると、**変容者型**は、解決の妨げとなっているジレンマや前提をどのように枠組みとして再設定しようかと考える。以下の訓練が役に立つだろう。

- 発達理論を用いて、皆さんが遭遇した状況と設計した戦略を特徴づけて、どの程度までそれが時機を直感的に理解する感覚を狭めるか広げるかを見てみよう。次のセクションでは、チームや組織のダイナミクスの世界に皆さんをいざなう。あなたの中や周囲で進行している発達上のダイナミクスに即座に気づく能力に磨きをかけつづけよう。
- あなた自身が置かれる厄介な状況について自分自身や他の人たち、組織がどのように枠組みを築いているかについて意識し、意図的に探求してみよう。自分が行動する際にそもそももっているなじみ深い前提に気づき、疑い、ひっくり返し、その結果として生じる新たな論理に従ってみよう。

◆矛盾や対立が明らかな場合、時間をとって、一人または他の人たちといっしょにその矛盾や対立とたわむれ、人々の前提の一つひとつについてその背後に何があるかをのぞき込み、それらを置き換えたらあなたの想像をどこまで広げていけるかを探求しよう。

◆状況を解決する方法をいくつか試してみたがうまくいかなかった場合、今の自分が最後の最後までまずやらないだろうことは何かと自問し、それをやることを真剣に考えよう（ある状況で私たちが最後までやろうとしないことは、その状況が何を必要としているかについて考える私たちの行動論理とは合致しないものだが、私たちの現在の行動論理こそがまさに、私たちがその状況の解決に繰り返し失敗している原因かもしれないのだ）。

次のセクション

二一世紀前半の激しく渦巻くグローバル経済における絶え間ない移り変わりに直面している中で、大きな課題は、短期的および長期的に、そして個人および組織として、生産性と探求と変容をどう織り合わせるかだ。圧倒的多くに見られる在来型の行動論理を**変容者型**の協働的な探求方法に向かって変容させるというこの課題は、少なくとも、過去五〇〇年間にわたって私たちの心を占有してきた、自然や社会を政治的、経済的、技術的に一方的に支配しようとする世界的な**達成者型**の奮闘と同じくらい大きな難題である。組織や国の中や、男女間や、社会と自然界の間において、一方的な搾取的な関係ではなく、相互的で変容をもたらす関係が存在することの尊さにより多くの人が気づくようになると、私たちはますます、自分の日常生活をこういった方法や結果に捧げようという気持ちに駆られるだろう。

ここまでは、行動探求が個人レベルでどのように私たちをこの方向に導くかを論じてきた。次の章からは、同じ行動論理を通じてチームや組織全体がどのように変容することができるかの検証に取りかかる。ゆっくりとした進歩の場合もあれば、次から次へと行動論理の変容をもたらす、行動探求についての強烈な出来事に関わる場合もある。チームや組織が、どうすれば生産性と探求を継続的に織り合わせる「学習する組織」に進化できるかを示していく。本章の私たちの研究結果から得られた証拠が示しているように、**変容者型**は、そういった継続的な組織の変容の触媒となるため全力を挙げる。したがって、次の章では、私たちは**変容者型**の行動論理の先を見るのではなく、**変容者型**が組織に関して日常的に抱える懸念をより深く見ていく。

第III部

Transforming Organizations

変容をもたらす組織

第8章 変容をもたらす会議、チーム、組織

第四章から第七章では、行動探求(アクション・インクワイアリー)を行うことで、私たち自身の慣行を導く行動論理《アクション・ロジック》を変容させることについて論じてきた。当然ながら、組織における私たち自身の慣行は、他の同僚とも関わるゆえに、ここまでに論じてきたことの多くは、自分自身だけでなく同僚をどう診断するか、上司や部下に対してどのように異なった行動をとるかにも関わっていた。だが、その焦点はあくまで、どうすれば私たちの一人ひとりが行動探求を通じて自分自身の慣行を改善できるか、という点にあった。

本章では、どうすれば発達上の変容を通じてチームや組織を導くことができるかという問題に焦点を移す。この焦点の移動は、些細ではあるが重要だ。なぜなら私たちは、焦点を個人から**はずして**グループへと移すのでもないし、単にグループをテーマの対象にするほうがよいと思ったから焦点を移すのでもない。私たちがグループや組織の規模に焦点を移すのは、それが、行動探求に関する自分自身の慣行を徹底的に究めるなら、誰もが欲し、必要とすることだからだ。実際、第七章の締めくくりで概観したように、**変容者型《トランスフォーミング》**のCEOはひじょうに効果的に組織変革を導くようになるが、それは、彼・彼女らが自分自身の枠組みにあまり執着しておらず、したがって、人々や組織、

社会が時間の経過とともにどのようにさまざまな枠組みや行動論理を発達させてきたかをより明確に認識しているからでもある。

つまり、学習するチーム、学習する組織、学習する社会の発展に取りかかることによって、私たちは引きつづき、皆さん個人が行動探求をどう行えるかに焦点を当てていく。だが今度は、皆さんの行動探求のフィールドは、自分自身の慣行を変えることにおける自身のリーダーシップの実践を超えてさらに、グループまたは組織の慣行を変容させることにおける自身のリーダーシップの実践にまで広がることになる。皆さんは、人々や組織がいかに誠実さ、相互性、持続可能性を高める方向に変容しているか、または変容していないかを認識し始める。皆さんは、自分（または組織）の道義と自分（または組織）の慣行の間の不一致に次第に気づくようになるにつれて、個人レベルであろうと、チームや組織レベルであろうと、四つの体験領域に再び足を踏み入れるその瞬間その瞬間に行動探求をますます全力で行うようになる。ある状況で多くの考え方や行動論理が働いているのに気づくことによって、自分自身が最初にもっていた考えに執着しなくなる。

ポスト在来型の行動論理に向かって進化する人たちが、その瞬間その瞬間に行動探求を実践するのにますます長けてくるように、グループや組織も、支援すれば「学習する組織」に向かって変容することができる。個人レベルの**変容者型**と同様に、学習する組織も、一次《シングル》ループ、二次《ダブル》ループ、そして最後には三次《トリプル》ループのフィードバックを意図的かつ明白に追求し、変化する。しかし、個人にとって、ポスト在来型の行動論理へと発達することは単純な一度限りの移行ではないように、組織にもそれが当てはまる。組織の行動論理が意図的に、その組織のメンバーの個人レベルの変容だけでなく、チームや新たな部門、戦略的パートナーなどで進行している変容の後ろ盾となるまでには、多くの変容が必要である。

さらに、組織変革は、個人の変容よりもある意味でもろい。個人の場合、尋常ではない事故や病気でもない限り、ひとたびたどり着いた行動論理は、定着する傾向がある。だが組織の場合、取締役会がその会社のCEOや経営陣を解任することも、競合会社に身売りすることもあり得る。そうした場合、その組織の支配的な行動論理は一夜にして後退する可能性があると言ってもよい（カーリー・フィオリナCEOによるヒューーレット・パッカード［HP］社とコンパック社の合併のように、組織の中枢が漸進的な発達の方向に文化的変容を遂げるよう意図された戦略的合併が行われることもある。だが発達上の変容は一夜にして起こることはない！）。

学習する組織では、疑問を投げかけることが許され、前提が検証され、一見したところのミスが処罰の対象になることはめったになく、さらなる学習の基盤となり、新たな知識は共有され、新たな知識が協働的に獲得される。つまり、探求——厳密に言うと発達上の行動探求——は組織としての活動になる。これは、こうした展開の開かれた学習プロセスにもともと好意的でない大きな組織の中で営まれる探求者の小さなグループによって始まることもある。私たちは、こうした「学習セル」（二週間に一度、昼休みにミーティングをするわずか三人のグループのこともある）がその大きな組織に影響を与えるようになったケースを数多く目にしてきた（ひじょうに大きな組織においてどんな組織制度が協働的な探求の後ろ盾となっているかは、現在、世界全体が直面している大きな謎だ。内省的な部門［司法］、多様な立案部門［議会］、行動指向の実行部門［行政］の間の「力の均衡」を保っているとされるアメリカ合衆国憲法は、規模が大きくて長く続いている組織的な協働的探求の珍しい例である）。

世界最大の組織の一つは、少人数の献身的な探求者たちの集まりからつつましやかに始まった。アルコホーリクス・アノニマス★（AA）と、AAのアプローチ手法が生み出した他の「一二のステップ」グループすべてのことである。AAの始まりは、自分たちの行動を変えたいと願った二人

★　「無名のアルコール依存症者たち」の意。アルコール依存をやめたい人々の団体。180以上の国に10万以上のグループ、200万人以上のメンバーがいるとされる。

の人物の会話だった。

ＡＡは、どん底にある人々の生活を更生させる際に個々の人々を支えるという意味で、学習する組織である。また、個々のメンバーが、発達上の変容を起こすプロセスをどれほど熱望しているかを示す点でも、学習する組織の好例である。もっとも、私たちは、ＡＡの例を一般化して、私たちの大部分が仕事やプライベートで身を置く組織の状況に直接当てはめることはできない。私たちが身を置く組織の全員が、特定の方向に変容しようとする同一の強い意欲を共有していて、個人の変容以外に課題がないということはめったにない。

また、私たちは、ＡＡが組織の学習や変容——学習する組織を創り出すこと——に焦点を当てておらず、むしろ個人の学習と変容に焦点を当てていることも認識している。だが、この使命こそが、創業期のリーダーたちが、成長の過程で官僚化しないことにとてつもなく気を配るゆえんであった。したがって、ＡＡの例は、個人の発達と学習する組織に向かう道に沿った個人レベルと組織レベルの変容の双方を促す組織化の指針として、ひじょうに有用である。実際、ＡＡは、個人レベルの**再定義型**《リデファイニング》の枠組みに相当する**社会的**《ソーシャル》**ネットワーク型**の組織の典型と言える（表８－１参照）。子会社に自社のコーポレート・アイデンティティや個々の戦略を保持させる大規模な国際コングロマリットのように、ＡＡは、数百万の会場それぞれに幅広い自治を許している。

より一般的に言えば、これまでに述べてきたように、効果的な行動探求のカギは、個人の注意と、四つの体験領域を織り合わせる人間どうしの会話を生み出すことである。同じように、学習する組織になることには、組織の四つの体験領域——ビジョン策定、戦略策定、実行、評価——全体で行動と探求を織り合わせることである。ビジョン策定の体験領域において、読者の皆さんの中には、スカンジナビア航空のビジョンでありモットーでもある「真実の瞬間」を思い出す人もいるだろう。

「真実の瞬間」とは、すべてのスカンジナビア航空の従業員がそれぞれの顧客や同僚との生きた出会いにおいて、今その瞬間に意識が向いていて、探求に心を開いていることが、その出会いの成否と効果を決める、という意味だった。このビジョンは、従業員に対して三次ループのフィードバックを生み出し、彼らが一般の人々とふれあいながらそれを思い出すたびにその注意に変容をもたらすという可能性を秘めていた。

戦略の体験領域では、3M社は長年にわたって、新たなイノベーションからの投資利益率が高まったらその部門への投下資金を増やす、という戦略を設定している。この手法によって、3Mは、生産的なイノベーションにおける探求と行動を結びつけるためのハブとなった。実行の体験領域では、第九章で考察する小さなソフトウェア会社の事例が、どうすれば会議において結論を出すだけでなく率直な質問と会話を同時に促すことができるかを示すだろう。最後に評価の体験領域では、三六〇度評価や、企業の財務的・社会的・環境的影響を測定するトリプル・ボトムラインなどの評価プロセスが、一次ループ、二次ループ、三次ループの探求および変化と、それによる生産性の持続的な改善を下支えする複雑かつ多様な方法であり、個人や組織の結果を記録する。

私たちの問いは、ある特定の組織がビジョン策定、戦略策定、実行、評価という四つの体験領域すべてにわたって行動と探求を織り合わせるところまで進化するとしたら、それはどのようにして起こるのか、ということだ。

個人の発達と組織の発達の類似点

この問いに対する答えとして、私たちは本章で、組織の発達を、個人の発達に類似した、変容をもたらす一連の行動論理として理解する方法を提示する。個人の場合と同様に、ある特定の行動論理は、ある特定の会議やプロジェクト、または長年にわたって続いている組織全体を特徴づける可能性がある。組織全体の中で、特定のプロジェクトや部署が発達の先行する傾向または遅行する傾向を象徴しているかもしれない。同様に、皆さん自身の部署やチーム、または特別部会が、たった一回の会議中に、または数回の会議を経て、発達のある段階から次の段階へと変容する可能性もある。

表8-1は、個人レベルと組織レベルの二つの発達理論がどのように直接的に類似しているかを示したものだ（お気づきのとおり、私たちの大量のサンプルの中には該当するマネジャーはひとりもいなかったためにここまでの章では触れなかったが、幼児期の行動論理である「**衝動型**」もここに載せている）。表8-2は、組織の発達上の行動論理のうちの初めの七つについて、その独特の特徴を少しだけ詳細に説明したものだ（個人と組織の両レベルにおける八番目の行動論理については、第一二章と一三章で論じる）。

さてここで、表8-1における個人と組織の類似性を強調するために、それぞれの段階について少し解説する。それから、特定の会議や組織全体が一つの組織の行動論理から別の行動論理へと移行することについて、具体的に説明していく。

まず、個人の発達の**衝動型**《インパルシブ》と組織の発達の**構想**《コンセプション》との類似について手短に述べたい。幼い子どもがひじょうに想像力に富んでいて、その後の人生では必ずしも口にしつづけることがない欲求（たとえば、「画家になりたい」とか、「看護師になりたい」、「プロスポーツ選手になりたい」など）をたくさん表現するのとちょうど同じように、大人でも、自分が創り上げたいと思う組織について友人と空想をめぐらせることがよくある（たとえば、折りたたみができて、街に出かけるのが今よりも簡単なベビーカーを売り出したい、など）が、必ずしもその後はその話をしつづけるわけではない。後から考えると、ＡＡがそうだったように、そのような会話が一万分の一の確率でついには大きな組織に進化するとき、その組織のそもそもの始まりに遡ると、そのような偶発的または情熱的または打算的な会話にたどり着くことができる。

個人と組織に関する次の三つの発達段階の行動論理については、類似がそれほど明白ではない。第四章と第五章で**機会獲得型**《オポチュニスト》、**外交官型**《ディプロマット》、**専門家型**《エキスパート》について説明したとき、通常の発達プロセスにおける子どもではなく、依然として比較的早期の行動論理によって動機づけられている組織内の大人の話をした。したがって、これらの行動論理の硬直性や限界などの効果的でない側面の理解が進みやすい。それに対し、私たちが（本章と第九章、さらに表８－２で）これら三つの早期の行動論理段階にある組織について論じるときは、自然な発達プロセス（たとえば、組織の「子ども時代」など）にある組織について

6	**再定義型** 反射的な気づきが有効性を支配する	**社会的ネットワーク** 独特の組織構造のポートフォリオ	探求に関しても、生産に関しても、多様な前提が互いを補完し合うかもしれないという実験的な気づき
7	**変容者型** 自己修正の原理が 反射的な気づきを支配する。	**協働的な探求** 自己修正の構造が 夢や使命と調和する	自己を意識した使命と哲学、時間と場所の感覚が、複数の発言者による会話と境界の再設定を促す二次ループのフィードバックが時折作用する
8	**アルケミスト型** プロセス（道義と行動の相互作用） が原理を支配する	**基盤となる探求コミュニティ** 構造は機能しなくなり、精神が より広いコミュニティを支える	生命と科学に相当するのが、精神と物質、愛と死と他者の間の変容の慣習であり、相互作用的・再調和的・継続的な三次ループのフィードバックを培うことである

表 8-1　個人と組織の発達上の行動論理の類似性

	個人の発達	組織の発達
1	**衝動型** 衝動が挙動を支配する	**構想** 新しい組織の創設について夢見る
	複数の特殊な衝動が次第に特徴的な手法に帰着する（たとえば、多くの空想が新しい組織に対する具体的な夢へと変わる）	
2	**機会獲得型** ニーズが衝動を支配する	**投資** 精神面、社会的ネットワーク、財政面の投資
	主な任務：外側の世界に望ましい影響を及ぼす力（たとえば、自転車に乗るスキル、資本）を得る	
3	**外交官型** 規範がニーズを支配する	**結合** 製品やサービスが実際に提供される
	鏡に映る自己：他者の文化や期待を理解し、他者の目から見て成功と映るよう行動を合わせる（たとえば、マーケティング可能な商品の生産）	
4	**専門家型** 技能の論理が規範を支配する	**実験** 代替の戦略や構造が試される
	行動が、新たなビジネスの方法を生み出す実験に相当するような、外側に現れる自分というシステムを頭で十分に理解する	
5	**達成者型** システムの有効性が技能の論理を支配する	**体系的な生産性** 単一の構造と戦略が制度化されている
	計画・理論、実行・実施、結果・評価の実践的な三角形――非体系的だが定期的に一次ループのフィードバックが作用する	

5. 体系的な生産性

事前に定められた任務を遂行する体系的な手順にのみ正当に注意が向けられる。基準、構造、役割を所与の当然のものと考える。定量的に評価される。製品やサービスの市場性や政治的な実現可能性を、最優先の基準として置き換える。重要な課題は、このように演繹的なピラミッド型のシステムが強調される間に、組織が、使命から成果までの一貫性についての類比の重要性を思い起こすかどうかである。

6. 社会的ネットワーク

さまざまな組織間で、独特の伝統を維持していることや技術指向であること、相対的に経済的自立していることに強い価値を置いた、戦略または使命を重視した提携を行う。重要な課題は、経済情勢が悪化したときに組織は成長するのか、それとも後退するのかということ。

7. 協働的な探求

企業使命について明示的に内省し、それを共有する。明らかな価値観の相違については、それを開示し、支持し、それに対峙する、開かれた対人関係。複数の指標に基づいた体系的な人事考課と業績評価。矛盾の探求と生産性、自由と管理、質と量を同時に解決する創造的な方法。この特定の歴史的瞬間の特定の組織にふさわしい、自己修正する独特の構造を双方向で構築する。重要な課題は、組織が雇用、合併、戦略的提携を通じて成長していくとき、協働的な探求を持続していけるのか、それとも従来の**体系的な生産性**に戻ってしまうかということ。

表 8-2　それぞれの組織の発達上の行動論理の特徴

1. 構想	今は十分に満たされていないニーズを満たす新しいものを創り出すことについての夢、ビジョン、非公式な会話。複数の創設者間の相互作用。実用モデル、プロトタイプ、関連プロジェクト、または事業計画が策定される。重要な課題は、適時性とビジョンの神秘性の度合い。
2. 投資	擁護者は組織の創設に全力を挙げる。未来のステークホルダー間の早期の関係構築。仲間のネットワークや母体組織は、精神的、構造的、財政的に育成に全力で打ち込む。重要な課題は、コミットメントの本気度と信頼性。構造的・精神的な投資に財政面の投資が適切に伴っていること。
3. 結合	製品やサービスが生産される。物理的環境、任務、役割が目に見える形で描き出される。目標を立て操業スタッフが採用される。重要な課題は、脅威に瀕したときに不屈さを示すことと、もともとの夢と実際に組織としてまとめたものの間に一貫性を保持または再創造すること。
4. 実験	管理、生産、任用、報酬、財務、営業、政治戦略に関する代替戦略が実践され、操業中に試され、次々と修正される。重要な課題は、単に一つか二つの最初に思いついた代替戦略を試すのではなく、真の実験 ── 暗闇の中での律された試み ── を行うこと。その次の段階にも使える、実行可能で長続きする戦略と構造の組み合わせを見つけること。

説明するので、それぞれの行動論理のもつ短所よりも長所となる特質がより明らかになるだろう（**投資**、**結合**、**実験**）。

ここでは、これら三つの行動論理のそれぞれについて、人と組織の類似点を探してみよう。**機会獲得型**の行動論理をもつ八～一二歳の子どもと、それに相当する**投資**《インベストメント》の行動論理の段階にある組織は両方とも、その環境から得られる資源とその環境を操作する能力を追求する。子どもにはせいぜい、乗り方を覚える自転車があり、自分にひらめきや社会的ネットワークという投資（たとえば、子どもへの何らかの支援をする、良い教師に出会わせる、など）もしてくれる両親がいるくらいだ。同様に、組織の賢明な創設者や賢明なベンチャー・キャピタリストは、組織が**投資**の行動論理を通過していく間に、その組織の支えとなり得る社会、職業、事業の提携関係だけでなく、組織の使命やメンターがもたらす精神的な共鳴や奥深さにも関心を抱くだろう。だが、もしも組織の創設者が**機会獲得型**の行動論理にとどまったままならば、有形の金融資産だけが重要かつ必要な投資であるかのように振る舞うだろう。そのような組織は、短期的に財政支援を得るという点ではひじょうにうまくいっているように見えるかもしれないが、ネットワーク資源とひらめきが欠けているために、長期的には、すべてのステークホルダーが全力を挙げて関わることはなくなり、その成長が阻害されるだろう。一九九〇年代後半に多額のベンチャー・キャピタル投資を受けた多くのインターネット関連企業は、損益分岐点に到達することはなかった。

一〇代前半に**外交官型**の行動論理に変容する子どもと、それに相当する**結合**《インコーポレーション》の行動論理へと変容する組織は、いくらかの資源と生まれつきの能力を与えられており、どちらも、周囲の社会環境の規則に従ってうまく行動する方法を学習しつつある。この社会環境とは、ティーンエイジャーの場合、「仲間」であり、営利目的の企業の場合、「市場」である。どちらの場合も、多くの困難な瞬間があり、ティーンエイジャーも若い会社も、成功を持続させられないかもしれない。また は、どちらも、自分たちの環境が求めるものに必死に合わせようとして、自尊心（建設的な使命に対する忠誠を基盤にした自尊の感覚）を失う可能性がある。

より大きな環境のニーズを満たせないと、人は、他の人たちの支援に頼る最下層の仲間入りをすることになるかもしれないし、もしかしたら法律に反することになるかもしれない。たとえば、刑務所に収監されている人の中では、**機会獲得型**の割合が不釣り合いに大きい。この段階にある組織の場合、失敗は通常、倒産、あるいは小さな局所的なニッチ市場におけるひじょうに偶発的な生き残りを意味する。人の自尊心を犠牲にして環境のニーズを満たせたとしても、それには大きな負の側面がある。次の段階へと発達する可能性がはるかに低くなるのだ。

自分の身近な社会的環境の（**外交官型**の）型を破ることができる（これは大学進学で家を出て高校の仲間と離れることによって起こることがある）若い人たちは、自分にとって重要な他者の相反するニーズよりも、首尾一貫して自分が従うものを追い求め始める。彼らは、自分たちの生活を、スキルを基盤として、より目的をもって整理する方法と、それを行うことでの相対的な成功を測る、より客観的な方法とを追求する。「私はサッカーよりも陸上競技のほうが好きだ。なぜなら、陸上のトラックでは、その大会で出した実際の記録で評価されるが、それに対してサッカーでは、監督が自分のことを好きかどうかで決まる」と語るティーンエイジャーは、客観的に評価される基準から見て結果を出すという**専門家型**の行動論理に対してより魅力を感じるようになっていることと同時に、別の人に認められるであろうことをうまくやるという**外交官型**の行動論理を拒絶していることを表している。

この**外交官型**の行動論理から**専門家型**の行動論理への移行は、組織の**結合**から**実験**《エクスペリメント》への動きに相当する。あるスキルにおける卓越を目指す**専門家型**の実験は、暗闇の中で手探りだがある程度の規律をもつ。**実験**の段階へと変容している組織がビジネスで行う実験は、会計手法の改善（よくあるのが、現金主義から発生主義へ、手書きによる帳簿からコンピュータ・システムへの移行）や、来店する顧客にサービスを提供するだけでなく積極的なマーケティングを行うといったところだ。

人と同様、組織も、学習する組織になる途中、変容の機会や難題になり得るものにぶつかり、立ち止まることがしばしばある。変容する代わりに、自分たちの現在の文化や構造を守ってかたくなになったり、合併で自社のアイデンティティを失ったり、事業から撤退したりする。皮肉なことに、デジタル・イクイップメント・コーポレーション（DEC）がそうだったように、大成功している大企業も、業績のよくない企業と同じようにこの脅威にさらされる。なぜなら、成功している企業は、誇りをもって自社の今のやり方と一体感をもちつづける可能性が高いからだ。だが、企業の文化が発達的に変容するには、それぞれの段階で、以前の行動論理と反対のスキルを学ぶ必要がある（たとえば、表8－1と8－2の奇数の組織の行動論理は、相対的に中央への集中を必要とするのに対し、偶数の行動論理は、相対的に分散化を必要とする）。したがって、DECは、ケン・オルセンという、強力で科学的に方向づけされた、**達成者《アチーバー》型**の行動論理をもつ創業者兼CEOに導かれて世界第二位のコンピュータ企業になった後も、分散化された**実験**の組織行動論理にとどまりつづけ、自社の行動論理に忠実なあまりに終焉を迎えた企業の典型例となっている（Schein 2003）。

発達上のプロセスとして会議を理解し、導く

新しいプロジェクトや新しい製品、新しいチームや特別部会、新しい議題項目、会議、または一

連の会議のそれぞれは、発達上のプロセスと考えることができる。単独の会議における発達の微小らせんは、プロジェクト、部門、組織のより大きなサイクルの中に入れ子状になっている。いかにして一つの会議でさえも、いくつかの組織の行動論理を経て変容していくことが可能かについて、より本物に近い実像をつかむために、フォーチュン一〇〇社の経営陣の話に耳を傾けてみよう。この経営陣は、自分が発達理論を用いていると考えたことすらないが、実は、私たちがちょうど今取り上げている組織の発達プロセスの早期の段階に相当するやり方で経営会議を運営している。

その上席副社長は、大学で数学を学んだ経歴をもち、色（虹の七色）、音（音楽のオクターブ）、会議などの人間活動（自分なりの応用）を組織する構造として、ピタゴラス音律に興味をもっている。ビジネスの会議について、この副社長は以下のように述べている（カッコ内に、私たちが用いている組織の行動論理の名前を付け加えた）。

> 最初の音である「ド」は、会議全体に対するリーダーのビジョンである。歯切れがよく、活気を与えるものでなければならない。人々を少し驚かせ、目を覚まさせ、何をする覚悟でそこに来たのかを改めて考えさせる必要がある。（**構想**――驚くほど創造的な新しいビジョンを生み出す）
>
> 「レ」は最初の反応であり、グループから一斉に上がる最初の声である。リーダーは、創造的で熱心な会議にしたいなら、この声を考慮に入れていなければならない。その最初の反応をリーダーがどう振り付けるかが、その会議がどこまで行けるかを決定する。（**投資**――他の人たちがそのテーマに参画し、主体性をもつことを支援する）

「ミ」はその会議における最初の具体的な決定である。早い段階でこの決定がなされ、それが全員にとって理にかなっているものであれば、場が和らぎ、それ以降の会議はすいすいと進む可能性が高い。（**結合**――何かが生産されつつある。ビジョンが現実になりつつある）

多くの会議はこのような決定を一つ以上して終わるが、たとえばさまざまな決定間の調整など、何か質的に異なることをしたいのであれば、次の音である「ファ」を弾こう。「ファ」ももっぱらそのグループの音である。したがって、異なるテーマごとに小グループに分けるなど、唱和をもたらす仕組みをとらなければならない。（**実験**――ビジョンの数多くの意味合いを探る）

副社長は続けて、それ以降の会議の音律について述べ、こう締めくくった。

だが、実際の会議は、二つのオクターブの間の中央の部分（「ファ」、「ソ」、「ラ」）と考えることができる。より広い視点で見ると、会議前の準備がこの音律の始まりであり、会議後のフォローが終わりと言える。

会議を運営する最良の方法についてのこの経営幹部のビジョンを表す最後のパラグラフは、私たちが前述した「発達上のプロセスは重なり合ったり、入れ子状になったりしている」という考え方の具体例を示す。表8－2と、上手く運営される会議における各音律についての副社長の説明とを、自由に行ったり来たりしながら比較して、それらが互いにどこまで類似しているか見てみてほしい。私たちが言いたいのは、完璧に両者が呼応しているということではなく、この説明によって、会議をいかに発達的にとらえることができるかに関する一般的な感覚に命が吹き込まれるということである。

もっと多くの経営幹部が会議の運営においてこのように創造的であったなら、ビジネスの会議がどれだけ興味深く生産的なものになるかを想像してみてほしい！

結論

本章における有名な組織のごく短い紹介は、会議の発達段階についてのやや詳細な考え方とともに、個人の発達と組織の発達との間に存在する並行関係を明らかにしている。第九章では、一つの行動論理から別の行動論理へと変容しつつある小さな企業の具体的な例をいくつか見ていく。早期発達段階にある組織の行動論理について、また組織がどのようにして次から次に変容することができるかについて、より現実に近い理解が得られるだろう。組織変革を支えるうえで、どんなタイミングでのどんな介入が触媒的なリーダーシップの役割を果たせるかについての感覚とともに、会議やチーム、組織を発達的にとらえる能力の開発法も徐々に見えてくるはずだ。

第9章 組織変革をファシリテーションする

さまざまな規模（個人、チーム、組織、国など）での複数の発達プロセスは互いに影響を及ぼし合い、私たちがそもそも重点を置いている発達プロセスを妨げたり、抑制したり、促進したりする。私たちは、これらの互いに織り合わさった発達プロセスの作用を理解し、組織全体が一つの発達上の行動論理《アクション・ロジック》から別の行動論理へと変容するのを支援するような介入ができるだろうか？

本章ではまず、**投資**の行動論理と**結合**の行動論理との間で行き詰まっている小さなソフトウェア会社を見ていく。それから、**結合**の行動論理の段階にあって、**実験**の行動論理への変容が課題となっている、小さな介護施設の会社三社の新たな合併について述べる。最後に、**実験**から**体系的な**《システミック・》**生産性**《プロダクティビティ》への変容が課題となっているエネルギー企業を取り上げる。どの事例も、いかにしてコンサルタントの介入がその会社内に一時的に、**協働的な探求**《コラボラティブ・インクワイアリー》を行う学習する組織を生み出し得るかを示している。それは多くのフィードバックと創造的かつ協働的な意思決定によって、組織変革を促進する手段となるのだ。

小さなソフトウェア会社を黒字化させる変容支援の働きかけ

ある小さなソフトウェア会社は、製品の純利益が上がる兆しが依然として見えないまま、当初のベンチャー・キャピタル投資資金を使い果たしてしまった。パートナーは次のベンチャー・キャピタル投資を求めていて、その会社の誰もが、マーケティングと販売で大きな飛躍が必要であるとわかっていた。だが、比較的客観的な修正フィードバックでしかないこの厳しい最終損益の状況は、その会社を新たな事業パターンへと後押ししているわけでもなかった。

行動探求《アクション・インクワイアリー》の手法を用いている組織開発コンサルタントが、木曜日と金曜日の二日間にわたってこの会社を支援するために招かれた。彼は、企業の夢と経営陣の戦略と日常業務との間のどんな不調和がこの会社の損失が続く原因となっているのかを明らかにするため、面接と会議が必要であると感じて、その任務に着手する。だがもっと重要なこととして、この調査と介入のプロセスを通じて、経営陣とともにこの状況の枠組みを再設定ないし再構築して、ビジョン、戦略、実行をより調和的に具現化するような、前向きな方法を見つけなければならない。

一日目に、コンサルタントは、総従業員数三五人のそのコンピュータ・ソフトウェア会社の経営陣（社長と、それぞれ生産担当、マーケティング担当、販売担当の副社長三人）と面談をする。社長は、三人の副社長よりも上の世代で、その会社は社長と生産担当副社長の共同経営会社だ。この二人がいっしょに最初の製品を開発した。この会社は設立後の三年間に、数多くのハイテク製品を生産してきたが、その売れ行きは芳しくない。コンサルタントは、長い間、解決されないままだった数多くの問題点を発見する。使命も市場もきちんと定められていない。価格設定は激しい議論にさらされている。報奨の根拠が能力なのか縁故なのかが不明確なため、従業員のモラルは脆弱である（販売担当副社長は片方の共同経営者の娘で、ある従業員は、もう一人の共同経営者の友人である）。内的な使命感に駆りたてられて意思決定がなされることはない。状況が悪化して外的な緊急事態になったときに初めて意思決定がなされる。

意思決定において障害となっているのは、二人の共同経営者どうしの関係のようだ。彼らは互いを尊重し合い、あたかも対等であるかのように責任を同等に分け合おうとしている。だが、二人は何度も、年齢や肩書、経営スタイルの違いに引っかかっている。社長は、楽観的で感謝の気持ちを忘れない、ぼんやりしたところのある父親の役割を演じ、副社長は悲観的で頭の切れる、反抗的な息子の役割を演じている。

コンサルタントは、二日間の訪問のうちの最初の六時間を、経営陣の一人ひとりとの面談にあて、次に共同経営者の二人と会って、翌日の経営陣のリトリート★の議題を決める予定だ。だが、それまでの聞き取りに基づくと、この議題設定の打ち合わせもリトリート自体も、共同経営者の二人の善意の対立と決断力のなさの犠牲になるおそれがあるとコンサルタントは懸念している。二人と会う前に、コンサルタントは、建物の周囲を一〇分ほど歩きながら、まずは自分の呼吸に意図的に注意を向け、それから屋外の世界の生き生きとした空気に、次に自分の感情に注意を移し、そして継続的に注意が循環するようになってから、その会社について今わかっていることに注意を向けるという、主観（自己レベル）の行動探求を行う。

コンサルタントは、生産に関するいかなる決定を行うよりも前に、共同経営者二人の行動のパターンを変えなければならないと判断した。そして、できればそれがすぐに変わり始めることにつながる取り組みを考案すべきだと心を決める。そして、もうすぐ始まる共同経営者二人

★　日常の環境から離れて、自然との調和の中で集中的、内省的に時間を過ごし、自分自身と取り組む時間をもつこと。

との打ち合わせのために自分が計画案を生み出せるよう、急いで、そして感覚的、主観的な印象のままに、発達理論を会社全体と共同経営者のそれぞれに、そして自分自身の二日間の介入に照らし合わせる。

会社全体を発達理論と照合したところ（表８－１および８－２を参照）、その組織は、流動的で権力が分散した**投資**と**実験**の段階にまたがっていて、一方では未だベンチャー・キャピタルを食いつぶしていながら、もう一方ではあらゆる製品を試行していることがわかる。同時に、その会社は、**結合**の段階が課す制約的かつ中央集権的な差別化への要求――つまりは純利益に対する要求――を歯を食いしばってでも満たすことができていない。

コンサルタントは共同経営者二人のそれぞれにこの発達理論を照合した。若いほうの経営者は、自己中心的で神経過敏に見えることを考えると**機会獲得型**だろうか、それとも、新しいソフトウェア製品を設計する際の技術的な創造性と博士号を取得していることを考えると、**専門家型**だろうかと悩む。判断に用いているデータが不十分だとわかっていたので、コンサルタントはどうせなら良い方に間違えることにする（悪い方に間違えるのは、顧客を侮辱し、関係を悪化させる可能性があるのに対し、顧客は通常、良い方への間違いは間違いとも思わないので、ほとんど何も失うことなく調整することができる）。こうしてコンサルタントは、この副社長は、**達成者型**の人が楽しむ真の経営責任を行使したくてたまらないのに、同時にそれに抵抗しており、**専門家型**から**達成者型**の発達段階へ移行中であると見定める。同様に、コンサルタントは社長について、人当たりがよく、衝突を避けるスタイルに見える点を考えると**外交官型**だろうか、それとも個人の違いを尊重する点と力を貯える必要性を感じていない点を考えると**再定義型**だろうかと考える。コンサルタントは、この社長は、年下の共同経営者を指導し、企業の研究開発機能を後見する年長の政治家という役割を優先して、日々の経営責任を手放す覚悟ができており（実際のところ、この社長は、自分は研究開発担当副社長という地位を望んでいるとしみじみと語っている）、**達成者型**の段階から**変容者型**の段階への移行期にあると見定める。

コンサルタントは、自分自身の二日間の訪問にこの発達の理論を当てはめると、最初の面談は、介入の段階の中の**構想**に当たると判断する。この観点からすると、二人の共同経営者との議題設定の打ち合わせは、**投資**の段階になるかもしれない。もしそうなら、問題は、この時点でどのようにして自分のコンサルティングのスタイルを、より受動的で受容的な面談のプロセスから、新たな投資を形づくる、より積極的で仲介的なプロセスへと再構築するか、である。共同経営者の二人が、組織全体に必要な急速で大きな変化を達成しようと思うなら、きっぱりと前向きにその投資を行わなければならない。このように論理的に考えた結果、コンサルタントは、議題設定のための打ち合わせでは、最初から、共同経営者の二人の期待と行動パターンの枠組みを再設定するよう試みなければならないと確信する。とくに、翌日のリトリートに参加するのは共同経営者の二人とコンサルタントのみにして、経営者がどんな決定に至るにしても、確実に実施する期限を添えて書面にするよう勧めることにする。より少人数のリトリートは、とくにコンサルタントが現時点で重要だと考えている経営陣の再構築に関して、明快な意思決定がなされる可能性を高くする。コンサルタントは、販売担当の副社長は、後で説明するように、降格させるべきだと考えている。そして共同経営者の二人はその関係性を問い直さなければならないと考えている。

共同経営者の役割の再定義に関して、コンサルタントは、**結合**の段階では、会社には決定権のある経営幹部は一人しか必要ないと思っている。偶然にも、最初の面談で、社内での二人の相対的な力を説明するのに、両者とも投票のイメージを用いた。社長は、二人の給料が同額であることと、すべての重要な決定に際して相手に相談する形をとっていることに触れ、二人の共同経営者は会社の意思決定において「同じ数の票」をもっていると語る。副社長は、社長のほうが大きな票をもっているととらえている。コンサルタントは、もしこの二人が役職を入れ替わり、少なくともこの日一日だけのロールプレイを真剣に演じたとしたら、社長は依然として「自分たちの票は平等だ」と考える一方で、副社長は「自分の票が大きくなった」と考えるはずだ。このようにして、この二人はより強力な共同経営者になるであろうが、それはこの変化につきものの発達の課題をそれぞれが受け入れた場合に限っての話だ。というのも、この新たな役割は、共同経営者のそれぞれがより幅広い行動論理へと移行することを互いに支援する——そして決意を固めた社長の役割が副社長を**専門家型**から**達成者型**の行動論理へと移行するのを支援する——場合にのみうまく機能するからだ。

それよりもたちどころに起こるはずなのは、単に議題設定の打ち合わせと一日のリトリートの間だけその二人の役割を入れ替えるだけで、二人のいつものダイナミクスが変わり、行動探求をもたらすリハーサルと実演が同時に行われている状態になるという変化である。当然ながら、コンサルタント自身も、この予想外の提案をする際、同様の状態に置かれるだろう。

コンサルタントは、二人の共同経営者とのフィードバックおよび打ち合わせの冒頭に、副社長は辞職するか社長になるかのどちらかをとるよう提案する。これによって、副社長はたちまち、社長に対して反応するいつもの役割ではなく、行動する役割を担うことになる。社長は黙っているものの、このゲームに参加する覚悟ができているようだ。その一方で、副社長は、いつもの反対する役割どおりに、社長としてリハーサルをすることに反対する。副社長がコンサルタントの論理を注意深く探った後で、二人の共同経営者は、この真剣なゲームを行うことに同意する。

これ以降（社長役を演じる）副社長は、闘争的に反応するのではなく、決定を下すように行動する。その副社長とコンサルタントはさまざまな変更を提案し、（部下役を演じる）社長は建設的な提案をし、問いを投げかける。この二人は翌日、価格設定や、数多くの革新的な製品のうち一つだけに集中することなど、六つの大きな組織変更について書面による合意に達する。その中から最初の変更が実施されたのはその日の昼食時である。社長の娘である販売担当副社長をいっしょに食事しようと誘う。共同経営者の二人は検討している大きな変更を明確にし、販売担当副社長に、降格を受け入れてマーケティング担当副社長の下で働いてほしいと告げる。彼女は了承し、二人に、自分がもっと会社の力になれなかったのは残念だが、責任がより限定的なものになるのでほっとしていると伝える。二人は、「私たちは決してあなたに対する信頼を失ってはいない」ということを示し、その日の午後、部下になることとなった新しい取り決めについてマーケティング担当副社長に伝える役と、その日の午前中に共同経営者の二人が決定したその他の二つの変更を他の社員に伝える役を引き受けてはもらえないかとたずねる。彼女は喜んで引き受ける。

その次の月曜日、社員が出勤してきたときには、六つの変更についての合意文書に二人の共同経営者が署名したものが、全員の書類受けに入っている。翌日の終わりに開かれた全社会議で、共同経営者の合意について明確な確認が行われ、その実施について質問と話し合いがなされる。一カ月後、すべての変更が実施された。二カ月後、その会社は、予定より半年前倒しで、確定した大市場向けの有益な製品の第一号を完成させる。同社は第二期のベンチャー・キャピタル投資を獲得することはできなかったが、その新製品のおかげで、創業以来初めて、売上高がコストを上回り始める。

当面の間は、副社長は社長にならないことを決める。社長は、今後は自分の給料の受取額を引き上げ、日常的にCEOとしての経営者の権限を行使すると定める。さらに三カ月後、副社長の共同経営者はいよいよ社長になりたいと心を決め、もう一人の経営者とその変更について交渉する。

この事例は、発達上の組織分析がいかに主要な問題点や優先事項の決定に焦点を当てるのに役立つかを示している。また、リーダー（この場合はコンサルタント）がどのようにして個人、グループ、組織のレベルで発達上の問題を織り合わせるかも示している。個人レベルでは、コンサルタントは、情報収集における重要な瞬間に、他の意識を取り払って自身の深いレベルへと注意を向ける三次《トリプル》ループの演習を行い、ついで、その時点までにコンサルタントがその会社について学んだことすべてを、その後のコンサルティング業務を再設計するための理論・戦略へと概念化する二次《ダブル》ループの取り組みを行う。

次に、コンサルタントは、その会社のメンバー――とくに共同経営者の二人と販売担当副社長――の間に対人間の行動探求のプロセスを生み出す。共同経営者の二人が行った役職を入れ替えるロールプレイと、書面での合意に達するという目標によって、これは、そうでない場合と比べて、より迅速で深い行動探求となる。

その後の数カ月にわたって、この深い対人間の行動探求は、新製品開発、販売量、収益に関するその会社全体の行動を変容させる。また、時間の経過とともに、副社長が、自分が具現化したいと願うリーダーの役割について積極的な探求を続けているのが明らかで、**専門家型**から**達成者型**の行動論理へと変容しているだろうことがうかがえる。

販売担当副社長を降格させる決定がなぜそんなにうまくいったのかについて、少し戸惑いを感じる人もいるかもしれない。ここに絡むさまざまな戦術と戦略は、かなりリスクがあると思えるかもしれないし、この場合にプラスの結果が出たのは幸運に聞こえるかもしれない。だが、最初の面談中に、コンサルタントには、共同経営者の二人と、販売担当とマーケティング担当の両副社長の全員が、この降格に賛成であるとわかったのである。だがその瞬間まで、このうちの誰ひとりとして、この問題が議論可能だと思っていなかったし、したがって誰ひとりとして、全員一致の同意が得られると気づいていなかった。

販売担当副社長は、他の社員たちが縁故採用について抱いている否定的な感情に気づいていて、それを恥ずかしいと思っていた。実際、彼女は、そもそも父親のコネでひじょうに低い給与でこの会社に入社した。ベンチャー・キャピタル投資が得られた後に、年長で経験がより豊富なマーケティング担当副社長がはるかに高い給料で入社したとき、共同経営者は、低い給料を償い、潜在顧客に関する彼女の信用を高めるために、彼女を副社長に就かせたのである。彼女はうれしく思わなかったし、社内で孤立感を覚えており、自分がその役職にふさわしいほど有能ではないと思っていた。マーケティング担当副社長に助言を求めたかったし、ＭＢＡのパートタイム・プログラムを受講したいとも思っていた。だがそれを受講する時間はなかった。そして、マーケティング担当副社長にはねつけられるのではないかと思ったし、助けを求めたら父親をがっかりさせるのではないかと思っていた。

こういったことすべてが明らかになったのは、コンサルタントが販売担当副社長との面談中に、彼女から得る情報については、個人情報の守秘義務を守ると同時に、社内の信頼を高めることになる形でのみ用いることを約束した後のことだ。コンサルタントは、その後に共同経営者と会ったとき、解決する必要がある八つの主要な問題の一つに「身びいき」の問題を含め、販売担当副社長の降格は、自分が面談をした人は誰ひとりとして反対しない措置だと提案した。共同経営者の二人は、この動きによって販売担当副社長が傷つくのではないかと恐れていた。コンサルタントは二人に、彼女が現在の配置によって傷ついていて、実はこの降格によって彼女の状況は改善するかもしれないと考えてみるよう求めた。二人はすぐに、たしかにその通りかもしれないという結論に至った。

次に、コンサルタントは、販売担当副社長と昼食を共にし、彼女から非公式に決定の結果をほかの社員に伝えてほしいと頼むことは、会社が積極的に新たな時代に入ろうとするためにも、彼女が同僚に対して「面目」を取り戻し始めるためにも、有効な方法だろうと指摘した。ここでもまた共同経営者の二人は、販売担当副社長が、その依頼を受け入れざるを得ないと感じるのではないか、そしてその過程で傷つくのではないか、と恐れていた。ここでコンサルタントは二人に、恐れに直面したとき、これまでずっとそうしてきたであろう、「行動しないこと」を選んではいけない、と進言した。そして、その依頼の枠組みを設定し、販売担当副社長が、その依頼を受け入れることを強制されているのではないと確信するような方法で彼女に問いかけるよう提言した。そうすれば、二人は副社長本人に、自分が傷つく危険性をどう考えるかも、その危険性を引き受けたいかどうかも聞くことができるだろう。昼食の間、四人の中で最も自信なさげで緊張していたのは、この**自分をさらけ出す力**という新たなスキルを実践していた共同経営者の二人だった。

買収によって突然大きくなった企業の変容

ここで、組織のさまざまな行動論理と、ある特定の組織の変容に役立ち得る介入の種類とタイミングについてより深く知るために、三つの小さな組織が合併して、それぞれが個別の**結合**の経験から、**実験**の行動論理を共有するまでに変容していく様子を紹介したい（この二つの段階の特徴を忘れてしまっていたら、表8－2を参照）。

小さいながらも急激に成長しているある企業では、社長が最近二度にわたり他の小さな企業を買収したため、複数の拠点が地理的に離れて存在するようになった。社長はコンサルタントに、この新しい複数拠点企業の三階層にわたる経営陣メンバー四〇人に対して、二日間ずつ年四回のリトリート・プログラムを設計してほしいと依頼する。社長はこう言う。「人のバランスが、最も難しく、最も頻繁に起こり、最も手に負えない難題です。わが社のマネジャーたちには、新たな中核となる能力《コア・コンピテンシー》が必要です。自身の行動の影響を認識し、責任を持てなくてはなりません。経営幹部のとる行動は、自部署のある拠点の社員どうしだけでなく、他のオフィス拠点の社員たちにも影響を与えているし、その行動が組織の価値観を生み出しているのですから」。社長は、マネジメントと組織の発達理論に関するコンサルタントの講義およびディスカッションと何らかのスキル・アップのための講座を入れてはどうかと提案する。

コンサルタントは、変容についての話をするだけではそれほど大きな効果は望めないだろうと考える。そこで、コンサルタントは、その組織の六人に電話で聞き取りをして、社長が――おそらくは、それがどれほど大きな影響を及ぼすかに社長自身が気づいていないため――口にしなかった重要な問題点を知る。たとえば、二つの新たな買収先のうちの一つは圧倒的な少数派で、現在のところ、他の二グループどうしの関係と比べると、このグループの孤立度が大きいという問題がある。二つ目は、堂々とした体格でかなり無愛想なこの社長のことを、他のマネジャーたちは信頼しかねていた。コンサルタントは二日間のプランを手に、再び社長のもとを訪れた。それは、単に変容について話をするのではなく、うまくいけば新たに合併した組織全体にわたって継続的な強い関係を生み出せるような方法で、マネジメント学習と組織学習を織り合わせるプランだった。コンサルタントは、単なるスキル向上の講義の代わりに、経営幹部を、部門もオフィスの場所も異なる一〇人ずつの四グループに分けて、四つの分野における新たな組織化の方法を生み出すことを提案する（社長は当初リスクがあると心配したが最終的に合意した）。聞き取りによって最大の懸案だとわかったその四つの分野とは、（一）予算策定、（二）採用と研修、（三）社内コミュニケーション、（四）会議のマネジメントである。経営陣は、このリトリートの最後にこれらの提案に関して拘束力のある決定を下す覚悟を求められる（そして実際にリトリートでそのような決定が下される）。

一〇人グループのそれぞれのマネジメントは、五つのリーダーの役割によってなされ、それぞれの役割を二人ずつが受けもつ。その役割とは、「会議を主導するリーダー」、「意思決定を明確にし、成文化するリーダー」、「プロセス・ファシリテーター」、「道化師」である（「道化師」の特別な役割は、枠にとらわれない意見を言うこと、ユーモアを用いること、その提案によって改善するかどうかを理解するために徹底的に検討することである）。それぞれのメンバーが、同じグループの仲間から、その人の発達にとって最も刺激的であると判断された役割に割り当てられる（たとえば、そのリトリートで、社長は「道化師」の役割を割り当てられ、その役をとてもうまく演じたので、社長の演技についての突飛な話があっというまに広がった！）。五つめのリーダーの役割は、「専門家兼遂行リーダー」である。その分野でいかなる変化を起こすにしても、その最終的な実施に最も大きな影響力をもつ二人がこの役を演じる。

提供されるサポートの詳細をここで再現はしないが、概略のスケジュールによると、冒頭に、本書に書かれているマネジャーと組織の発達理論をその組織の歴史やジレンマと結びつける発表およびディスカッションをコンサルタントが主導して行う。コンサルタントは、三つの独立した拠点はそれぞれ、**結合**の行動論理で行動してきたが、この新たな複数拠点企業は、主要な問題についての意思決定を行う拠点横断的なチームをもち、個々の職務については、全社が関わるこのリトリートのような実験を多く行う**実験**の行動論理へと枠組みを変化させる必要があるだろうと指摘する。

次に、この会議は、前述の四つのテーマ分野に分かれる。それぞれにおいて、五人の小グループが一時間で一連の提案を行い、残りの五人から成るもう一方の小グループは、自分と同じ役割を担当している仲間の提案を聞き、前半の三〇分が終わったところで五分間にわたってコメントし、さらに後半の三〇分が終わったところでもう一度コメントをする。短い休憩時間をとった後、発表者と聴き手が入れ替わり、同じようにフィードバックの時間を入れる。そして今度の発表者は、同じ懸念事項（たとえば、予算策定）について異なる提案を行う。もう一度休憩をとった後、一〇人のグループ全体が合意に基づく提案を策定する。こういった組織化のプロセスによって、個々のマネジャーは、自分たちのリーダーとしての選択について、ふつうではあり得ないほどの量のフィードバックをすぐに得られる一方、それと同時に、組織の問題に関する異なる考え方が生まれ、真剣に検討され、解決される可能性が高まる。

翌日の午前中、四つのグループが、他の三〇人の前でそれぞれ一〇分間の発表を行い、その後にディスカッションの時間を五分間とり、三〇人全員がフィードバックを書いて終わる。各グループには、もらったフィードバックを消化する時間が三〇分間与えられる。それから再び全体が集まり、「遂行リーダー」（経営陣）が、それらの提案がフィードバックによってどのような影響を受けたか、翌日に、彼らがオフィスで何に取り組んでいくかについて、二分間でコメントする。次にコンサルタントが、この演習全体を振り返るディスカッションを主導し、その後に退室し、マネジャーたちはコンサルタントへのフィードバックを書く。

実際の会議の最後に行ったコンサルタントへのフィードバックには、「本社の干渉を受けずに支社が参加できたのはとてもよかった」、「この組織の会議は生まれ変わるだろう」、「プログラムの進行がすばらしく、構造がないことで学習が強化された」といった肯定的なコメントだけでなく、「最初のグループの割り付けにはもっとリーダーシップが必要だった」というような示唆もあった。四〇人の参加者たちがコンサルタントとこのリトリートを七点満点で評価した（一点は「時間の無駄だった」、四点は「三カ月ごとに開かれるリトリートの平均的なものと同じぐらいよかった」、七点は「三カ月ごとのリトリートとしては、これまででいちばんよかった」）結果は、平均六・五点だった。その後、懸念されていた四つの分野すべてで大きな変化が起こった。

おそらく皆さんもお気づきかと思うが、四〇人のマネジャーによるリトリートでの活動はほぼすべて、参加者側による**実験**の段階の組織化である。全員が会議での新たな役割を試しており、「道化師」の役割を演じた社長がその最たるものだ。それぞれがどの役を演じるかの決定から、最後のコンサルタントへのフィードバックまで、全員が、フィードバックのやりとりをたくさん試している。さらに、懸念事項である四つの分野に新たな組織構造を創り出そうとする四つの試みはすべて、数多くの律された暗中模索である。グループの意思決定をすばやく行う方法は、この組織にとっても初めて経験するものだ。

それよりとらえにくいかもしれないのは、このリトリート自体の組織的な特徴は、**実験**段階の行動論理よりも逆説的で繊細な独特の行動論理だということだ。このリトリートの構造はかなり複雑だが、参加者が最後に「構造がないことで学習が強化された」と述べていることに気づいた人もいるかもしれない。この事例と次の事例は、後期の行動論理の組織的なプロセスが組織変革を促す好例である。私たちの例は、あるコンサルティングの介入が促されるとき、その介入そのものがポスト在来型の行動論理となればなるほど、組織変革が生み出される可能性が高いことを示唆している。

企業の親会社に変容をもたらす

ではここで、**実験**の行動論理から**体系的な生産性**の行動論理への組織変革の例を見てみよう。表8－2に戻って参照し、この動きの証左を探してみよう。

イーグル・エネルギー社は、**実験**段階にある間に、起業家としての自由と経営陣一人ひとりの自発性を最大化しようとして、その法的構造がかなり複雑になった。その結果、非利潤追求型の親会社と、七つの子会社を含む利潤追求型の統括企業という企業構造になった。各子会社の社長は、この統括企業との利益分配に関して、どんなつまらないことについても話し合い、譲歩しないことに基づき、独自の方法を策定していた。そのような駆け引きの一つひとつは、経営「陣」の他のメンバーからは相対的に不公正だとみなされている。利潤追求型の統括企業の副社長兼最高財務責任者（CFO）は、一〇人の経営陣の中で唯一の女性であり、広く信頼されている唯一の人で、どの会社の社長にも就いていない唯一のメンバーでもある。

協調や団結心を生み出すのではなく、無鉄砲の日和見主義を強化するこの粗雑な組織構造に包囲されている。死に物狂いの措置として、利潤追求型の統括企業の社長は、どうしても必要な新たな資本を調達するために、会社全体の五〇パーセントの株式の売却交渉を進める。五〇パーセントを出資して新たな共同経営者となるこのパートナーは、同社に事業運営の自由を与えることに同意しつつ、収益と費用の慎重な会計処理と、各子会社の純利益に比例した投資収益を求めている。一見したところささいなことに思えるこの要求と、利潤追求型の統括企業の社長の手に握られる新たな資本とが、この社長に、新たな形で子会社の社長たちを効果的にコントロールする力を与える。だが同時に、統括企業の社長に対する子会社の社長たちの不信感も高めることにつながる。

本書に書かれている発達理論を扱うコンサルタントが雇われたのは、この会社の内部を再構築して、その新たな所有状況と資本構造を適応させることを明白に意図したリトリートで経営陣を支援するためである。このコンサルタントを受け入れるかどうかを見極めるために開かれた経営陣全員との最初の昼食会から、コンサルタントは強い緊張感と不信感に気づく。あるメンバーが、**機会獲得型**の行動論理に典型的に見られる男っぽく敵意に満ちたユーモアを見せて、「このコンサルタントはこれまでこの業界で仕事をしたことがなく、だとすれば、この仕事から学習をするだろう。だったら、このグループとともに仕事をする機会に対して、お金を受け取るのではなく、むしろお金を払うべきだ」と主張する。コンサルタントは応酬して、「自身が学習することに対してどれだけお金を請求できるかが良いコンサルタントの証《あかし》ですね」というコメントで受け流し、一斉に笑い声が沸き起こる。一瞬の沈黙の後、コンサルタントは続けて、「少なくとも私は、不信感を引き起こすことなく瞬時に複数の人に話しかける方法を学んでいます」と、さらりと言った。これこそがその経営陣の大部分がまだ身につけていないスキルだとコンサルタントは心得ている。このコメントによって、またどっと笑い声が起こる。社長が、これはコンサルタントがこの経営陣たちに引けを取らない能力をもっている良い証拠だと指摘し、祝杯を挙げると同時に、このコンサルタントとの契約が決まる。

コンサルタントは、まず全員と一対一の面談を行い、その後、一人ずつにフィードバックを行うことを提案する。リトリートで、組織の再構築について話し合う前に、経営陣の各メンバーに、自分が受けたフィードバックについて話し合ってもらい、個人の行動の変化について目標を二つ定めてもらうようにする。

一人ひとりとの面談とフィードバックによって、コンサルタントはそれぞれのメンバーとの間にいくらかの信頼を築くことができた。同時に、このプロセスによって、副社長たちは、他の人たちが自分をどう見ているか、どのあたりに組織の未来について全体の合意を見出せるかとともに、妨げとなる機能不全の集団のダイナミクスを防ぐことができるかを知ることができた。コンサルタントが、CFOの女性こそが、このグループの中で最も良い関係性をもち、この組織全体の繁栄に最も公平に重点を置き、全般的に見て最も戦略的な人物だとわかり始めたのは、この一連の面談中である。

個人へのフィードバックを行いながら、コンサルタントは、各メンバーがどのくらい他者が自身について感じている問題を認め、個人の変化に関する重要な目標――これはあとでグループ全体と共有する――を設定したいと思っているかを探る。また、それぞれが、組織化の**体系的な生産性**の段階の特徴である、より中央集権型の組織構造に自分たちの自主性を一部手放すことをどのくらい厭わないかを探る。コンサルタントは、とくに最初の面談から思いついた、CFOを利潤追求型の統括企業の上級副社長に昇進させる案に対するメンバーの反応を探る。この提案は、メンバーたちが純粋に彼女を信頼し、彼女の能力に敬意を払っているからであれ、または彼女を自分たちと統括企業の社長の間のクッション役とみなしているからであれ、広く同意が得られた（コンサルタントは、この昇進の提案は、誰かが発言したからではなく、自分が聞き取りから思いついたという事実を明確にしないことにした）。

リトリート一日目のハイライトとなったのは、各メンバーによる驚くほど赤裸々なコメントと、各メンバーも他の人々が認めることになろうとは決して予想しなかったであろう行動面の変化へのコミットメントだった。だがこの開放性は、コンサルタントが最初に、なぜ「もっとはるかに重要な」構造上・財政上の問題を扱う前に、「感覚的でソフトな」行動の問題から始めるべきなのかについて異議を唱えられてから初めて起こったものである。コンサルタントは、こう答えた。当然ながらこのグループは、好きなときにこのリトリートを自由に再設計できるし、自分自身は通常、こういった個人の活動を主導しないのだが、グループ内の信頼が著しく低いため、各メンバーによる新しい種類の精神的投資なしにはこの客観的な問題に継続的な進展を起こせないと確信している、と。この異議申し立てとそれに対する答えによって、この危機的状況が全員にとって明らかになったようだ。

リトリート二日目のハイライトとなったのは、一連の合意形成だ。一つ目は、CFOを上級副社長に昇進させることである。二つ目は、会計と予算を中央で集中管理することだ。三つ目は、これが最も長い議論を引き起こすことになるのだが、各社が使っているそれぞれの社長の名を記した別々の社用箋を廃止して、代わりに、まずは統括企業の上級副社長、二番目に子会社の社長の名前すべてを載せた全社共通の社用箋を使うことにすることだ。

この新しい上級副社長の全般的なスタイルと具体的な行動が、この日の成功にとって、そして改革された会社の後々の成功にとってどれだけ重要かは、いくら強調してもしきれない。彼女はこの日の初めに全体から権限を委任されるとすぐ、会計と資金調達を中央で集中管理することの重要性を提案する。彼女の実績から、信頼できる人物であり、合理的で能力もあることがわかっていたので、この点についてはそれほどの困難もなく全体が合意に達する。それから、社用箋の問題で対立が生じると、彼女は巧みにも、この件がどれだけ象徴的な問題であるかを強調し、この決定を、自分がこの新たに中央集権化される組織が機能させられるかどうかの信任または不信任の投票と考えると言った。

コンサルタントは、この新上級副社長とはときどきコーチングを行う関係を続ける。半年後、コンサルタントは、一日のリトリートで、この上級副社長と副社長たちに会った。その三カ月後、上級副社長にはなりたくないと思っていた副社長が別の会社に転職した。そこで統括企業の上級副社長が兼務で子会社の社長の地位も引き継いだ。

二年のうちにその組織は、パートナーが保有する同社の株式の五〇パーセントを買い戻せるだけの純利益を生み出すようになっていた。

この事例では、各子会社は、**実験**段階の定義どおり、別個のものになっており、完全に分権化されていて、部門間には信頼や協力がほとんどなかったことがわかる。実際、信頼や協力があまりにもなかったため、コンサルタントは、この会社と関わり始めた頃は、分権を保つことにした。この期間に、コンサルタントは個人との信頼を築き、**体系的な生産性**の段階に必要なより中央集権的な組織のハブとしての役割を果たせる、良い関係性をもったひとりのメンバーを見つける。実は、最初の段階で信頼や協力があまりにもなかったので、コンサルタントは、リトリートの進め方の設計において、全体で集団として何かしらの決定を行う前に、各人が他のメンバーに贈り物をする（困難な行動の変化を実現する意志）ように頼んだほどである。

私たちは、コンサルタントがリトリート中に、いかに発達上の行動論理を再現しているか、その跡をたどることができる。まず、コンサルタントは、この会社の歴史における次の段階がどうあるべきかについての新たなビジョンとして、発達上の行動論理の理論を共有することに大きな重点を置く（**構想**の再現）。とくに、それまでほぼ全員にひどく嫌われていた「企業の中央集権化を強める」という考え方を正当化したかった。次に、より相互依存的な仕事に必要な信頼を生み出すために、コンサルタントは、メンバーが差し出す必要がある精神的な贈り物（この場合、困難な行動の変化に対する各メンバーのコミットメント）に大きな重点を置く（**投資**の再現）。最後に、一人のリーダーに大きく依存する明確な階層構造を生み出すことに大きな重点を置く（**結合**の再現）。上級副社長のその後一年間にわたる試みが、この会社が**体系的な生産性**の段階へと変容する過程の**実験**の準備段階を表す。

結論

ここまでの章に示した事例は、皆さんの会社や部署やチームが現在示す特徴はどの発達段階のものかを推測するのに役立つよう意図したものだ。また、それらの事例は、めには、組織変革を成功に導くために、どのような種類の行動に持続的に全力を傾けることが必要なのかを示すとともに、組織レベルでの発達上の変容の機を熟させる可能性のある圧力や問いかけ、価値観も示している。

第一〇章でも引きつづきこの点について述べる。次章で私たちは初めて、現在、多くの大企業を**社会的ネットワーク**という組織化の行動論理に導いている環境条件について議論する。それから、**体系的な生産性**の行動論理から**社会的ネットワーク**の段階を経て、ポスト在来型の**協働的な探求**の行動論理に向けて変容していく組織についての詳細な事例を提供する。この移行は、第五章と六章で考察した、**達成者型**から**再定義型**を経て**変容者型**にいたる個人レベルでの動きに相当する。**変容者型**の行動論理にまで発達するマネジャーがほとんどいないのと同じように、**協働的な探求**の段階まで発達する組織もほとんどない。だが、組織が明確で継続的かつ変容的な学習能力を初めて開発し始めるのは、この段階なのである。

第10章 社会的ネットワークの組織と、協働的な探求への変容

第八章と九章で私たちがたどってきた数多くのステップは、本物の学習する組織を生み出すことが目的である場合、いかなる組織化のプロセスであっても進化のために踏むことになる手順だ。最終的に、本物の学習する組織は、組織のメンバー全員の間で発達上の行動探求《アクション・インクワイアリー》が実践されるのを真に促すものであり、その環境、構造、戦略についての私たちの前提を検証し直すことや変容させることを前向きに受け入れる。

だが、前の二つの章で、学習するチームや組織につながる道に沿った五つの段階——**構想**、**投資**、**結合**、**実験**、**体系的な生産性**——について説明したとはいえ、チームや組織は、これら五つの段階をすべて達成して初めて、学習する組織になる出発点に立てるという意味合いが大きい。ときには、第八章と九章で説明したように、ある組織が、経営幹部やコンサルタントに導かれて、いずれかの早期段階の変容を遂げていくこともある。だが、大部分の組織は、大部分の人がそうであるように、多かれ少なかれ傷を残す試行錯誤によって、こういった早期段階の発達上の変容を一つずつ経ながら進化する。そしてこういった発達上の変容は、名前がついていないし、前提や行動論理《アクション・ロジック》の変容であるとは明確に認識されておらず、最終的に学習する組織を確立するという意図のもとにもたら

されることは決してない。

ジェイムズ・カースは、その著書『有限と無限のワーク』（*Finite and Infinite Games*：一九八六年、未邦訳）の中で、「有限のゲームは勝つことを目的に行われ、無限のゲームはそのゲームを続けることを目的に行われる。有限のプレイヤーは境界線の中でプレーし、無限のプレイヤーは境界線でプレーする」と書いている。この比喩表現は、進化する行動論理を的確に言い表している。**達成者型**／**体系的な生産性**の行動論理までは、私たちは勝つことを目的に境界線の中でプレーしている。それに対して、**再定義型**／**社会的**《ソーシャル》**ネットワーク**以降のポスト在来型の行動論理は、ゲームを続けることを目的に境界線でプレーしている。

使命を重視する理想主義的な企業や非営利組織でさえも、**体系的な生産性**の段階に向けて発達している間は、通常、以下の前提に基づいている。

◆この使命は周知のものである。

◆この組織の課題は、

　a．この使命を達成するための正しい構造と戦略を見つけることである。

　b．望ましい結果を達成するために、外部の競争や政治的妨害を乗り越えることである。

だが、**再定義型**の段階を経て**変容者型**の段階に向けて進化している個人と同じように、組織も、**体系的な生産性**の段階を超えて、関わっている多様性とダイナミクスを認識し始める。**社会的ネットワーク**の段階では、持ち株会社は、自社の資本資産の売買や書き換えを繰り返すことで、さまざまな事業会社をうまく組み合わせる場合が多い。過去に、ビジネスの世界では、一種のポートフォリオ方式のマネジメントを通じて、ひじょうに多くの実験がなされてきた。この方式では、親会社は、単一業界内のこともあれば異なる業界にまたがることもある数十社または数百社にもおよぶ子会社を、積極的または受動的に経営する。

社会的ネットワークの段階では、持ち株会社の経営陣は、会社全体の使命や「正しい」戦略や構造という問題について、相対主義になりがちである。彼らは二次ループの学習や問題解決を行う。「機敏」でありたい、つまり市場に気を配り、それに敏感に対応したいと願う。実際には、この手法は、短期的に最も高い収益を生み出しそうに見える投資に流動資本をシフトさせる一方で、その会社の定めた「ハードル・レート（目標収益率）」に見合わない企業やプロジェクトへの投資を削減することを意味する場合が多い。彼らは異なる業界・地域の特性や長期的展望にはほとんど注意を払わないのだ。この見方は、グローバルな金融資本主義がもつ一種の機会獲得主義的な相対主義の特徴である。

だが、**再定義型**を経て**変容者型**の行動論理へと発達する人と同様に、チームや組織も、この**機会獲得型**という発達の準備段階を経て、純粋な経済面の相対主義を超えた**社会的ネットワーク**の行動論理へと進むことができる。**社会的ネットワーク**という組織の行動論理は、ある意味の使命や金融資産的な価値を超越する価値によっても動かされる可能性がある。一次ループの収益性（非営利組織の場合は正味資金残高）は、依然として、短期的に健全性を測る重要な基準である。また、これによって、その組織は、より根本的な二次ループ、三次ループの価値に焦点を当てつづけることができる。その価値とは、たとえば、現在のメンバーの間の互いの公平性（経済的公平と政治的公平の両方）を高めること、世代間の持続可能性（組織の持続可能性と環境の持続可能性の両方）を高めること、またはタイムリーな変容をもたらす探求を深めることなどかもしれない。

たとえば第三章では、社会的責任投資（ＳＲＩ）の発達を紹介した。ＳＲＩは、社会的責任投資フォーラム（SIF）やセリーズ（CERES：環境に責任をもつ経済のための連合）、グローバル・レポーティング・イニシアティブ（GRI）といったネットワーク組織を通じて、トリプル・ボトムライン（財務、社会、環境）を最大限に高める。第三章で指摘したように、SRIは、事業の目的や使命そのものについての基本的な問いかけを提起する。この意味では、投資業界における社会的投資という業界全体が、この問いに対応して組織された学習プロセスだ。概して、**協働的な探求**への移行においてのみ、学習する組織を確立する目的とプロセスを自身で意識するようになる。こうして、SRIの分野全体が、**協働的な探求**の行動論理を具現し始めるのだ。

協働的な探求に向けて発達していくためには、もしもメンバーの行動が真に使命によって導かれるものならば、組織化の使命は、実は行動探求の実践——継続的な再探求と再組成——を必要とする神秘であることを認識し始めることがその源泉となる。同時に、組織のメンバーの中には、一方では、組織のメンバーに標榜されている使命や価値観、戦略の間に避けがたい構造的なギャップがあり、その一方で、現実の実践パターンがあることを敏感に認識し始める人もいるかもしれない。したがって、組織の使命が真に意味することについての神秘だけでなく、標榜されている方向性または優先順位と現実の実践との間で大きくなりがちな不一致を認識し、正す方法についての神秘も存在する。言いかえれば、組織を**協働的な探求**に向けての変革へと突き動かすものは、リーダーの役割を進んで引き受ける意志のある一部のメンバー間における、「組織にとっての新たな問題を生み出すのは、変わりつつある外的環境だけでなく、組織そのものの運営方法である」という認識の広がりである。

注目すべきことに、継続的にSRIに力を注いでいる企業の中で最大かつ草分け的存在であるトリリアム・アセット・マネジメント社は、三つの意味で**協働的な探求**の組織として構造的に整えられている。同社は、顧客と**協働的な探求**を行い、顧客がどんな価値観を支えたいと思っているかを見極め、適切な企業に投資している。また、企業と、その会社の慣行について**協働的な探求**を行う（たとえば、ウォルマートの国際的な労働慣行に影響を及ぼしている）。そして、同社は、従業員が株主でもある従業員所有企業であるゆえ、会社の階層の最上層から最下層までが**協働的な探求**を行っている。

なぜ組織変革が効果のない一時的な流行に終わるのか

一九五〇年代以降、使命の神秘と、使命、戦略、行動、結果の間に起こる不一致に真剣に取り組もうとする試みが、さまざまな組織変革や管理者教育の事業を生み出してきた。Ｔグループ（感受性訓練を行うグループ）やＯＤ（組織開発）と呼ばれる分野全体、ＱＷＬプログラム（労働生活の質）、ＴＱＭ（総合的品質管理）、プロセス・リエンジニアリングを生み出し、最も直近では、リアルタイム戦略的変更やフューチャー・サーチ、アプリシアティブ・インクワイアリーといったシステム全体への介入へと展開していったのである。

私たちが議論してきている発達理論に照らすと、私たちは、なぜこういった手法が期待はずれの一時的流行に終わることがそれほど多いのかを理解することができる。一つの理由は、**協働的な探求**につながるそれぞれの革新的な手法は、より大きな規模で市場性をもつために、それ自身の**体系的な生産性**の戦略と構造に到達するまで、独自の段階を経て発達するからである。たとえばＴＱＭやフューチャー・サーチに固有の革新的な戦略や構造は顧客企業の戦略や構造とは異なるので、企業が自社の行動の仕方に一つの大きな変革を起こすのには役立つかもしれない。だがそれは、会社全体を、その使命を探究し、使命と戦略、行動、結果の間の不一致を正しつづける、**協働的な探求**の段階にある学習する組織に変容させるわけではない。

こういった著名な管理者教育事業が最初は組織に影響を与えるものの、その後で勢いがなくなる理由の二つ目は、**協働的な探求**のプロセスの価値と論理を十分に理解するのは、組織の中でも、自分自身を**変容者型**の段階（またはそれ以降）へと変容させるメンバーだけだからだ（表8－1に示すように、**変容者型**と**協働的な探求**の段階は相呼応する、並列の行動論理である）。したがって、**変容者型**とそれ以降の段階にあるマネジャーだけが継続して**協働的な探求**を実現できる。前述したように（表5－1）、私たちが評価を行ったマネジャーたちの半分以上が**変容者型**の段階より二つまたは三つ前の段階で、**変容者型**と評価されたマネジャーは一〇パーセントを大きく下回っていた。

このように、**協働的な探求**の段階まで組織を変容させることを支援する任務は、単に対象として見る社会的集団の構造に変容をもたらすことではなく、多くのメンバーの意識に変容をもたらすことでもある。どのくらいの割合の人が**変容者型**の段階にならなければならないのか、またはその人たちが一日に何回、自分たちの会話の中で話し方の四つの要素を組み合わせたり二次ループのフィードバックを追求したりすれば、その組織は**協働的な探求**の段階にとどまれると確実に期待できるのか、それは私たちにはわからない。だが、第七章で書いた変容を試みている一〇社のCEOたちに関する私たちの研究に基づくと、経営陣が**変容者型**の段階で行動しているかどうかと、CEOが**変容者型**かどうかは、まったく相関していない。各個人が発達上の変容を遂げるには数年を要するかもしれないし、発達している個人はまず、そうするための内発的動機を見つけなければならないので、もしもある企業が**変容者型**の割合を、五年もしないうちに、たとえば三パーセントから一〇パーセントに高めることができたとしたら、私たちにとってそれは驚くべきことだろう。

その人自身が**変容者型**の行動論理をもっていると評価されたあるコンサルタントが、経営陣が**協働的な探求**の行動論理に変容するのを支援しようとする自分の取り組みについて語る。それに耳を傾けてみよう。

行動しながら探求することとは、ただその瞬間に存在する多くのことに対してより敏感に意識を働かせていることである。私が自宅の玄関のドアを開け、木々の生い茂った谷を見つめるとき、私は何と結びつけて考えるだろうか？　私はこれまでに、自分がいっしょに仕事をしていた経営陣や自発的な学習グループが、ほとんどのグループのレベルを完全に超えるレベルで結果を出すことができるようになったという経験が幾度かあった。これらのグループは、実際的な問題から、感情的な問題、さらに精神的な問題へと移行し、それらの問題間のつながりを理解できている。ぴりぴりするような異議申し立てもあり、意見の不一致はとても深いが、それらのグループは、衝突を理解に変え、理解を行動に変えることを追い求めつづける。

ここには、コンサルタントとしての私にとってひじょうに明確な因果関係がある。私はますます頻繁に、私がいっしょに仕事をしているリーダーや組織の行っていることについての不快な質問をするようになっている。これによって私は厄介な事態に陥る。厄介事に巻き込まれるのはおもしろくはないが、それは概して良いタイプの厄介事である。私は少し前に、ある酒造会社と仕事をしていた。そこが製造しているブランドの中にはとても強くて安いラガー・タイプのビールがあり、それはアルコール依存の人たちに広く飲まれている。この会社の従業員は、社屋の横の入り口から入るために、飲んだくれと彼らのビール缶の間をかき分けて進まなければならないことがある。私は、社員たちはこれをどう感じているのか、この組織はこの状況をどう理解しているのか知りたかった。これは愉快な会話ではなかったし、経営陣の中には単純にその話を拒絶する人もいた。私の信頼感は損なわれた。だがこれらは、この会社が長期にわたって持続するためには重要このうえない問いかけであり、対象と自分を切り離す感覚を持っているおかげで私は、こうした問いかけを提起できた。

協働的な探求の行動論理にまで進化するビジョンや意図や資源をもっている会社はひじょうに少ない。そのため、社員のために開発される典型的な研修プロセスは、**専門家型**／**実験**のスキルまたは**達成者型**／**体系的な生産性**のスキルを教え込むことを目指したものになる。そういったスキルそれ自体は役立つものだが、**達成者型**／**体系的な生産性**の段階を超える変容を生み出すことはない。

図10－1は、**達成者型**／**体系的な生産性**の行動論理のとらえる現実と、**変容者型**／**協働的な探求**の行動論理のとらえる現実との根本的な違いを浮き彫りにしている。中央部の横線は、**達成者型**の限られた意識がとらえられる抽象的な最初のビジョンから、具体的な結果に基づいた最終評価までの時間的経過としての組織化プロセスを表している。その横線に縦の点線が相まって、**変容者型**が培い始める意識の範囲が広がっていくことが表されている。縦線は、本書でこれまで取り上げてきた意識の四つの体験領域を表していて、使命、戦略、行動、結果が現在、調和しているか、それとも一致していないかに焦点が当てられている。この図のもう一つの説明としては、横線は、ある時点で最も明確に形成されている体験領域を表し、縦線は、現在も潜在している体験領域への意識を表していると言うこともできる。この意識の体験領域の広がりは、一次ループから二次ループ、三次ループのフィードバックを含むもので、**変容者型**から**アルケミスト型**（第一二章で紹介する）の段階へと変容している人の中でのみ、十分に内部化されて継続的な慣行となる。

変容者型はまず、行動には、時間の流れに伴う命名可能な全体的なダイナミクスがあることと、タイミングへの感受性高い行動がその効果を高めることを理解し始める。**変容者型**は、少なくとも縦を体験している瞬間への意識——その間は横の経験との一体感を忘れて、縦の観点から見られる——を培うので、実際のところ、時間の流れを表す横線が見える。したがって、**変容者型**は横の歴史を順序立てることができ、さらに、現実は連続して起こるものであるだけでなく、もっと深い意味では、縦に表されるように同時に起こるものでもあり、四つの体験領域を同時に合わせもつものだということを察知することができる。

したがって、**変容者型**の行動論理で行動する人は、ビジョン策定が中心的な課題であるときでさえ、好むと好まざるとにかかわらず、戦略策定、実施、効果が進行していることを暗黙のうちに感じている。同時に存在するこれら四つの体験領域にまたがるその瞬間その瞬間の意識によって、実行や結果が使命や戦略と一致しなくなったときにそれが見えるようになる。このように不一致を意識することによってのみ、不一致の瞬間にリアルタイムで自己修正をすることができる。このような意識と自己修正を表出する人だけが、長期にわたって信頼され、継続的に組織全体で質を高めていく自己修正プロセスを生み出す過程を主導できる可能性が高い。

図 10-1 順次に起こる達成者型の気づき VS. 同時（かつ順次）に起こるそれ以降の段階の気づき

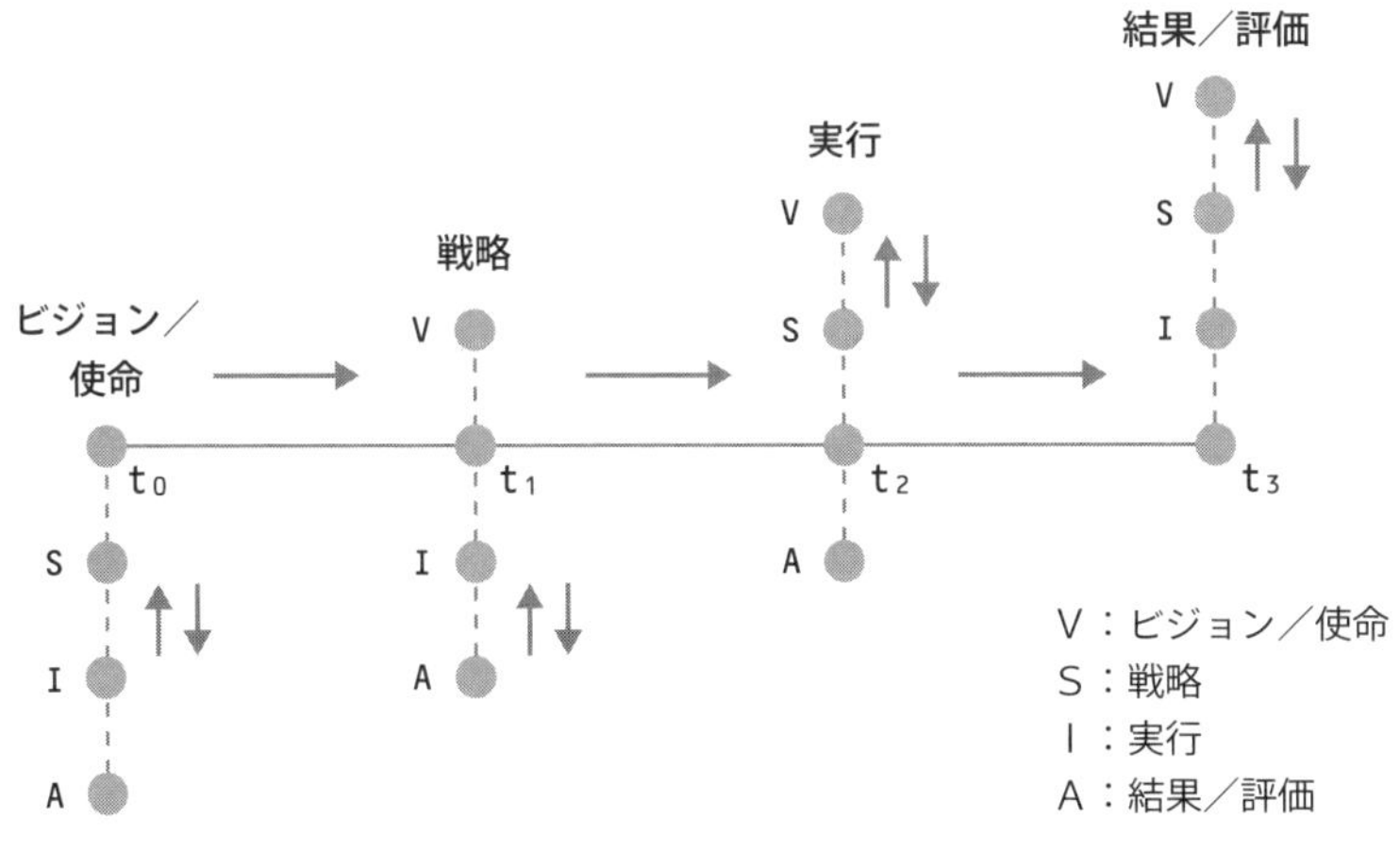

「実験」から「体系的な生産性」を経て「協働的な探求」へと向かう旅

組織化が**協働的な探求**の段階に向かって変容していくことの難しさは何なのかを大まかに提示してきた。ここである会社の変容への冒険をたどることによって、何が重要であるかについて、より具体的な感覚をつかんでいこう。

この会社は、サン・ヘルスケアという名の健康維持組織（ＨＭＯ）で、米国南西部に本社がある。一九八〇年代前半に設立され、九〇年代前半に急成長して初めて利益を計上し、その後は他社がうらやむほどの高収益となって業界平均の二倍のペースで成長した。この組織は、九〇年代前半に四年間、継続的な品質改善プログラムに関わり、その後、別のＨＭＯと合併して、一九九八年には全米で最大規模のＨＭＯになった。

サン・ヘルスケアは、多くのＨＭＯが多額の損失を被った一九八八年でさえ、わずかながら利益を生み出していた。一九八九年から九三年の間に、元々のサービス地域をより強固にし、さらに隣接した地域に拡大することによって、サンの加入者は、業界の平均の二倍を超える年間平均二〇パーセント以上のペースで増加した。同時に、純資産は一九八九年の水準の一二倍にまで増加した。一九九三年、業界の公平な顧客満足度調査では、顧客満足度が全国一位タイであった。業界別の業績の全米ランキングでは、サンは全米上位一〇社の中で最も規模が小さく最も歴史の浅いＨＭＯだった。そして、大手の調査専門会社が行った社員の意識調査では、一年間の同社の社員の意識向上率が、調査会社が過去に行った調査の中で最も大きかった。

自然に湧く問いは、「一九八九年から九三年までの間に、サンの中で何が起こって、いま挙げたようなバランスのとれた好ましい結果をどのように生み出したのだろうか」というものだ。一九八九年、社長は、経営陣は正式な戦略計画を策定するべきだと判断した。その理由は、この組織の規模と成長率からすればそれが当然であったこと、経営陣には部門の長としてというよりもチームとして行動してほしかったこと、会社の取締役会と開業医の理事会の双方に対して、より戦略的に考えるよう影響を与えたかったことの三つだ。社長は、同社の経営陣が最初の正式な戦略計画を策定するのを手伝ってくれそうな何人ものコンサルタントと面接をした後、一人のコンサルタントと契約した。このコンサルタントは医師や利益の重要性と同様に、顧客と社員の重要性を認識した使命記述書《ミッション・ステートメント》を作成することの重要性を強調したのだ。さらに、経営陣が共に計画を策定する時点まで進む支援の重要性だけではなく、その計画を共に効果的に実施し、戦略的な方法で協働しつづけるまで支援することの重要性も強調した。つまり、そのコンサルタントは、複数の体験領域——使命・ビジョン策定、戦略策定、実行——を同時に（または「縦に」）発達させることを提唱していたのである。

できあがった計画には、利益、加入者数の伸び、成長率、コスト管理、拡張分析、社員の発達、品質向上に関連する目的が含まれていた。またこの会社は、社内従業員教育部門を創設するために、新たにマネジャーを一人雇った。

この計画策定のプロセスには、経営陣の一人ひとりが互いのパフォーマンスや関係性をどう見ているかについての研究、フィードバック、議論を行うことも含まれており、これも同じくらいに重要なことだった。社長は、より協働的な方法で会議を運営することによって、経営陣のメンバー間の自発性のレベル、理解の共有、やりきる決意を高めることができると学んだ。メンバーたちは、その人の行動を理由にある副社長をけむたがっていたが、その人は思っていたほど自分勝手なかき回し屋ではないと気づくようになった。実のところ、社長は、ほかのメンバーもその人のように行動してもらいたいと言ったのだ。この副社長のことは、「社長だけでなく全チームメンバーが、本来の指導力を発揮できる、仲間のようなチーム」のお手本とみなされるようになった。社長が経営陣を主導することを学ぶ方法や、チームそのものの行動のしかたにこうした変化が起きたことで、経営陣が新しい戦略計画を効果的に実施する準備が整った。

全体として、その後、同社は組織化の**実験**の段階の性質である、より砕けて分散化した構造から、変容していっているようだった。戦略計画を策定する以前、同社は、会社の主要な利害関係者を巻き込んだ明確な使命もなく、戦略計画もなく、経営陣による組織化された会議プロセスもなく、副社長は経営陣を何よりも部門の長として見ながら事業経営を行ってきていた。第九章の最後に取り上げた会社のように、サン・ヘルスケアは、組織化の**実験**の行動論理から**体系的な生産性**の段階——より集中した形態——に向けて進化したのだ。「中央集権化が進むと、仕事が狭く、官僚主義的に定められるようになるため、参加者の力が奪われる」という通説に反して、使命と戦略、行動のプロセスを縦に配置するこの方法は、組織のメンバーに力を与えるということに気づくことが重要である。

実際、戦略計画を策定するプロセスは、第九章で述べた介入とよく似ていて、それ自体に**変容者型**／**協働的な探求**の性質があった。だがコンサルタントが、計画の完成・採用と同時にこの組織を去ると、社長がより協働的な方法で会議を導く取り組みを継続していることは除いて、社長が経営陣とリーダーシップを共有するという構造は姿を消した。そうして、経営陣は戦略的に方向づけをされた**体系的な生産性**という行動方法に落ち着き、コンサルティングによる介入の**協働的な探求**という側面は視界から遠のいた。

体系的な生産性から社会的ネットワークの行動論理へ

コンサルタントが去った後、新たに採用した戦略目標の一つとしてこの会社が始めた品質管理プログラムが、TQMの原則に基づいた部門別業務研究と業務再設計に結びついた。当初は、このプロセスを支援するためにある外部の会社と契約したが、新しく雇われた社内従業員教育部門のマネジャー（**変容者型**の行動論理と評価された）がこの品質改善プロセスについて完全なオーナーシップをもって自社への浸透を主導することにした。このマネジャーとその部門の社員たちは、既成の業務再設計の方法論を、ほかならぬこの会社とこの部門再設計チームに適用して、部門間にまたがる新製品や費用抑制チームに適した研修プロセスに作り変えた。

同時に、この会社は医師たちに、合弁会社を組織する選択肢を提供した。これらの合弁会社は、増加する純利益の分配にあずかれるというインセンティブをもって自社の費用を監視していた。まもなく合弁会社は、医師たちと関係者が平等な立場で実施する振り返りを行い、増益と費用削減を提供した。その結果、この合弁会社に加わった医師主導のネットワークは急速に拡大し、独立した開業医でありつづけた人たちには、どのような形態の組織が自分たちに最も良い結果をもたらすのかとの問いを投げかけた。発達理論の観点からすると、この構造は、組織化の方法について全員に自由な選択肢が与えられる、とくに興味深い**社会的ネットワーク**の手法である。経営陣（と増えつづける医師たち）は事実、効率性の向上、利益の増大、第三者による管理よりも、むしろ仲間同士の管理を組み合わせた合弁会社という形態が将来的な潮流であると考えていたが、すべての医師たちのこの選択肢を一方的に義務づけるのではなく、ひきつづき自由に選択させる状況を創り出した。

ここで少し時間をとって、独立経営とサン・ヘルスケアがこのネットワークで医師たちに提供していた合弁会社との間の選択に関する発達上の性質について、考えてみよう。皆さんの中には、私たちが「この合弁会社の形態で組織化することをまだ選択せずに、独立した開業医のほうを好んでいる医師たちは単なる愚か者だ」とほのめかしていると想像している人もいるかもしれないし、なぜこのHMOは単純にこの合弁会社の形をすべての医師に義務づけなかったのだろうかと思うかもしれない。ここで、この状況の発達分析の出番である。まず、伝えておきたいのは、こういった医師たちのうち少なくとも三〇パーセントの人たちはすでに家を二軒と六人用のクルーザー（またはそれと同等のもの）を所有しており、いつ引退しても暮らしていける。したがって、問題が、彼らが引退するほうがよいのか、それとも、新しい請求手続きや、患者一人当たりの診察時間についての新たな習慣、おそらく自分よりやり手の若い医師たちと連携する新しい方法を学ぶほうがよいか、ということになるなら、合理的に考えても感情的にも、明らかに引退するほうを選ぶだろう。このHMOがこういった医師たちに合弁会社になることを強制しようとしたならば、彼らは引退するかもしれないし、または別のHMOのネットワークに加入して、サン・ヘルスケアからとくに優秀な開業医が流出したり、開業医の中に敵意が生まれたりするかもしれない。

同時に、それぞれの新しい合弁会社の経営チームは努力して、ひじょうに効率が高く（患者一人当たりの勤務日数が少ない）、効果も高い（専門性が高い）少数の医師と加入契約をしていた。したがって、あと二〇年ぐらい働きたいと思っていて、効率性と効果の過去の成績が優秀で、または自分のやり方を変える条件であっても加入したいという意志がある**達成者型**か**再定義型**か**変容者型**の行動論理をもつ医師であれば、とうの昔に、このHMOの傘下で高収益が見込める仲間どうしで経営する合弁会社の一つを率先して創るか、参加するかをしていただろう。というわけで、この選択のプロセスによって、早期の合弁会社は、チームで協力することやフィードバックを受けることを厭わない意欲的で有能な開業医を引き寄せやすくなり、良好な業績を上げることになる可能性が高まったのであった。

一方、あと二〇年ぐらい働きたいとは思ってはいるが、自分のやり方のパターンを変えたくはない**外交官型**、または**専門家型**の行動論理をもつ医師は、効率性や効果という尺度は、優れた医療行為を壊すことに熱心な邪悪な力によって生み出されたものだと確信している場合が多かった。したがって、彼らは合弁会社に参加するのを当初拒む傾向にあった。合弁会社が資本基盤を増大させたこと、マーケティングの手腕に優れていたこと、効果的であったことから、次第にそういった独立開業医の顧客プールと財務上の成功が相対的に小さくなることで、徐々に合弁会社に参加しようとする医師が増えていった。だが、こうした後発の合弁会社は、はるかに厳しい闘いに直面した。それらは後発の参入者ゆえに、そこに参加しているのは、効率性も効果の成績もより悪く、仲間や患者のフィードバックからなかなか学べないリーダーシップ・スタイルをもった医師たちだ。とはいえ、そこに参加した医師は、その新しい仕事環境で成功しようと思うなら自分のやり方のパターンを変えなければならないという認識が高まるので、最初から強制されて参加する場合に比べ、新しい手順に抵抗する時間を少なくするだろう。

いろいろな意味で、サン・ヘルスケアが医師たちに提示した選択は、**再定義型／社会的ネットワーク**の行動論理の完璧な例だった。それはそれぞれの医師に自由に選択する機会を提供した。当初、その選択を決定づけたのは、社会的選択の構造でもあり、医師の行動論理の構造（およびそのときのその人独自の状況と過去の成績）でもあった。同時に、参加者が以前に行った選択の歴史が最終的に、彼ら全員に、自身の行動論理の変容を促す。結局のところ、それぞれの参加者が選択さえすれば、探求が行われる。その瞬間その瞬間の選択によって、私たちは、自分たちの行動論理で可能な範囲で注意の領域を広め、注意の質を深めるか、さらには自分の現在の行動論理を、一生続く慣行の根幹に刻みつけるかのどちらかになる（ほとんどの人がたいていの瞬間、「今ここに」心がないので、選択が行われていることにさえ気づかない）。

一方、一年経つごとに、経営陣は戦略計画の策定プロセスを、部署別のトップダウン式のプロセスから、一年を通じて全部門共同で行うボトムアップ式のプロセスに変容させていた。そして翌年の計画には、部門間で協力するためのより詳細な目標と説明責任が盛り込まれた。メンバーの成長、メンバーの満足度、利益の成果測定の結果が把握され、全社に公表された。この会社のオフィスに足を踏み入れた人は誰でも、社員の高いモラルとプライドをはっきりと感じることができた。

経営陣の気づきを呼び起こす

それでも、経営陣は、ますます多くの部門が組織再編に着手するにつれて、どれほど大きな論争が起こり始めるかに対して、万端の準備ができていなかった。再編計画はどれも部門間の協力（部門間の**協働的な探求**）という極めて重要な性質に重点を置いていた。だが七人の副社長のうちの二人とその部門は、次第に、部門間の連携に対する障害であり、経営陣の間であまり協力的でないと見られるようになった。興味深いことに、この両者とも、自分たちはこの品質改善計画全体と部門間協力の強力な擁護者だと信じていた。この二人と経営陣のほかのメンバーとの相違を浮き彫りにしたのは、社長による、より協働的な新たな会議運営スタイルだった。

二人のうちの一人は、他のメンバーから、会議でいちいち「反抗者」の態度をとり、チームの意思決定を腹立たしいまでに遅らせる、と思われていた。もう一人は、一匹狼の「無鉄砲」な態度をとる人で、経営陣に十分に貢献していないと思われていた。二人とも、協力や奉仕の姿勢よりも、自分の部門内での優位、優先度、権利の姿勢を奨励していると見られていた。「反抗者」の副社長は、多大な苛立ちと憤慨を生み出してきており、社長はこの副社長を解雇することも検討していた。「無鉄砲」な副社長は、他の人たちと関わらずにわが道を行っており、この人をめぐる問題のほうが曖昧で、したがってこちらの副社長のほうがまだ容認できた。また、この副社長は自分の部門内ではチアリーダー的存在で、多くの部下の間に熱烈な忠誠心を命じていた。この時点で、社長は二つの選択肢に直面しているように思われる。

◆おそらく、「反抗者」に厳重に注意や警告をし、「無鉄砲」をたしなめながら、引き続き、なんとか頑張ってこの二人の副社長といっしょに仕事をする。

◆「反抗者」を解雇する。

だが、実際のシナリオは、予想とはかけ離れたものだった。社長は、この取り組みはどちらも、行動と探求を一体化することとは一致しないし、**変容をもたらす力**を行使することや、副社長たちに発達上の変容をもたらす機会を生み出すこととも一致しないと感じていた。もしも皆さんがこの社長の立場で、こういった変容をもたらすという目的が頭にあったならば、どうするだろうか？この二人の副社長のうち片方または両方が、そのリーダーシップのスタイルを、**協働的な探求**をもっと象徴するような形に（単に合わせなければならないと感じるだけでなく）変容させることを選ぶかもしれないように、意識を「呼び起こす」方法があるだろうか？ または言い方を変えれば、組織化における**社会的ネットワーク**の行動論理が提供する選択肢を超えて、参加者に選択の自由を十分に残しつつ、それでも後期段階の行動論理の能力開発を奨励したいとも明確に望む**協働的な探求**の構造にまで到達する方法があるだろうか？

次章でこの話の続きを書くので、皆さんには、これらの質問についてよく考えてもらいたい。次章では、継続事業の過程で、いかにして小さな協働的な探求が、私たちが協力して事業を行う方法そのものに次第に変容をもたらすことができるのかを説明する。さらに、皆さんが参加している作業チームや大きな組織、家族がメンバー間に大きな衝突を抱えている場合、一〇分か一五分の時間をとって、自分のできることをもう一度じっくり考えてみるとよいだろう。皆さんの目的が行動と探求を一体化し、変容をもたらす力を行使して、重大な衝突という皆さん自身の状況において発達上の変容を促すことであるならば、皆さんはどのような行動をとることを考えるだろうか？

第11章

協働的な探求の真髄

サン・ヘルスケアの旅は続く

変容者型／協働的な探求の行動論理《アクション・ロジック》という観点からすると、私たちが第一〇章で始めた、サン・ヘルスケア社の経営陣の大部分と「反抗的」な副社長および「無鉄砲な」副社長との間に生まれた不調和についてのストーリーは、必ずしも悪いものではない。そのとき、社長は、この「反抗者」がその反抗によって探求を生み出す――たとえその「反抗者」が、そのような探求が相互に同意できる行動に帰結するよう協力しない場合が多いとしても――ことに気づいた。この副社長を解雇すると、会社に（一）「重要な探求が奨励されない」、（二）「好ましい経営スタイルに従わない人は即座にクビになる」という二つの否定的なメッセージを送ることになる可能性がある。これらのメッセージは両方とも、変容をもたらす学習する文化の発達を直接的に否定するものだ。

さらに、レベルの低いマネジャーは、自分たちのマネジメントのスタイルを、上長支配／監督的な前提から、協働的／前向きな前提（監督の肩書は文字通り「チーム・ファシリテーター」へと移行していた）に変容させるよう求められていた。したがって、（もしもさらなる探求において、変容することを求めるならば）副社長たちに自分たちのスタイルを変容させる機会を提供することには、矛盾がないだろう。また、このような行動の実践は、経営陣全体にも、いかにしてそのような変容を継続的に促進することができるかについて学習する機会を提供するだろう。そしてその実践がある意味で成功すれば、それは、リーダーへの忠誠心を抱かせ、副社長たちの変容しようとする意欲を真似ることを動機づけるストーリーになるかもしれない。

この新しい行動探求《アクション・インクワイアリー》をデザインし実施することを支援するために、社長は二年前に戦略計画の策定を手伝ってもらったコンサルタントを再び雇った。そして最初の調査から、たしかに他の経営陣全員が「反抗者」に対する信用を失っており、我慢の限界を超えているということをにおわせている一方で、「無鉄砲」への評価はさまざまでそれほど野卑ではないと見られていたことがわかった。

「反抗者」がしたこと

二人の副社長が自分の行動についてのフィードバックに対して見せた反応は、予想されたものと異なった。コンサルタントが「反抗者」に指摘したのは、「あなたの反対は特定のケースでは正当化されるものかもしれないが、そうした場合でもあなたの反対は効果的ではない。新たなリーダーの役割を演じることを学ぶことが、あなたにとっても会社にとっても利益になるだろう」ということだった。この副社長の意識を呼び起こすこの方法――本人と会社の間に潜在的にある協働的探求の枠組みを設定する――は、どうやら「反抗者」にとって理に適ったものであり、その心を引きつけたようで、この副社長はこれまでいつも演じてきた役を放棄することに合意した（「放棄する」というのは実際に使われた言葉だ）。この副社長は、コンサルタントといっしょに、三ページにわたる向こう六カ月間の行動計画を練り上げた。それをまずは社長に提示し、その後、社長からの改善点を組み込んで、経営陣に提案した。自分の目的と行動の枠組みを再設定し、仲間の評価に従うことによって自分自身をさらけ出すという彼女の意図が、経営陣の中に行動探求の新たな火を付けた。

経営陣は、全員が苛立ちを感じていたし、当初は懐疑的な態度だったが、行動探求のプロセスを踏むのに必要な努力をすることに同意した。そうできたのには、いくつかの理由がある。問題の評価がひじょうに率直に行われていたこと、提案された目標とコーチングの手順が極めて明確だったこと、この副社長が全力で取り組む姿勢を見せていて、評価プロセスが明確だったこと（副社長が立証責任を負っていた）だ。そうして、経営陣は、変容をもたらす（可能性がある）協働的な探求という冒険に乗り出しつつあった。

この計画の実施に入って最初の数週間、経営陣はあらゆる面での多大な努力を要した。副社長は善かれと思いやっているにもかかわらず、他の経営陣から「反抗的」だと解釈されるような行動を繰り返しとった。コンサルタントは、もしこの副社長が彼女の新たな約束から逸脱していると判断されたときは、本人に対して直ちに具体的なフィードバックをすることが不可欠だと強調した。その場でフィードバックを受けるという具体事例が四回ほどあった後、やっと副社長は、どのような行動をとれば（他の経営陣がそれを前向きで誠実な試みだと考える、という意味で）うまくいき、どのような行動は（他の経営陣がそれを以前と同じ反対する傾向に近いと考える、という意味で）うまくいかないのかを理解したようだった。その後、かつての「反抗者」のスタイルがもつ他の側面が時おりは仲間たちをうんざりさせたりもしたが、この問題は効果的に解決された。

「無鉄砲」がしたこと

それに対して、「無鉄砲」は、自分の行動に対するフィードバックの正当性にも重要性にも抵抗を示した。他者の認識は間違っていて、自分のスタイルは実際、この会社にとって最良のものだと彼は感じていた。「反抗者」のケースと違って彼の場合、他者の認識についてのフィードバックがすぐに枠組みの再設定という反応を引き起こすことはなかった。この副社長は当初、自己防衛的に反応した。

「もしもこれが本当なら」と、コンサルタントは、他の経営陣といっしょに協働的な探求を行うようこの副社長を促すことにまだ望みを抱いてたずねた。「私といっしょに、他の経営陣があなたの効果を高く評価し、彼ら自身のやり方を修正することにつながるかもしれないプロセスの開発に加わってくれませんか?」するど「無鉄砲」は真っ向から対決する姿勢で「いやです。それは彼らの問題であって、私の問題ではありません」と答えた。

コンサルタントは、少しの間、沈黙し、考え込むように下を向いて、それからこうたずねた。「今のような答えが、いかにあなたが仲間との関係で協働的でないという意見を裏づける可能性があるか、わかりますか?」

「言葉尻をとらえようとするなんて、信じられない!」と、その副社長は興奮し、傷ついて答えた。こうして彼は事実上コンサルタントを打ち負かし、自分は何であってもこのようなことをする気にはならないという以前の発言から得られる推測が実証された。このような自由な選択によって、始まったばかりの協働的な探求が終わることもあるのだ。

(ちなみに、コンサルタントの最後の質問は、枠組みの再設定、主張、説明がすべて一つの問いかけに凝縮されたものであることに留意すべきだろう。コンサルタントは、意識的かつ建設的な意図をもって、意図的にペースを落としてより内省的なトーンでその質問をしたけれども、はたしてその質問の中に、**変容をもたらす力**を縮小する無意識の闘争的な対決がなかったかどうかと自問した。)

数日後、この副社長は、別件で社長と会った。「ひどい反抗」を理由に、部下のマネジャーをひとり解雇するつもりだった。社長は、証拠は何かとたずねた。副社長は、噂を基に、このマネジャーが人事部に宛てて会社の意思決定の正当性について質問したメモで補足して、そのマネジャーの行動パターンを説明した。社長は、それは解雇を正当化するほど明らかな証拠ではないと言った。実際のところ、そのマネジャーが何か不適切なことをしたかどうかは明確ではなかった。さらに社長は、同じ出来事について、ほかの経営陣たちは「無鉄砲」の解釈とは大きく異なる解釈をしていると思うとつけ加えた。

その場で、社長はほかの経営陣を呼んで緊急会議を開いた。そして何人かが、複数の情報源から得た情報によると、その件は、そのマネジャーの行動がどうだったかが問題なのではなく、その副社長の行動がどうだったかが問題のようだと確認した。その副社長は、このフィードバックを建設的に用いる方法も見つけられず、後に、コンサルタントとの面談中にこの出来事について、「頭をたたき割られた」かのような屈辱だったと述べた。コンサルタントは、この副社長と、彼が解雇したがったマネジャーの両者と面談をして、副社長自身の話には矛盾があり、そのマネジャーを解雇する根拠はないとわかった。

社長はひきつづきこの副社長といっしょに話し合おうとしたが、「無鉄砲」は自分の職が危険にさらされているのではないかとますます疑いを深めるようになった。数週間後、社長はこの副社長に、ある任務を遂行するように依頼し、副社長は「逆立ちしながらでも」できると即答した。社長は嬉しそうな話しぶりで、「それはよかった。これできみに対する経営陣の信頼が高まるだろう」と答えた。それに対して、副社長は腹立たしげに、自分はこんな形で試されるのではなく、前年の仕事に対してボーナスを受け取るべきだし、退職手当についてもいっしょに議論すべきだと言った。このとき、二人とも別の会議に出るためその場を離れなければならなかったので、その件は保留のままになった。

社長はこの出来事をコンサルタントに電話で伝え、こう付け加えた。「きっと彼ももう一度よく考えれば気が変わるでしょう」。コンサルタントはそれに対してこう言った。「なぜ彼に考えを変えてほしいのですか？ あなたはあの副社長との関わりの中で、何度も行動と探求を一体化してきました。他の経営陣を呼んで緊急会議を開いたときのように。それに対して、副社長の対応は、彼の行動の問題が最初にもち上がったとき以来ずっと、協働的でもなければ探求的でもないままです。あなたは、あの副社長の能力の有無を示す、説得力のある間接的な証拠、たとえば、売り上げの数字などを探してきました。でも私には、あの副社長は行動と探求を一体化させてもいないし、十分に協働もしておらず、彼自身の業績に関する学習プロセスにも携わっていないことを示す直接的な証拠が十分すぎるほどあるように思えますが」

間接的な証拠が常に異なる解釈の対象になるのに対して、この直接的な証拠は、副社長のビジョン（探求に対して受容的にならない）、戦略（服従と怒りによる拒絶の間を行ったり来たりしている）、行動（非協働的）、結果（学習の兆候はない）についての見解を同時に示していたので、コンサルタントは曖昧さが少ないという印象をもった。問題は、相対的に曖昧さの少ない、社長やコンサルタントによる直接的な現在の観察結果に対して、相対的に曖昧さの大きい間接的な情報をどう対比して評価するかであった。コンサルタントは、社長に決心を強要したくはなかったので、電話を切る前に社長に、一五分間ひとりで静かに瞑想する時間をとって、正しい行動の道筋についての明らかな確信が浮かび上がってくるか見極めるよう勧めた。

社長は、この一五分間の瞑想の後すぐに、副社長に、副社長の辞職と離職の取り決め、会社への告知についての詳細をまとめるため、もう一度ミーティングをしようと伝えた。その二四時間後、その副社長はもはやこの会社で働いていなかった。この人物が去った後、経営陣の決定がこの「無鉄砲」の以前の部下たちに対しては一貫して正しく伝わっていなかったことがわかり、修正がなされた。

ハードルが一つクリアされる

この経験を通して、社長が明確に理解し、より力を注ぐようになったことは何だったのだろうか？ おそらく社長は、組織が**変容者型**／**協働的な探求**の行動論理へと変容していくことの真の難題を理解しつつあったのだろう。つまり、逆説的だが、協働的な探求を実践する能力を得るためには、協働的な探求を実践しなければならないということだ。社長は、この難題は単に組織の結果の改善をいかに生み出すかだけではないと気づくようになった。難題は、いかにリーダーの意識と慣行においても継続的な改善を生み出して、それによってそれぞれのリーダーのパフォーマンスがその改善した結果と関連したビジョンと戦略を真に具現するかでもあるのだ。経営陣が直面するリアルタイムでの変容的な改善を行うには、反抗的な副社長と経営陣が互いに対して行ったように、行動と探求を一体化させ、相互的に自分をさらけ出すことで力を行使する必要がある。この副社長と経営陣は、結果によって制約され、かつ結果を制約する意識（副社長が不満を述べていたことと

「反抗者」とみなされる彼女の地位）から、共同で六カ月の行動計画を策定するのに必要だったビジョン、戦略、実行、新たな結果に同時に気づくまでに変容した。彼らは、以前はコートの中央でプレーしていたゲームの境界線周辺でプレーをしはじめ、そして境界線を変容させた。組織化の**協働的な探求**の段階における論理は、たった今述べた難しいケースのように小さな衝突の中で定期的に実践されて初めて、会社の中で花を咲かせ、繁茂できる。前に述べたように、そして、「無鉄砲」の事例が好例であるが、**協働的な探求**は特定の解決策を一方的に強制することはない。

社長を含む他の経営幹部たちのうち誰ひとりとして、二人の副社長に関する探求の最初の時点では、「反抗者」があれほど根本的な変容を遂げるだろうとは、また、「無鉄砲」があのように抵抗を見せ、辞職することになるだろうとは予想しなかっただろう。だが、行動探求の進展と、双方の副社長の明確な決断（一人は変容、もう一人は辞職）があったゆえに、その結末が経営陣をより強く結束させた。しかしながら、ここでも、経営陣全体としては、通常の行動様式として**協働的な探求**の指針を採用しなかった。その代わりに、まるで困難な心の痛手を負った後にそれをいやすかのように、**体系的な生産性**の状態に戻っていった。

協働的な探求を拒否し辞職した「無鉄砲」に関していうと、二年後、彼は社長に電話をして、社長の努力に感謝を述べた。彼は、辞職した直後、妻に、どうやったら自分が変われるかを探求せずに会社を辞めたことを責められたと話した。それから、新しい職に就いた三カ月後に解雇されたという。そうして初めてこの前副社長は治療を始め、自分に影響を与えようと善意でなされたすべての試みを自分がどれほど拒んだのかに気づいたのだ。こうして、サン・ヘルスケアの社長とコンサルタントがこの副社長と始めた**協働的な探求**は、その副社長にやがて大きな変化をもたらすための舞台を整えたようである。

次なる挑戦

一年後、この社長は、その二人の副社長をめぐって起こった類の問題に対処するための戦術だけではなく、チーム全体の学習や変化のための戦略でもある新たな**協働的な探求**の手順を生み出した。経営陣全体で自分たちのための経営者育成プロセスを創り出すことを提案したのである。経営陣は賛同し、(一)理想的な経営チームの一員の基準、(二)経営チーム全体が直面する発達上の課題、(三)発達に関する各メンバーの一年目の目標群、をいっしょに作成することにした。

表11－1は、経営陣がその理想的なメンバーをどう定義したかを示す。表11－2は、経営陣の理想的な会議プロセスを説明している。そして表11－3は、一人の副社長が定めた今後一年間の発達に関する目標を示している。皆さんは、表11－1に示された理想的なマネジャーの基準に目を通す際、自分の組織の経営陣のことを念頭におきながら読み進めるとおもしろいかもしれない。皆さんの組織のマネジャーのうち、経営幹部という役職にある人に対して私たちが抱く「ふつうの」理想と呼べる、最初の五つの基準を満たす人は何人いるだろうか？　そして、並はずれた理想である最後の三つの例として、何人を思い浮かべるだろうか？　私たちは、「他の人のリーダーシップを奪わずに、リーダーとしての説明責任を引き受ける」というような、微妙な形のリーダーシップを、認識できるのだろうか？　どのようにして「重要な相違から注意をそらさずにグループ内の緊張を和らげる」のだろうか？　もちろん、仮にもそのようなことが遂行できるとしたら、それは、私たちが**変容者型**の段階以降に進む際に培い始める、複数のレベル――個人、集団、任務、目的――における複数の体験領域に同時に気づいていることの表れに違いない。

会議での巧みなパフォーマンス

- 他の人のリーダーシップを奪わずに、自分の参加するすべての会議でリーダーとしての説明責任を引き受ける。
  - ・会議に全神経を集中させる
  - ・時間ぴったりに会議を開始し、休憩を終える
  - ・タイムリーな方法ですべての議題を遂行する
  - ・確実に理解するために「ばかげた」質問をするのを厭わない
  - ・他の人たちの貢献を尊重する
  - ・アイデアを明確にし、入念に練ることを厭わない
  - ・譲歩し、より良い第三の選択肢を作り上げることを厭わない
  - ・重要な相違から注意をそらさずにグループ内の緊張を和らげる

変容をもたらす対人能力

- サン・ヘルスケアと合致した以下のような対人能力を身につける。
  - ・思いやり
  - ・地に足が着いている
  - ・チームワーク
  - ・変わる能力
- すぐれたコミュニケーション能力――聴く、話す、書く
- 効果的なチーム・プレイヤー
  - ・行動が合意形成に役立つ
  - ・合意した目標の達成を支援する
- 交渉スキル
- 衝突を認識し、うまく処理し、変容させて、新しい協力の様式を活性化させる。

重力に抵抗した学習の方向性

- 技術上、ビジネス上、マネジメント上のスキルの継続的な開発
- 難題や少し高めの目標こそ、自分がここにいる理由と考える。
- 重力に抵抗して、自分たちにはできないと思われていることをやりつづけることを生き甲斐にする。
- 自身の部門内で、自身の知識とリーダーシップを測る評価プロセスを策定する。
- 医師の経営幹部はビジネスのスキルを学び、ビジネスの経営幹部は医学的な考え方と、医師の挙動に影響を及ぼすのに必要な特異な能力について学ぶ。
- 顧客が求めているものを理解するための新たな方法を追求する。
- 長い間誤解しつづけるのを防ぐ質問をすることができる。

表 11-1　サン・ヘルスケア社の理想的な経営陣のメンバーの基準

リーダーシップ
- 会社が成長するにつれて会社全体に対して経営幹部としての責任を負い、より強いリーダーになりたいと願い、実現する能力をもつ。
- 会社の内と外の両方で、（単に部門のリーダーとしてだけでなく）その会社のリーダーの一人と見られている。
- 会社全体の目標と自身の部門を調和的に協働させる効果的なマネジャーと見られている。
- 他の人々に知識、スキル、方向付けを教えることを願い、マネジャーの育成能力によって自身の成功を判断する。
- 切迫した状況で創造的な問題解決をしてみせる。
- 物事をうまく成し遂げる。

ビジョン／使命
- サン・ヘルスケア社と医療業界のために尽くす。
- 自分たちは誰なのか（使命）、誰になりたいのか（ビジョン）を日々の慣行の中で体現する。
- 社員に会社のビジョンや哲学を共有する意欲を起こさせることができる。

創造的な勤労倫理
- 以下のものへの強い取り組みの姿勢
  - ・懸命に働くこと　・公明正大であること　・エネルギーを伝えること
  - ・品質を高めること　・顧客を重視すること
- 誠実さと会社の文化に対する感受性をもって行動する。
- 使命と戦略目標に導かれるスキルを優先する。
- 効率的かつ効果的なだけでなく、創造的な時間管理を行う。

本当は何が起こっているのかについての知識
- 業界についての幅広い理解
- サン・ヘルスケア社のすべての分野についての理解
- 自社の事業に影響を及ぼしている技術的な問題についての知識
- 自身の部門に関する問題の専門知識
- 実情を正確に把握している。本当は何が起こっているのかを知っている。

実行に焦点を当てた戦略的アプローチ
- ビジネス上の選択肢を客観的に比較検討できる。
  - ・効果的な問題解決手段を用いる。
  - ・たとえ自身の部門で不人気となっても会社を代表して行動する。
- 戦略と事業計画の策定と実行においてリーダーシップを発揮する。
  - ・革新的なアイデアを導く。
  - ・意思が強く、説得力がある。
  - ・反証となるデータを見つけ出す。
- 他の部門も含めた会社としての優先事項の策定と実行に貢献する。
  - ・他の部門の課題を理解する。
- 部門間の問題解決や情報共有を志向する。

表 11-2　サン・ヘルスケア社の経営陣の発達に関する課題リスト

経営陣のメンバーによって合意されたとおり、チームの発達に関する今年の主な課題は、

焦点を絞った包括的な課題リストを策定すること

である。経営陣はさらに、この課題リスト策定と会議のリーダーの役割を 3 カ月ごとに違うメンバーが持ち回りで担当することに合意している。さらに、このチームは、それぞれが創造的で律されたマネジメントを必要とする議題のカテゴリーを 6 つ定めた。

1. 最新情報の確認
2. 自由な議題
3. ビジョン策定
4. 戦略策定
5. 実行
6. 評価

会議リーダーが最初の 2 つのカテゴリーを取りしきり、残りの 4 つについては、他のメンバーが「提案者」の役をする。それぞれの提案者が、自分のカテゴリーではどんな議題項目がチームの注目に値するかを決める責任と、各議題項目を担当するのが誰であってもその人を指導する責任を担う。さらに、特定の議題項目がチーム全体で検討されるとき、各提案者は、必要に応じて、自分の提案分野に関連する課題を提起するという特定の役割も担う。

一般的には、経営陣のさらなる注意に値する場合、特定の議題項目はビジョン策定から戦略策定、実行を経て評価まで行い、そこから最新情報の確認または自由議題まで行う自然な流れがある。

表 11-3　個々の経営幹部の発達に関する目標例

合意の形成

この目標を達成するために、私は、自分の発表についての討論中に概要をまとめた経営陣の提言を実行していく。具体的には、私が採用されるべきだと考える提言が反対に遭った場合、経営陣の個々のメンバーといっしょに、抵抗の源になっているものを探し、その懸念事項に直接に対処していく。さらに、私の提案と同意見の人たちを特定し、合意の形成においてその人たちの支援を求める。付随して、提起された質問に照らして自分の提案を見直し、自分の見解を再構築してその見直しを反映させる。最後に、自分がより効果的な合意形成能力を発揮したかどうかについての個々の「評価」を求める。

部下の育成の支援とマネジメント

この分野の私のスキルを向上させるために、私は、部下によって自分が評価されるマネジメント自己評価プログラムに参加した。現在、これらの評価に目を通しているところで、これから評価者とミーティングを行い、提起された課題について話し合い、再評価を求める。付随して、関連する資料を読み、できれば専門家をマネジメントするプログラムに参加するつもりだ。最後に、社員の能力開発に注力し、自分の取り組みの効果を評価する方法について、人事部と協力していく。

戦略的同盟を組む可能性のある他社との外部の会議におけるコミュニケーション

外部の会議で私があまり話をしないという意見に応じて、私は、情報を伝えることと、自分の部門の考え方を外部のグループに知ってもらうことの両方の目的のために、こういった会議でもっと意見を言うように意識的に努力していく。意思伝達の効果が問題であるようなら、そのような会議の後に、毎回、チームのメンバーにフィードバックを求め、改善する方法を探求する。

サン・ヘルスケア社の経営幹部たちが策定した八つの理想の基準を検討するのも興味深いだろうが、より重要なこととして、私たちは、他の組織の経営幹部たちに机の見えるところにそれらの基準を貼るよう勧めているわけではまったくないことを強調したい。私たちが勧めるのは、他の組織の経営幹部たちが同様のことを実践すれば、明確さとひらめきを得られるということである。この会社ではまず、経営陣のメンバーそれぞれが自分自身の基準の一覧を作ることから始まった。

そして、こうした一覧にされた個人の基準が、同じようなカテゴリーにまとめられたのだが、そのカテゴリーには名前をつけなかった。メンバーが、いかに互いが組織の実情を正確に把握できていなかったかを、冗談めかしながらも正直に、争って風刺し合ったので、その後の議論は楽しくもあり、感動的でもあった。

また、多くのメンバーが「重力に抵抗して、無理だと思われていることをやる」という考えに興奮を示した。社長は、このフレーズが他のメンバーたちからそのように前向きな反応を同時に呼び起こしたことをとても喜び、自分が作った基準であることを明かした。これらは、共有ビジョンとチーム内のコミットメントを生み出す「真実の瞬間」である。

結論――同時に起こる経営幹部と組織の学習

ここまでに述べた一連の出来事の中に、どのようにしてサン・ヘルスケア社の社長が組織学習のプロセスを生み出したかを見ることができる。社長は明らかに、マネジャーと組織が同時に学習する**協働的な探求**型の機会を生み出す感触をいっそう強くつかみつつある。

そして社長自身が多くのことを学んだ。社長は、一人の副社長が変容をもたらす学習に積極的に関与する覚悟ができていて、もう一人はそうではなかったという自分の気づきに確信を持てている。また、一方的でも非難がましくもなく、相互的で探求的な個人の難しい意思決定を行う方法があることも学んだ。さらに、いまでは社長は、自分がこのような難しいジレンマを用いて、多大な組織学習の強みを活かすことができると認識している。

いまはもう社長が経営陣の会議で正式なリーダー役を担うことはない。その代わりに、情報源として、また正式なリーダーのコーチ役として控えている。社長は、この変化によって解放されたようにも、力を与えられたようにも感じている。なぜなら、重要な問題であろうと、手続き上の問題であろうと、発達に関する問題であろうと、いまは以前よりも自由に思いのままに自分を表現できているからだ。言い換えれば、社長は、組織に関する四つの体験領域――ビジョン策定、戦略策定、実行、評価――の間で自分の注意をできるだけ自由に行き来させることを欲している。同時に、副社長たちに与えられた新たなレベルのリーダーシップをうれしく思っている。なぜなら社長も副社長たちも、社外での戦略提携の交渉――競合他社であることが多い、見知らぬ人同然の人との短い会議――にますます関わるようになっており、そのような交渉の場では、議題の管理、明確な意思伝達、そして探求における考え得るあらゆるスキルが高い価値を生み出すからだ。

この事例で、何が組織の学習だったのだろうか？　社長と経営陣全体は、コンサルタントとともに、（一）理想的な経営幹部の基準、（二）会議におけるリーダーシップの新たなプロセス、（三）経営幹部の新しい発達プロセス、といった経営幹部のための組織学習プロセスを数多く開発した。さらに、何人かの副社長は、自分たち経営陣において共有型のリーダーシップ構造の構築へと進んだ。

つまり、サン・ヘルスケア社の経営陣が、自身の日常の業務や戦略的な問題に関して、積極的に**協働的な探求**型のマネジメントを試したのだ。二年後、サン・ヘルスケア社は、二倍の規模をもつ

ＨＭＯと対等合併の交渉をまとめた。

第Ⅳ部

The Ultimate Spiritual and Societal Intent of Action Inquiry

行動探求の究極の精神的・社会的な意図

第12章 アルケミスト型の行動についての新鮮な気づき

　私たちが、第一〇章と一一章で取り上げたサン・ヘルスケア社でまだコンサルティングを行っていたときのある日、同社の社員教育部門のマネジャーが、自分と同社の間の変わった契約について話してくれた。そのマネジャーは最近、副社長とCEOからの即時の承認と共に、同社と再契約を結んだが、その内容は、週に一日、医療業界以外でコンサルタントとして働く、というものだった。彼は、自分の仕事への視座を保つためにはこのような実践的な戦略が必要だと感じていた。そして、その論理上の結論として、「ほら、自分自身や自分の考えを新鮮に保つ必要があるじゃないですか」と言うのだ。

　すてきなアイデアに聞こえないだろうか？　仕事や生活の要求に少々悩んでいる人たちにはとくにそう聞こえるはずだ！　自分自身と自分の考えを新鮮に保つ？　単純な考え方――わかりやすい考え方――だし、楽しい経験だ。新鮮さを保つ。誰だって、よどんだ気持ちでいるよりは、新鮮な気持ちでいたほうがよいのではないだろうか？　私たちの行動の質を高められるかどうかを決めるのは、重要な問題は何かに関する新鮮な気づき、より効果的に行動する方法についての新鮮な考え方、実際そうするための新鮮なエネルギーであるのは言わずもがなではないだろうか？　ちょうどよいペースを見つけ、そのときどきに新鮮でいられる適切なペースへと変化しつづけたくはないだろうか？

だがもし自分自身を新鮮に保つことがそれほど直感的に魅力を感じるものならば、なぜ組織の実力者たちの中には、真に新鮮で、信頼され、謙虚で、快活で、時宜にかないながら、個人、組織、社会、世界全体の善に合わせて行動をしている人がほとんどいないのだろうか？

なぜ私たちは通常、新鮮であることの例として、ソクラテスや釈迦、アリエノール・ダキテーヌやヒルデガルト・フォン・ビンゲン、ガンディーやヨハネ二三世、ネルソン・マンデラやヴァーツラフ・ハヴェルなどといった数少ない歴史上の人物の名前を挙げなければならないのだろうか？　または新鮮でのびのびしているというと、ロビン・ウィリアムズやビル・コスビーなどのコメディアンや、女優でありダンサーでもあり作家でもあるシャーリー・マクレーンを思い浮かべるかもしれない。**アルケミスト型**の行動論理《アクション・ロジック》の真髄であるこの永遠の新鮮さはなぜそれほど希少なものなのだろうか？

さまざまな研究者によるさまざまな業界に関する六つの異なる研究で、グローバル・リーダーシップ・プロファイルにおける**アルケミスト型**の行動論理と評価されたマネジャーまたはリーダーが皆無だった（表5－1を参照）ほど、個人の変容がこの発達段階にいたるまで継続されることがめったにないのはなぜなのだろうか？　私たちがこの行動論理について人前で話すと、マネジャーたちが「この行動論理に到達した人がそもそも組織で働けるのだろうか」と聞き返されるほど珍しいのはなぜか？　私たちが、この行動論理に到達しているのではと想像した革新的なリーダーたちを対象に研究したときでさえ、実際に**アルケミスト型**の行動論理と評価されたのは、対象となった超人たちの半分にも満たなかったほど、それが希少なのはなぜか？

これらの問いに答えるため、まずは、最後に述べた「希少な超人たち」を探し求めた研究の中で、実際に**アルケミスト型**の行動論理であると評価を受けた六人の経営幹部について、じっくりと見てみよう。

六人の「アルケミスト」に関する研究

私たちはこの**アルケミスト型**の経営幹部六人のごくふつうの日々の活動を探ることができた。なぜなら、彼らのうちの何人かが、一週間、通勤中の車の中で自分が語る予想と振り返りを録音することに同意してくれたからだ。中には、それと同時に、私たちのうちの一人が丸々数日間にわたって、随行することを許可してくれた人もいる。そして六人全員が二〜三時間の聞き取り調査に参加してくれた。さらに、本書の著者の誰かしらが、この中の四人と長年にわたる知り合いであった。その著者たちは、コンサルタント、取締役、教師、友人、精神的なコミュニティの同胞といった関係であった。

私たちのここでの目的は、この六人の行動を観察することによって、彼らの仕事やプライベートの多くを特徴づける、その瞬間その瞬間での注意、予測不可能性、特異性、階層横断的な類似性の発見がどういったものかを伝えることである。私たちは、標本となった六人の中に共通に見出した具体的な四つのテーマについて説明する。それから、ヴァーツラフ・ハヴェルが、早期の行動論理を経過して、チェコスロバキアの大統領となって対極にいる人たちとの間の継続的な駆け引きを行うまでの進化についてより詳細に説明をする。

私たちが被験者たちの仕事の日常により密接に関わって、まず心を強くとらえられたのは、彼らが一つの組織の中だけでなく、多くの組織の中で重要なプレイヤーであることだった。彼らの一日は、多くの組織にまたがった取り組みや対応に、予測不能な形で分割されていた。おそらくこの多様性の最も極端な例は、録音を実施した週の間に、毎日五つ〜七つの組織と関わっていた女性だろう。彼女の主な組織上の所属は、ある世界的なコンサルティング会社の一員であったが、クライアント訪問の際には、そのスケジュールの合間に他の一、二の組織と電話で短い連絡をとることもよくあるそうだ。

だが、この週、彼女はずっと自社のオフィスにいた。そこで、(一) 若手のコンサルタントの教育をし、(二) 勤務評価委員会の委員を務め、(三) 自分も一員である取締役会に対する訴訟に必要な宣誓供述書を作成し、(四) 直接のクライアントである三社と、間接的に監督する他の五社での請求対象となる三七時間分のコンサルティング活動を行い、(五) 新たに組織中の通商協会のために四二件の電話をかけ、一九件の電話を受けた (彼女はこれを「市場開発」の取り組みだと言った)。さらに、二日間は夜八時から一〇時まで、別々に進行中の二つのワークショップの会合を開いた。参加者たちは、より深いレベルでの自己啓発やプロフェッショナルとしての開発に取り組むことを望む、現在および過去のクライアントたちを含んでいた。

これは外側から見た説明であり、この女性の直接的な内的体験をまったく伝えてはいないが、発達上、後期行動論理と評価される人々の、「調和的」でありながら同時に「無秩序」にも生きる傾向の一例を示している。私たちが今人物像を紹介しているこの女性やその他の人たちのことを、「常に急いでいる」と誤って結論づける人もいるかもしれない。まったく逆だ。その人たちは皆、ゆったりとした感じで、遊び好きなところを見せたり、瞑想にふけったりするようなときもあれば、切迫感に満ち、厳しい効率性を求め、職人のような集中力を見せるときもあった (実際、彼らの仕事と遊びの特徴を述べようとしても、はっきりと区別できない。両方を合わせた「仕事遊び」という表現が、これらの人々が生活においてビジネスと芸術と余暇を織り合わせている様子をより適切に言い表している）。次の説明は、別の**アルケミスト型**経営幹部が経験するペースについて内面から着目することでこの点を強調している。

この二つめの説明は、私たちがこれらの経営幹部を直接観察した際に印象的だったもう一つの点を浮き彫りにする。一日の中で彼らのペースが大きく変動していることだ。確かに、この特定のケースでは、「仕事遊び」という振る舞いが同時に共存していた。このＣＥＯは意図的に、会社の本社がある場所とは違う都市に住み、仕事をしていた。大きなビクトリア様式の家の一、二階が彼のオフィスで、残りが居住スペースになっていた。オフィスの一階部分には、印象的ではあるがごくふつうの仕様の、秘書および来客用の外側オフィスがある。その内側のＣＥＯのオフィスには、肩肘を張らずに座れる場所があり、八～一〇人用の会議用テーブル、ＣＥＯ専用の洗面所があり、その洗面所の中には二階に通じるらせん階段がある。

二階の部屋は、大型のエクササイズ用マットに壁一面の本棚、それに座り心地のよいソファーで占められている。スピーカーフォンのおかげで、このＣＥＯはエクササイズをしながら、または寝そべってすっかりくつろぎながらも、電話越しに、速く、途切れ途切れに声を伝えることができる。この方法のために、電話をかけてきた人たちは、より単刀直入に話をするよう促されるし、一瞬、ペースを落とすことが質の高い注意として受けとめられて、相手からの協調性が高まるようだ、とこのＣＥＯは言う。一階のオフィスにいる最も忙しい時間中でも、このＣＥＯは毎時間二～三分間は二階に息抜きに行き、腹筋運動や腕立て伏せ、合気道をしたり、ヨガのポーズを取ったりする。彼によると、要は、自分のペースでゆったりと仕事と遊びの両方を行うことだ、という。

同時に、私たちは、このCEOがまず、彼がやりとりをする相手や相手グループのペースと行動論理に合わせてそれぞれの状況に対処していることに気づいた。それから会議中のあるときに、彼は話を根本まで深く掘り下げて、パターンに（たいていはユーモアのある）名前をつけ、異なる行動論理の観点からその問題を考え直すよう提案するのだ。私たちは、彼が電話で話している途中にペースを変えるのを二回、耳にした。速いペースから遅いペースへ、仕事の話から情緒的で個人的な話へ、または歴史的なたとえ話へと変えたときには、彼自身の声が魅力的で深いものになり、電話の向こう側の人はすすり泣きを始めているのがわかるほどだった（実際そうだったことが確認できた）。つまり、これは決して単にビジネス上の有益な交渉だっただけではなく、同時に、重要な個人的な関係性も構築されていたのだ。このように、このCEOのペースは、単に彼自身に特有のペースなのではなく、他人のペースもそこに含まれているのであり、彼は現在の会話や会議のペースと焦点を変容させる能力があるということだ。

著者たちの一人は、六人の経営幹部の中のもう一人――この人は芸術家であり、起業家であり、市民団体のリーダーでもある――が、三歳の双子の子どもたちに夕食を食べさせていたときに、これと同じように巧妙に変容をもたらすリーダーシップを見せたところを目にして心を打たれた。彼は、主に赤ちゃん言葉と奇妙な音を通して、算数や生涯つづく発達に必要なことを双子たちが自らの取り組みで延々と学ぶレッスンを指揮していた。このような実例が仕事以外の場で起きているという事実から、**アルケミスト型**がもつこの新鮮な意識の性質への関心は、ほかの何かのための手段ではなく、それ自体が目的であることがわかる。

だが、私たちがさまざまな外観をもち、さまざまな関係がとりまく世界の中で、自身のペースはどのようなものか、それが他の人たちのリズムとどう相互に作用し合うかを、どうやって学ぶのだろうか？　自分自身のペースを見つけることは、単に個人的な課題であるだけでなく、政治的かつ精神的な課題でもある。仕事をしながら運動をするCEOは、平日の真っただ中に瞑想的な鍛錬を試みる、ある種の精神活動のグループに属していることを教えてくれた。これは、本書の言葉でいえば、四つの体験領域と常に斬新な結びつきを保ち、三次《トリプル》ループの学習を促すような鍛錬である。だがこのCEOは、献身的に実践する人としか共有されるべきではないという理由で、その鍛錬について説明したり、その精神的な伝統の名前を教えたりすることを拒んだ。

　私たちが一九八〇年代後半に行動を追跡した六人の経営幹部のうちのもう一人で、世界銀行地域担当副総裁だったスウェーデン人は、**アルケミスト型**の行動論理が、異なる規模の明らかに別個の問題――この場合、世界銀行の組織内の人事評価という課題と、貧しい国々の政治経済的発展をどう支援するかという組織外での課題――の間でいかにしなやかな類似性を見出すかを如実に示している。この幹部の部下たちは、全員の地位が脅かされる世銀の大規模な組織再編の対象となったために、現在の自分の職位を再び手にしようと、または変えようとして、互いに競い合っていた（そして、新しい体制では職員の枠が少なくなるので、少なくとも一〇パーセントの職員は再雇用されないことがわかっていた）。このスウェーデン人の経営幹部が彼女自身の職位を再び手に入れるまでにあと一週間しかなかった。個人の発達と組織変革という世銀自体の問題を、第三世界の開発プログラムにおける成功を最も頻繁に妨げてきた問題になぞらえ、この幹部は部下たちと、チーム外からそこの職に志願していた何人かに対して、この種のジレンマを解決するために最も適していると考えられる方法と同僚の名前を提案してほしいと言った。彼女は、その方法を最もよく実施できる人たちを将来のそのグループで働くメンバーに選ぶことを提案した。

　当初、大半の志願者はその職位の候補になっているほかの人を誰も推薦しなかった。そうすることは自分自身のキャリアの利益に反すると考えていたのは間違いない。推薦をした一人の志願者はすぐに採用され、その決定の根拠が残りの志願者にフィードバックされた。それから、このスウェーデン人の幹部は、残りの志願者とともに、つらい発達プロセスを展開する（たとえば、いっしょだとうまくいかなかったひじょうに有能な人材二人は、部門間の協力を高める目的で、以前は他の人の領域だった仕事を引き受けるよう要請された）。三年後、この新しいグループは、世銀の地域グループ全体の中で最も業績のよいローン・ポートフォリオをもつ二グループのうちの一つとなった。

この例は、**アルケミスト型**の二つの特徴をとくによく表している。（一）個人、グループ、組織、国際政治というあらゆるレベルの発達における類似性に積極的に注意を向けることと、（二）仲間を魅了したり、尊敬させ服従させたりするためではなく、**協働的な行動探求**を行うよう仲間の意欲をかき立てるために、その人個人の精神的エネルギーである「カリスマ性」を使うことだ。

このように、**アルケミスト型**の政治的および精神的な独特の性質は、慣習的であれ非慣習的であれその人の信奉する一連の信条（たとえば、プロテスタントの共和党員、ユダヤ系の民主党員、異教徒の無政府主義者など）にはよらず、むしろ、その人が実践する生命や愛の源に対するその瞬間その瞬間の探求に基づいている。表12－1は

表 12-1　アルケミスト型の発達上の行動論理と関連するマネジメント・スタイルの特徴

アルケミスト型	絶えず自分自身の注意を働かせ、直感、思考、行動、外の世界への影響の相互作用に対する一次ループ、二次ループ、三次ループのフィードバックを追求する。明るい面と暗い面、永続的なパターンの反復、以前暗示されていたものの出現を認識して、他者を包摂する現在に根ざしている。反するものの間の緊張の中に立ち、その融合を追求する。歴史的・精神的な変容という作業に意図的に参加する。状況の枠組みを再設定する想像上のできごとを共同で創り出す。死にかけた体験やエゴのアイデンティティの崩壊。時間と出来事を（単なる直線的で意味のない数字的なものではなく）象徴的で類似的かつ隠喩的なものとして扱う。

アルケミスト型の特徴をまとめたものだ。

次に、**アルケミスト型**がもつ難易度の高い政治的、精神的な関わり方を浮き彫りにするため、チェコの劇作家で反体制活動家であり、「ビロード革命」を主導してのちに大統領となったヴァーツラフ・ハヴェルの人物像について紹介する。ハヴェルの生涯を通して、皆さんは、精神の枠組みの再設定と**自分をさらけ出す力**という**アルケミスト型**のテーマを見出すだろう。だがおそらく何よりも、ハヴェルは、政治的な建国の父となった反体制の芸術家として、反するものどうしの緊張の中に自発的に立つということはどういうことかを示している。彼の中には、チェコの憲法草案の会議の合間に大統領官邸の周りで子ども用のキックボードに乗るような、不条理の達人と良識の達人の両方を見ることができる。ハヴェルの現在に至るまでの生涯を再現し、ハヴェルが自分の変容をもたらす力を発見し、磨き、行使した、先行きの見えない社会秩序を再現するために、少々長いストーリーと分析を記す。

ヴァーツラフ・ハヴェルの個人、芸術家、政治家としての発達

ハヴェルは、一九三六年、知的・芸術的関心の深い中流階級の家庭に生まれた。幼少期は、読書や文章を書くこと、演劇に熱中した。だが一九三〇年代後半に、チェコスロバキアがナチスに占領され、一九四〇年代に共産主義政権下に置かれた後、ハヴェルは有産階級の出身という理由で学校を追放され、他の学校への入学も拒否された。

一六歳になる頃には、ハヴェルは、文学や哲学に興味をもつ友人グループを自ら形成していた。そのグループは自主的な規律と調和、真剣な議論を基盤としていたとハヴェルは書いているが、実

際には、どの本を読むか、どの映画を観るか、また、参画度の低いどのメンバーを外していくかをやや強制的に提案していたのは、ハヴェル自身だった。有産階級の出身だったために、ハヴェルが仕事を得る機会は厳しく制限された。まず、化学者の助手として働きながら、最初の評論も出版した。ハヴェルの若い頃の記録に見られるマネジャーのスタイルの側面は、彼の評論と同様に、力強く批判的だが同時に社交的で誘惑的な、巧みな論理をもつ、若い**専門家型**《エキスパート》が作用していることを示す。おそらくこの若い頃にもっていた誘惑的、批判的、力強さという三つの側面を織り合わせる能力が、反するものどうしの緊張の真っただ中で活動することを求める、のちのハヴェルのリーダーシップの傾向を暗示している。

一九五七年から五九年まで、ハヴェルは兵役に就いた。陸軍内で友人のカレル・ブリンダと共作で、最初の戯曲『あなたの前途にはあなた自身の人生がある』を書き、軍の劇団を組織し、そこでその戯曲を上演した。これは、真実と道徳性を選択し、安易で不当な昇進の誘惑を拒む一人の兵士の話である。ここでは、この戯曲の筋と、その脚本・制作という協働的なプロジェクトの両方に、強くて実力主義的な**達成者型**《アチーバー》のテーマが見られる。

軍の劇場コンテストでもう少しで優勝するところまで行って初めて、当局がハヴェルの生い立ちを調べた。そして、共産主義下の軍隊で支配的な規範に関するその戯曲のいたずらっぽいユーモアの中に、隠されたメッセージがあるのではないかと疑い始めた。上演後、その戯曲は「反軍隊的である」として非難され、その劇団はそれまでに受けたすべての賞を返納しなければならなかった。今から思えば、この戯曲のテーマそのものと、この出来事全体の創造的な逸脱の中に**変容者型**《トランスフォーミング》と**アルケミスト型**の行動論理の予感を容易に読み取れる。

ハヴェルは、自分自身と軍との対立を経験し、それについて熟考したことに加えて、比較的知的な人々から成っていた自分の交際範囲の外側にいる人々に初めて出会い、彼らの価値観や生活について学び、探求的な友情は、生い立ちや才能の境界線や好みの境界線でさえも越え得ると気づいた。このように、ハヴェルの人生においては、この軍隊時代の間に**再定義型**《リデファイニング》の行動論理の兆候が表れ始めるのがわかる（私たちは六人の**アルケミスト型**についての研究において被験者の経歴に関するデータを体系的に求めなかったが、後になって、この六人のうちの三人が、十代のときに人種や国籍、社会的階層、性的好みの違いを超えて築かれた極めて強い友情について自発的に語っていたことに気づいた）。

ハヴェルは除隊後、『家族と過ごす夕べ』を書いたことで、有名な劇作家となった。有産階級出身だったためにマネジメントには不適格とされ、ハヴェルは劇場に舞台係として入ったが、この劇場の作品の創造活動に参加できるという約束を取りつけた。ハヴェルはここで八年を過ごし、代表作の戯曲を何作か書くことになる。そして、舞台装置を作り、事務仕事や旅公演をすべてとりしきり、監督の契約に関する決定を支援し、この劇場の社会的な中心にもなることによって、経営不振の危機から劇場を救うことになるのだった。主にハヴェルの存在と、彼の生涯にわたって随所に見られる「仕事場の友情」を生み出す才覚によって、劇場での監督、役者、舞台係といった役割間の区別は、階層的に行われることはなく、互いを尊重し合う中でユーモアたっぷりに成立していた。ここでは、**変容者型**の行動論理が作用し、その効果を発揮して、相互的な**自分をさらけ出す力**を行使することで共有ビジョンをもった役者たちとスタッフを結びつけているのがはっきりとわかる。

一九六七年、ハヴェルは、作家同盟によって創刊された若い作家向けの雑誌『ヴァル（形）』の編集者に招聘された。『ヴァル』誌の編集局は、特定のイデオロギーを信奉せずに、単純に自分たちが良いと思う多様な作品を選んで発表することにした。この開放性が、一九六八年一月にスターリン主義の強硬論者の大部分を追放し、その後に訪れた束の間の「プラハの春」の期間にアレクサンデル・ドゥプチェクを選出した改革派の知識人たちの支持を得た。一年もしないうちに、共産主義の強硬論者たちがソヴィエトからのいわゆる「兄弟の援助」を要請し、あっという間に検閲と政治的抑圧が再び行われるようになった。多くの才能ある芸術家や作家たちが口を封じられ、投獄され、国外追放された。

ハヴェルは、多くの知識人たちと違って、そして「政治的反体制派」の烙印を押されていたにもかかわらず、チェコスロバキアにとどまることを選択した。なぜなら、ハヴェルは、反するものどうしの緊張の中に立つことによって、力のない人たちが社会を変える力を生み出すことができると信じていたからだ。ここからは、ハヴェルの発表した作品やその他の活動に多く見られる**アルケミスト型**の「反するものどうしの結合」の実例に目を向けていく。ハヴェルは、自分がチェコスロバキアの抑圧的な政治・芸術的情勢の中にとどまったのは「真の意味の輪郭は、不条理のどん底からしか理解できない」からだと書いている。そして自著『平和を乱すもの』の中で、「説明するのは難しいが、笑いなしには、真剣なことを行うことはとてもできなかった」と振り返っている（Havel 1990, 113）。

ハヴェルが**アルケミスト型**であることを示す「真剣さと人生の不条理という、反するものどうしの結合」を、日々または時間単位の生活の中でどのように具現化したのかを示す例が数多くあり、その一つが一九六九年に作家同盟の中央委員会の声明書を作成しているときに起こった。この声明書は、ますます多くの市民が署名し何が起ころうとも固く守ることを約束する国への証となるものであった。その声明書の草案が練られるはずの日、ハヴェルは友人の絵の展覧会の開会セレモニーに出席する約束をしていた。真剣な声明書の起草中、ハヴェルはトイレへ行くと言って席をはずし、そっとその建物を出て友人の開会セレモニーに出席した。そこでハヴェルは、「調子はずれの愛国的な歌を歌い、熱のこもった声で」古典文学作品の朗読をした（Havel 1990, 112）。そのセレモニーが終わった後、ハヴェルは戻って、声明書の最後の段落の起草を終えた。後にこのときのことを振り返ってハヴェルはこう述べている。「あの声明書から引き離されていたこの一七年間にも私はそれを大きく裏切ったことはないと断言できる。そしてそれは、その起草中に私が道化役を演じるために時間をとったにもかかわらず、裏切らなかったということではない。その逆で、まさにそうしたからこそ裏切らずにきたのだ！　そして今も引き続き休みの時間を入れているからこそでもある」（Havel 1990, 113）

一九七〇年代、ハヴェルは発禁処分になった作家だった。妻のオルガと田舎の粗末な家に住み、唯一、友人たちが時おり訪れてくれることで、ハヴェルは完全な鬱にならずに済んだ。一九七七年、ハヴェルは、「不道徳な行為を広めている」という理由で政府から罪に問われていたプラスチック・ピープル・オブ・ザ・ユニヴァースというロックバンドの擁護を企てるためにプラハにやってきた。このバンドを擁護しようという動きは、七〇人超の署名を集めた嘆願書につながった。政府はこのようなまとまりある反応を予想しておらず、徐々に弱腰になって、逮捕した若者を何人か釈放し始めた。

だが、ハヴェルが「憲章七七」と呼ばれる宣言の起草に主導的な役割を果たしたとき、共産党は大量の逮捕と尋問に打って出た。ハヴェルは一九七七年一月から四月までの四カ月間、投獄された。この最初の投獄は、ハヴェルにとってひじょうに厳しい時期だった。毎日尋問を受けただけでなく、さまざまな方法で操作もされた。

この時期、ハヴェルは、全体主義の社会に抵抗する最善の方法は何か、という問題で頭がいっぱいだった。この問題について熟考したことが、随筆『力なき者たちの力』（Havel 1978; 再版 1985）を書くことにつながった。この本は、「権力は、政府機関をコントロールしている人たちに属しており、握ったり廃したりされ得るものだ」という従来の考え方の枠組みを再設定している。ハヴェルは、権力は、所有され得るものではなく、関係性であると考えたのだ。社会の一員である誰もが、その国の政府機関の濃密な社会ネットワークに取り込まれていて、その社会を決定づける勢力関係の一部になっている。したがって、誰もが、支持者になるか反対者になるかの選択肢をもっているのだ。反対者になること、つまりハヴェルの言う「真実に生きる」ことに決めた人は、完全に類を異にすることによって、自らを社会の権力から切り離さなければならない。私たちには、こういった考え方がいかにポスト在来型で、**機会獲得型**《オポチュニスト》、**外交官型**《ディプロマット》、**専門家型**、または**達成者型**の行動論理をもつ人々には手の届かないものかがわかる。そして、こういった言葉が、国内で自分の声が封じられていたこの時期のハヴェルにとって、いかに実現するのが難しいことであったかを想像できる。

　ハヴェルは憲章七七の代表の地位に戻ったが、一九七九年、再び逮捕され、懲役四年六カ月の判決を受けた。今回、ハヴェルは穏やかで、何が起ころうともそれを受け入れ、経験に「それなりの意義を吹き込もう」と力を尽くしていた（Havel 1990, 153）。ハヴェルは、毎週妻のオルガに宛てて手紙を書くことにその意義を見出し、オルガはその手紙を広く共有した。それらは個人的な手紙とはずいぶん違うもので、むしろハヴェルが自分を表現し、刑務所の外の世界と意思の疎通をはかる手段だった。獄中でハヴェルは死にそうになった。このときにはハヴェルはチェコの反体制活動家として西側諸国で有名になっており、その人物が獄死となれば政権にとっても厄介な事態となることから、一九八四年、ハヴェルは釈放された（表12－1にあるように、死に近い体験をすることは、**アルケミスト型**の典型であり［たとえば、ネルソン・マンデラの二七年間の投獄生活、ガンディーの断食］、人前で命を落とすこと［たとえば、ソクラテス、イエス・キリスト、マーティン・ルーサー・キング］も珍しくないことに留意）。

回復した後、ハヴェルはフラデチェックにあるコテージに戻った。一九八四年から八九年までの間、チェコスロバキアを訪問した多くの外国の代表団が、反体制側との会談を求めたので、ハヴェルは多くの西側諸国の指導者と会った。また、最も私的な戯曲である『長い荒涼』と『誘惑』の二作品を書いたのもこの時期である。その中でハヴェルは、獄中の人に向き合う感情と難しさについて掘り下げ、芸術と政治との対話を続け、ここでもまた自分自身の内面の葛藤を公開して共有することによって**自分をさらけ出す力**を示した。

一九八九年一一月一七日、平和的な座り込みが学生と警察との間の衝突に発展したとき、ハヴェルはすぐに自分のコテージからプラハへ向かった。翌日、学生たちはデモを続け、支援のための公演を求めて、全公演が中止になっていたプラハのリアリスティック劇場で俳優たちと会った。どの劇場も公開討論の場と化していた。一一月一九日、ハヴェルは反体制派を集結した「市民フォーラム」の結成を宣言した。ウェンセスラス広場に集まった二〇万人を超える学生たちに話しかけ、もしも一一月一七日に関する調査と政治犯の釈放、報道の自由という要求が満たされなかったら、一一月二七日にゼネストを決行することを表明した。こうして、誘惑的で批判的で力強かった一〇代の若者が成長して、今では、国の変容のために同じ三つの力（肯定する力、否定する力、調和させる力）を織り合わせる五三歳になっていた。

その後の数週間、ハヴェルはデモで演説をし、ストライキを組織し、活動の戦術について同胞と議論し、政府と共産党の平和的な退陣の交渉をした。また、新しい連邦議会が誕生し、反対派の代表者を新たに選出できるようになるまでを取りしきった。新たに作られたチェコスロバキア連邦議会は議長に、二一年前の「プラハの春」を率いたアレクサンデル・ドゥプチェクを選出した。その翌日、連邦議会は全会一致でヴァーツラフ・ハヴェルをチェコスロバキア大統領に選出した。力をもたない男とその友人たちが、権力者たちやそれよりもさらに大きな力をもつ同盟者たちが思いもつかなかった力を生み出したのである。

　チェコの社会は旧体制の指導者たちに激しい怒りと憎しみを抱いていたが、ハヴェルは、反対するために団結する必要はないと強調した。彼らの社会がそうなった責任は、共産党員たちだけにあるのではなく、チェコの市民全員にある。「つまり、私たち全員が、もちろんその程度の差はあるが、全体主義の機械を動かした責任を負っているのだ。単なる被害者である人は一人もいない。私たちは皆、共同制作者でもある」（Havel 1997, 4）

　ヴァーツラフ・ハヴェルは、チェコスロバキアにとって最大の問題は、表面的な虚飾が損なわれたことでも、経済が機能していないことでも、貧弱な教育制度のことでも、平均寿命が六〇歳に満たない原因となっている泥炭の煙による環境汚染でもないと考えていた。彼の三次ループの学習を明らかにして、ハヴェルは、一九九〇年の国民に向けての新年の演説の中で、同胞たちに向けてこう述べている。「最悪なことは、私たちが汚染された道徳的環境の中で生きていることです。私たちは道徳的に病んでいます。それは、自分の思っていることと違うことを口にするのに慣れてしまったためです。私たちは、何も信じないこと、互いを無視すること、自分たちのことだけを思いやることを学んでしまったのです」（Havel 1990, 4）。ポスト在来型のリーダーが一般的にそうであるように、ハヴェルは、外部に仮想敵をつくるのではなく、自分自身や自分たちのグループ内の不一致に焦点を当てた。チェコスロバキアの経済改革を絶対的に必要なことと考える一方で、自由市場のルールを、厳密に従うべき教義として受け入れることを拒んだ。「『体系的に純粋な』市場経済の礼賛は、マルクスのイデオロギーと同じくらい危険である。なぜなら、その精神のよりどころが同じだからだ。つまりどちらも、『理論から行動することが、人生についての智慧から行動することよりも本質的に賢明なことである』……という確信がよりどころとなっている」と『夏の瞑想』の中で書いている（Havel 1992, 66）。

外交に対するハヴェルの姿勢も、世界の舞台におけるチェコスロバキアの役割の枠組みを再設定するものだった。ハヴェルは、欧州の中心に位置する自国を、欧州や世界社会の平等な一員と考えていた。過去の不幸な出来事を基に他国に対して偏見をもつことを拒んだ。彼がチェコスロバキア大統領として最初に訪れた国はドイツであり、そこでハヴェルは、ナチスによるチェコスロバキア侵攻を非難するのではなく、ナチス体制の崩壊後にチェコスロバキアからドイツ民族を追い出したことを公式に謝罪した。ハヴェルの姿勢はチェコスロバキア国内で大きな物議をかもし、議論に火をつけたが、世界に対して、「チェコスロバキアには、古傷を開くことよりも古い関係性を修復することに関心がある新しいリーダーが誕生した」ことを明確に示したのである。ハヴェルの考え方に対する支持の高さが、チェコスロバキアの欧州社会への復帰を促し、同国は北大西洋条約機構（NATO）と欧州連合（EU）加盟への招きを受けた。

私たちの研究の少ないサンプルにおける**アルケミスト型**の人たちやヴァーツラフ・ハヴェルは、自分たち自身や他の人たちの気づきの敏感さを高め、相互性の感覚を身に付け、さまざまな社会レベルでの変容に参加することにひたすら打ち込んでいるように見受ける。この目的を達成するために、彼らは知的に類似性を見出し、創造的なインスピレーションを迎え入れる予測不可能性を明らかに楽しむ能力を行使する。**アルケミスト型**にとって、私たちが行動論理を見極める際の特徴的な行為は、もはや単に、私たちの通常のやり方がうまくいっていないときに試すべき臨時の戦術ではなく、そして私たちがリーダーとして自分たちの選択肢を広げるのに役立てるために思い出したときに試すべき戦略的理論でもなく、むしろその瞬間その瞬間を生きることそのものなのだ。

なぜ私たちは「アルケミスト型」の一端を垣間見ることしかできないのか

ここまでの説明では、**アルケミスト型**の行動論理で行動する人々の一端しか見せられていない。なぜこの点について、私たちはせいぜい一端を垣間見ることしか望めないのだろうか？　このように考えてみよう。私たちが本章の初めに尋ねた問いすべてに対する答えが、定まった知性のあり方——マインドセット——となると、それはもはや新鮮ではなくなる。新鮮な認知の色や衝撃や感情をもう経験できない。**アルケミスト型**の行動論理の真髄は、まさに、定まった真実として言葉や数字で表すことはできないものであり、継続的に新たな事実認識、新たな影、新たな驚きに対して開かれている。

変容者型の行動論理からこの最もとらえどころがなく弾力的な行動論理への変容は、後の段階の行動論理への発達上の変容がすべてそうであるように、何かにコントロールされている状態から、仲間と交流している状態への動きである。**アルケミスト型**は、**変容者型**の行動論理に支配されるのをやめて、その瞬間その瞬間の選択肢として、**変容者型**やその前段階の行動論理すべてとの関係性をもつようになる。今回の変容は、適切な心の枠組みの中にある（たとえば、タイミングについて「適切な」理論をもつ、四つの体験領域に「適切な」名前をつけるなど）状態から、枠組みを変え続ける精神をもつことへの変容だと言える。

ジョン・ペントランドは、「本当の意味で真実であること、つまり私たちの本質が私たちの中に出現するのは、快適な経験ではない」と言っている（Exchanges Within, 251）。枠組みを変え続ける精神は、それ自身の前提に気づき、継続的にそれ自身を乗り越える。枠組みを変え続ける心は、言葉にまだなっていない経験の闇に継続的に耳を傾ける。それは、ある状況において他の行為者がもつ思考の枠組みや、根底にある組織の歴史の発展のリズムや、先にある未だ整理されていない混沌に順応する（今の私たちが理論的に知っているように、いかなる瞬間においても、現実のはるかに大きな部分が、整理されていない混沌であり、言語や前提に縛られた心はたいていそれに近づくことができない）。

この、四つの体験領域の内側や各領域の間にある闇に耳を傾けることによって、私たちはある状況の不条理と常識の両方を同時に認識することができる。そのような耳を傾ける行為は、現在の状況における意欲を高める課題を見つけ、それをすべての参加者にとってわかりやすい言語で明確に表現することを追求するという点において独特である。このように意欲を高める課題を見つけて明確に表現することによって、「社会的な柔術効果」を生み出すことができる。つまり、完全な崩壊の恐れがあるときのように、個人や組織や国家が突然流動的になり、驚くほどの力強さと決意をもって振る舞うのだ。このため、この**自分をさらけ出す力**は、アルケミストのような、魔術師のような、道化師のようなものとして経験されることが多い。なにしろ、ヴァーツラフ・ハヴェルは、チェコスロバキア大統領になる四週間前には、何の公職にも就いていなかったのだ。

この種の、境界の創造的な解消と再構築は、南アフリカのアパルトヘイトの終焉時にも起こった。あらゆる確率に反して、ネルソン・マンデラと南アフリカ真実和解委員会が異人種の共存する社会に向けて驚くほど非暴力的な変容を生み出したときだ。マンデラが、「アフリカーナー」と呼ばれる南アフリカ生まれの白人で構成されたラグビーチームのジャージを来てワールドカップの決勝戦に現れたときのように、思いがけない行動が、「和解はどこまで進めるか」についての人々の常識の刷新と更新を何度も繰り返してきた。

このマネジメントのスタイルに変容をもたらすには、単に啓発に向かおうとするだけでなく、人間の状態の中にある闇の部分すべてに対して、私たち自身の内面や周囲でそれが現れるままの姿に向き合う必要がある。自分は良い側の人間で、世界から悪を取り除くことができると信じることができるかもしれない**機会獲得型**、**専門家型**、**変容者型**とちがって、**アルケミスト型**は、善と悪の間――勝利と敗北の間、神聖と不敬の間、階級間や人種間や性別間、私たちとあの人たちの間、私とあなたの間――の分極化は、世界について私たちがもっている相対的に固定された一方的なものの見方によって、各瞬間に再現されると認識している。悪は、最も深いところにつながる三次ループの意識を私たち自身が忘れることや、私たち自身の注意が低下し受け身になることから生じるのだ。悪を永遠に打ちのめすことはできない。それどころか、悪があたかも私たちの外にあるかのように闘い続けるのは、悪を強めることにほかならない。**変容者型**とちがい、**アルケミスト型**にとって、発達上の行動論理は、他の人たちをマネジメントする安定的な理論などではなくなり、私たち自身の注意と外の世界の両方に対する継続的な闘いとなる。

そのような人は公式の地位を必要としない。その人たちの力と影響力は、発達に関するリズムとその乱れを聴くことから生じるのだ。この四つの体験領域の聴き方によって、その人は、表向きの役割にかかわらず、誰に対しても開かれた全体に対する責任感をもったリーダーの役割を担う。**アルケミスト型**は、体、心、頭の中で繰り返し呼び起こされる驚きの感覚をもってこのように聴くことで、会話から発達のリズム、人々の生活、背景を経験する。また、過去と未来から、気づきと行動が可能な唯一の時間であるこの包含的な現在の中に射し込んでいる幅広い歴史の状況にも耳を傾ける。ナザレのイエスと同時代に生きたティアナのアポロニウスは、このような聴き方を学ぶために、五年間沈黙するという誓いを守ったと言われている。

私たちは何度も「暗闇に耳を傾ける」ことを提言してきた。そして組織変革に関する章（第八章と一一章）では、人がそのように耳を傾けているときに聞こえ始める発達上のリズムの例を示した。だが、第九章で、ソフトウェア会社のコンサルタントが二人のパートナーとのミーティングの前に一〇分間とって、自分の面接が示唆する発達上のリズムに耳を傾けるという瞬間の事例以外では、耳を傾けるプロセスそのものについてはまだ説明をしていない。ある意味では、真の傾聴は積極的な沈黙――空虚――である。原則的には、絵や文学作品で、その積極的な沈黙を説明することはできない（中国の山水画や日本の俳句はそのような傾聴を呼び起こそうとする試みであるが）。真の傾聴とは何かを学ぶためには、それを行っている人の存在する場にいて、自分自身がそれを具現することを追求しなければならない。それでも、ここではもう一つ、ある女性がクエーカー教徒の集会に参加したときのことを書いた日記を、本人の許可を得て、例として紹介する。その集会では、誰もが、存在すること、知ること、行うこと、達成することの暗黙の原因に向かって、沈黙に耳を傾ける（そしてそれによって沈黙を生み出す）ように促される。

心臓がどきどきしている状態で［と彼女が書いている］、私は立ち上がった。

今朝の友会徒の集会で、いっしょに沈黙した最初の二〇分間――その沈黙を破るのは時おり聞こえる鼻をすする音と咳だけだった――、私は自分が何らかのメッセージを言うことになるとはまったく予想していなかった。実際、最後にそうしたのはもう何年も前のことだ。今日、私は自分の呼吸と、座っている身体の感覚が循環することに注意を払っていた。

傾聴が深まるにつれて、さまざまな感情と思考の炎が、心臓から外に湧き出すように、私がこれまでの人生で関与してきた多くの関係性やおなじみのリズムが相互に妨害または強化し合っている軌道をたどりながら噴き出した。それはまるで、特定の過去の出来事がときどき短くフラッシュバックしながら、私の人生全体の形が自分に対して明らかになっていくかのようだった。私が意図的に耳を傾けつづけ、考えに引き込まれることなくその考えに気づくことで初めて、このような性質の思考や感情が可能になるようだ。

沈黙そのものが集中を増していくにつれ、二行のシンプルな言葉が名乗り出てきて、どんなに何度も私が純粋に耳を傾ける楽しみのためにそれを放っておこうとしても、繰り返し戻ってきて、その言葉を語るよう私に頼んできた。

私は立ち上がり、もう少しだけ沈黙の時間をとって、自分の新たなバランスを見つけた。それから、話をしているときでさえ、積極的に耳を傾けることをやめないようにして、ゆっくりと発話した。

「すべての理解を……通り過ぎる……沈黙……

耳を傾けたいと願うのは私たちの中の何なのだろうか、そして、この沈黙から……」

この集会での沈黙の間、この女性はずっと「プレゼンシング」★の傾聴を行っていたようだ。最初は過去のパターンと特定の記憶に焦点を当てていたが、その後、自分に繰り返し湧き起こってくる二つのフレーズを語ることがその集会に貢献するのかどうかという問いに焦点を当てている。この女性の思考プロセスは直線的ではなく、混沌としていて、変容をもたらすものであり、自身がどんな思考プロセスをもっているかは特定できない。このことは、この女性が話すとき、または書くときに、その内容をまったく伝えないことを選んでいる事実に表れている。そうする代わりに、彼女

★　出現する未来の「場」の存在を感じ取り、そこから行動すること。ビル・トルバートの指導を受けたピーター・センゲ、オットー・シャーマーらは「U理論」としてこの実践を発展させた。

は、明らかになったすべての根拠に継続的に耳を傾けるという、言語を用いない三次ループの注意プロセスを強調することにしている。

もし**機会獲得型**、**専門家型**、**変容者型**の行動論理に共通した重要な欠点があるなら、それは、傾聴や内省的な探求のほうがその人にも世界にも役立つような重要な瞬間に、確信をもって主張する権利を過信していることだ。もし**外交官型**、**達成者型**、**再定義型**の行動論理に共通した重要な欠点があるなら、それは、不調和を明確にするほうが、調和しているように見えるよりも、その人にもさらに大きな状況にも役立つようなときに、対立的に話したがらないことだ。私たち自身が話をしているときにも同時に進めている傾聴の中に、情熱と冷静さと思いやりをいつ、どのように、なぜ混ぜ合わせるべきなのか。これが、**アルケミスト型**が向き合う問いである。

他の人たちにとって価値のある仕事を遂行し、暗闇に耳を傾け、プレゼンシングの注意を行使し、自分たち自身や他の人たちの中で光から変化したものさえも愛して、ゆったりと生きること。これこそが、生涯にわたる行動探求《アクション・インクワイアリー》において「タイムリーな、変容をもたらすリーダーシップの秘訣」と呼べるものは何なのかを表現する一つの良い方法である。

結論

発達理論は、外から内に《アウトサイドイン》見た抽象概念として考えると、直線的かつ杓子定規で、階層的であると思われるかもしれない。だが実際は、内から外に《インサイドアウト》体験すると、私たちの注意がより継続的に積極的な行動探求を行うようになる後期の行動論理に向かって変容していくにつれ、この発達のドラマは、単に広く全生涯にわたってだけでなく、その瞬間その瞬間に、交差や妨害が行きかう多くのレベルで起こっているように思われる。

人々、プロジェクト、組織、国家は、一次《シングル》ループ、二次《ダブル》ループ、三次ループのフィードバックから学びながら、さまざまな行動論理で時を過ごす。また、意識的または無意識に、さまざまな行動論理の間の混沌とした移行の中で時を過ごす。

本章の冒頭で、私たちの生活の中で継続的に起こっている奮闘や緊張、習慣、快適さの中でアルケミスト型の性質である新鮮さを再発見するのがなぜそれほど難しいのだろうか、という問いを投げかけた。一つの答えは、四つの体験領域に耳を傾けようとすると、多くの相違やギャップ、不一致や不調和が明らかになるからだ。このような不一致を経験するということは、単に知的な訓練であるだけでなく、存在に関する情緒的な衝撃を生み出す。

私たちの中でいったい誰が、自身や他の人々、組織、それよりも大きな社会的プロセスにおける、意図、信奉される価値観、実際の行動、結果の間のギャップを目の当たりにするという継続的な苦しみを自発的に引き受けるだろうか？　誰が、そのような苦しみを、囚われたノイローゼ、または他者に犠牲を払わせる社会的勝利にではなく、それぞれの出会いを新鮮に輝くものとする開放的な意識に変容させようと奮闘するだろうか？

私たちの返答はこうだ。ポスト在来型の行動論理に移行している人は誰もが、やみくもに他の人たちに苦しみを引き起こすよりも、自分自身が意図的に苦しむほうを暗黙のうちに優先させるようになる。そして**アルケミスト型**の行動論理に移行している人は明らかに、最も難しい問題についての探求に価値がおかれ、それが実行される、そして苦しみが共有され変容させられる環境を――それがビジネスまたは家庭環境であろうと、専門的または文化的、精神的な環境であろうと――共同で創り出そうとしている。私たちはそのような環境を、**探求の基盤コミュニティ**と呼んでおり、その意味するものを最終章となる次章で探っていく。

第13章 探求の基盤コミュニティを創り出す

本章では、個人の発達におけるアルケミスト型の行動論理に相当する、組織化における**探求の基盤コミュニティ**について論じていくうちに、探求に関する個人、地域社会、組織の文化がどのように見えてくるだろうか、ということをほんの少し紹介していく。私たちが制約を受けるのは、私たちの想像力を刺激しようにも、過去の例はぼんやりとした断片的なものでしかないからだ。この組織化の行動論理を十分に具現化し、公に開示され、社会に広く参考になる例は未だ存在していないと考えている。

だが、これは真に未来の行動論理なので、本章が終わるまでに、単にぼんやりとした過去の記憶を訪ねるだけでも、現在の特定の難題や機会のいくつかについて述べるだけでなく、どうすれば私たちの一人ひとりが個人的に、そして世界中の私たち全員が、未来を心に描き、それを具現できるかを、より積極的に想像し始めることができるような一種の社会科学的なＳＦも描く。

表13－1は、**探求の基盤コミュニティ**の行動論理の理論上の特徴を示したものだ。この組織化の行動論理の名前そのものは、二つの明らかに反対の性質――一次ループ、二次ループ、三次ループの探求によって促される基本的な安定と変容の不安定――を表している。これは、私たちが**探求**

の基盤コミュニティにおいて追求しているこれら二つの相対するもの――今日、時おり言われるところの「カオスの縁」――が組み合わされている。

もしもこれが不可思議に聞こえるなら、ごくふつうに聞こえる例を挙げよう。たとえば、取締役会は、意図をもった最善の状態では、使命、戦略、行動、結果の間の明確さと、それらの間の一致を検証し、CEOのために学習するコミュニティを創り出す、自分の組織の探求の基盤コミュニティとして機能する。二〇〇一年と二〇〇二年、米国経済は、エンロンやグローバル・クロッシングといった、その取締役会が探求の基盤コミュニティとして機能できなかった企業の影響を受けてふらついていた。一方では、取締役会は、その議長がCEOで、取締役の過半数がその組織の社員である場合はその潜在可能性を実現する確率が低い。そのようなケースでは、CEOを支持する勢力の非対称性が、相互性の感覚と取締役会の探求の感覚の両方を鈍らせる恐れがある。他方で、社外取締役は、その会社の内部での化学反応がどのように作用するかを知るという困難な仕事に直面する。いずれにしても、私たちの取締役会のメンバーとしての経験と取締役会メンバーたちとともに働いた経験および、組織化の行動論理に関する発達理論が示唆するのは、取締役会の活動の中に**協働的な探求**《コラボラティブ・インクワイアリー》と**探求の基盤コミュニティ**のプロセスを構築することは、その取締役会が正しく機能することにとって、少なくとも、個々のメンバーの演じる役割の総体と同じくらいに重要だろうということだ。

こうした理想的な取締役会の例は**探求の基盤コミュニティ**の第一印象を得るのに役立つが、では実務において**探求の基盤コミュニティ**の特徴（表13－1）を具現する実際の組織を特定できるだろうか？ 一般的には「クエーカー」と呼ばれている「キリスト友会」という組織を見てみよう。クエーカーは、正式または職業的な聖職者をもたない、仲間のようなプロテスタントの教派である。

第一二章の最後で説明したように、彼らの礼拝のための集会（ビジネスの会議も同じ）には、一人ひとりが沈黙して、「内なる声」または「内なる光」を求めて耳を傾けることを探求するという特徴がある。それは、本書で私たちが複数の領域にわたる直感的な意識と呼んでいるものに相当するかもしれない。集会で参加者が時おり発するメッセージは、意図的な傾聴というこの文化の中で、威厳と共鳴を宿す。多くの人々にとって、クエーカー教徒について知っていることといえば、まずは「平和主義の人たち」ということだ。クエーカー教徒は、戦争に加わることを拒否し、意識的な戦争反対者であり平和の仲介者になることを追求する。したがって、戦時には、自分自身の国との強い政治的緊張の中に身を置くことになる。

部分的な**探求の基盤コミュニティ**の例といえる精神志向のもう一つの組織は、一五〇〇年代のある日にピクニックで着想された組織

表 13-1 探求の基盤コミュニティの特徴

- 反するものどうし――行動と研究、性と政治、過去と未来、象徴的と悪魔的など――の継続的な相互作用を高く評価する。
- 目に見える外側の世界における、精神的／直感的な**ビジョン策定**、理論的／実践的な**戦略策定**、タイムリーな**実行**、結果の**評価**の間の関係性について経験に基づいた実験的な研究を継続的に行う。
- コミュニティが、多様な背景の人々の間の仲間のような相互性と、タイムリーな行動探求の謙虚で柔軟性のある実践に重点を置くことが、原理主義の普遍的なイデオロギーすべてに対抗する。
- 組織内部および組織外の幅広い環境との間で、異なるパラダイム／枠組み／行動論理の間に政治的摩擦がある。
- **協働的な探求**の構造が、タイムリーな、変容をもたらす、解放のための集団行動というアルケミスト型の難問に対応しないために破綻する。
- タイムリーな、変容をもたらす集団行動がとられると、共通の目的は、持続すること、そしてそれをすべての参加者から多くの行動の選択（とそのような選択の結果についてのフィードバック）を生み出すことだと明らかになる。
- 時間についての新しい体験：他者のストーリーは私のストーリーになる。期限のあるニーズ、時間を超越した原型、タイムリーな創造的な探求の相互作用。

だ。そのピクニックの前には互いのことを知らなかったパリ大学の六人の学生が、その日、元スペイン兵士のイグナチオ・デ・ロヨラによって集められた。彼らはともに、イエズス会の設立に打ち込んだ。一〇年もしないうちに、イエズス会士たちは、多くの場合一人で、世界の果てまで旅をし、インドや中国、パラグアイの原住民などの文化にどっぷりと浸かった。彼らは、カトリックの欧州式構造を押しつけようとするのではなく、それぞれの独特の文化の中でいかにしてキリスト教の精神を伝道できるかを理解しようとした。カトリック教会そのものの内部や神学、イグナチオの精神修養においてだけでなく、世界の探検、政治、教育、科学においても、イエズス会の影響はとても大きく、激しい議論を呼んだゆえに、イエズス会はその歴史上、二回禁止され、のちに復興した。こういった経験は、イエズス会が信仰と真実という支配的なパラダイムとどの程度までの政治的摩擦を生みだしてきたのかを示している。

一九六〇年代後半の英国の音楽グループ、ビートルズも、部分的に**探求の基盤コミュニティ**の代表である。ビートルズは、個人的にもグループとしても、人生の意味を探りながら、毛沢東よりも広範囲に――そして間違いなく、より芸術的で、より喜劇的に――文化革命を引き起こした。しばらくの間、新しいアルバムが出るたびに、新たな音楽と意識のパラダイムが展開されるように思えた。それとも、影のコミュニティだったのはローリング・ストーンズだろうか？　それともグレイトフル・デッドこそが、私たちの探している例なのだろうか？　いずれにしても、こういったグループはどれも、経済的な意味でも文化的な意味でも世界的な影響力をもつ仲間組織《ピア・オーガニゼーション》である。

進化しつつある「探求の基盤コミュニティ」？

男性のみの組織（イエズス会、ビートルズなど）を取り上げた私たちの型破りの精神的・音楽的な例が、この組織の行動論理の経済的実用性と一般化可能性について皆さんを少し不快にさせていたらいけないので、ここで**探求の基盤コミュニティ**の現代の例として、過半数を女性が占める営利目的の組織を取り上げる。この組織は、トリリアム・アセット・マネジメントという比較的小さな投資顧問会社で、社会的責任投資（ＳＲＩ）に特化した最初の企業だ。トリリアム社は一九八二年に、その後もＣＥＯでありつづけているジョーン・バヴァリアによって設立された。同社に関する私たちの知識は、一般に公開されているこの会社についての文書や博士論文から得たものばかりではなく、本書の共著者の一人が一九八九年から取締役を務めながら楽しく目にしてきた同社の発展を、社内の人間の視点から見て得たものでもある。すでに第三章で、いかにＳＲＩが、顧客が重要視するトリプル・ボトムライン（収益性、社会的公正性、環境の持続可能性）を最適化するために株式市場において一次ループ、二次ループ、三次ループの行動探求の方法を表しているかを述べた。トリリアム・アセット・マネジメントは、このような方法で、**探求の基盤コミュニティ**の二番目の特徴である「四つの体験領域に関する体験に基づいた実験的な研究」（表13－1参照）を行った。同社の顧客は、Ｓ＆Ｐ５００に匹敵する投資収益を得ているだけでなく、自分たちの資金がトリプル・ボトムラインという概念の実行において主導的役割を果たしている企業を圧倒的に支えているとわかっていることからも満足感を得ている。

ジョーン・バヴァリアは、一九八〇年代前半から、社会的責任投資フォーラム（ＳＩＦ）やセリーズ（それぞれの理事長を務めた）、グローバル・レポーティング・イニシアティブ（ＧＲＩ）の創設において、共同設立者として中心的な役割を果たした。こういった機関を通して、ＳＲＩは、表13－1で**探求の基盤コミュニティ**の最初の特徴として挙げた「支配的な経済のパラダイムとの摩擦」

の中に継続的にあったにもかかわらず、成長を続けた。

バヴァリアはそもそも、労働者が所有する企業としてトリリアム・アセット・マネジメントの着想を得た。株式を所有し、それによって株主総会で社長と同等の議決権を得ることを望むすべての従業員を、秘書であろうと、コンピュータ・プログラマーであろうと、社長であろうと、招き入れた。同様に、年に一度のこうした株主総会では、従業員二人を含む取締役会のメンバーが投票で選ばれ、その他の取締役会の行動が承認、否認、または命令される。

だが、トリリアム社の歴史は喜びと光に満ちていただけではない。発達上の理論が予見するように、後期の行動論理のビジョンをもってスタートしても、その会社が即座に後期の行動論理が機能する状態になるわけではなかった。設立初期の頃、株式を所有する従業員の多くが、社長をすべての方針立案と所有の責任を負うべき人物であるとみなしていた一方で、所有者としての権利――たとえば、不満を言う権利――を行使したがる傾向があった（一七歳の子をもつ親ならこの原型をよくご存じではないか?）。その後、一九九〇年代前半、同社は、初期の投資家の一人の起こした訴訟によって数年間悩まされたとき、長期に及ぶ「死の淵」の経験をした。この逆境の中の光だったのが、この難題が会社と取締役会全体に生み出した深い一体感だった。一九九〇年代半ばと後半になってから、同社は取締役レベルに極めて有能な人材を新たに呼び込み、新たな拠点が開設され、それによって執行的職能が数多く設けられて、バヴァリアと同僚たちの間に以前よりも本当の意味の公平が確立された（これはバヴァリアが長い間培おうとしてきた公平だった）。

いまでは、一人一株の構造が修正されて、より大きな所有権が、長く在籍する、より高いレベルの意思決定権をもった人たちに与えられるようになった。また、株式のおよそ三〇パーセントが、友好的な戦略的提携を生み出し、それらの株式に償還可能な市場価値を与えるために、別の会社に売却された。このようにして、この会社が当初もっていた**協働的な探求**の構造は死に（表13－1に挙げられた五番目の特徴）、より新しい、より柔軟な協働的な構造が生み出された。この集合的な所有構造は、この会社内の日常的な事業の関係性が実際にもつ相互性とともに、設立以来、同社の離職率が極めて低く保たれている要因となっている。一方、同社は四つの支店をもつまでに成長し、社会調査、評価、アドボカシーの分野で主導的な役割を果たしている。

トリリアム社では、私たちが**探求の基盤コミュニティ**を特徴づけるものと信じている「仲間との相互関係に重きを置く姿勢」が、集合的な所有構造へのコミットメントだけでなく、もっと多くの形で見てとれる。伝統的に同社は並はずれて多様性の高い企業だった。常に女性が過半数を占めていただけでなく、従業員全体や取締役会全体に占めるアフリカ系アメリカ人やその他の少数民族の割合が、平均的な米国の投資顧問会社よりも高い。この構成比は、この会社の人たちが「多様な背景の人々の間の仲間のような相互性」（表13－1に挙げられた**探求の基盤コミュニティ**の三番目の特徴）をもつために求められている形の一つだ。

またトリリアム社は、顧客との関係性や企業が良い投資の機会であるかどうかを分析する方法においても、ことのほか相互的である。トリリアム社は、その投資戦略が、「投資ポートフォリオは投資収益という基準だけで決められるべきだ」という従来の投資の知恵に真っ向から反するものであるため、事業で利益を上げながら、自社の従業員や環境に対する倫理的な影響に責任を負う企業を特定しようと努力している。トリリアム社はまた、その方針が社会的公正性や環境の持続可能性の見地から問題があると思われる会社とは、株主イニシアティブやダイアログも行っている。このように、トリリアム社は、（その投資基準を、当たり前のことと考えずに探求する）顧客との間にも、会社と従業員・コミュニティ・環境との関係においても、仲間のような相互性を追求している。同社の企業としてのビジョンはそのモットーである「よりよい世界のために投資する」に表れている。

バヴァリアが二〇年以上にわたって、今も変わらない戦術的な足取りの軽さと戦略的創造性だけでなく、不思議なほどの穏やかさと上機嫌を保ちながら、こういったさまざまな困難や変容を主導してこられたということは、発達理論が予想するように、バヴァリアは**変容者型**か**アルケミスト型**の行動論理によって行動している可能性が高い。バヴァリアの今の行動論理が何かはよくわからないが、一九八〇年代後半に彼女がグローバル・リーダーシップ・プロファイルを修了したときには、**変容者型**の行動論理で行動していると評価されていた。バヴァリアは、銀行に入行し、その後に社会起業家になる以前は、芸術家だった。現在のトリリアム・アセット・マネジメント社とSRIは全体として、バヴァリアが自分の個人ブランドの行動論理と協働的リーダーシップを芸術的に実践してきた成果である。

「探求の基盤コミュニティ」としての国連?

さらに大きな規模では、組織や国のリーダーは、国際的な経済・政治・宗教の舞台での予期せぬ緊急事態に、行動探求で応じることができるだろうか? 二〇〇一年九月一一日の米国へのテロ攻撃以降、そして、二〇〇二年後半から二〇〇三年前半にかけてのイラクへの「予防」戦争を行うべきかどうかについての議論の間に、国際連合が世界の探求の基盤コミュニティとしてより強い役割を果たすようになれるのか、それとももより弱体化するのかという問いが、ますます重大なリアルタイムの懸念となった。**機会獲得型**のようなサダム・フセインの自分の国や地域内での一方的な弱者へのしうちと、独立した権力をほとんど持たない、主として**外交官型**のような組織としての国連の歴史を考えると、米国と国連は、一方的な弱者へのしうちを強めるような方法ではなく、探求と相互性の世界的なコミュニティを構築する方法で対応することが可能だったのだろうか？

テロの一年後、イラクへの宣戦布告直前の二〇〇二年九月一二日、ブッシュ大統領はどのように国連で演説を行えたのだろうか。そして、国連安全保障理事会は、その後にブッシュの演説にどう反応できただろうか？ ならず者の一方的な支配をやめさせ、終わらせると同時に、より広く集まった国家間の前向きな相互性と相互依存関係という考えを強化する枠組みが設定、または再設定されようとしたのだろうか？ 本書で見てきたように、ヴァーツラフ・ハヴェルやジョーン・バヴァリアのような変容をもたらすリーダーは、その瞬間の緊急事態が、理に適った強固さとグループの開放性とを結びつける行動に根差した、将来に向けての前向きな新しいビジョンを生み出せるように、仲間を対話に引き込んだ。

それほど驚くことではなかったが、二〇〇二年九月一二日の国連の演説で、ブッシュ大統領は、同日の独仏シラク計画が提案したほど強くは、世界に新たなレベルと種類の相互性を構築するという課題に焦点を当てなかった。というよりも、ブッシュは、「安全保障理事会がどのような結論に至ろうとも米国の行動は実行される」と脅しているようだった。しかしながら、米国連邦議会と国連安全保障理事会には、短期間だが、より相互的な戦略的取り組みを生み出す可能性が残されていた。今の私たちが皆知っているように、この翌年、ブッシュも連邦議会もフランスもドイツも、そして世界の舞台にいた他のどの国も、新たな性質をもった、より相互的な世界の権威を生み出すことはなかった。

だが、ブッシュの演説後二カ月以内に、安全保障理事会が、翌年に国連が以下の政治・軍事・平和維持上の上位目標五つを優先させるという決議をしたと想像してみてほしい。

◆アル・カーイダの効果を断つ。
◆イスラエルとパレスチナ国家双方にとっての平和と自由を創出する。
◆必要であれば、イラク国内で、軍事力によって国連の決議を実行する。
◆アフガニスタンで国造りのプロセスを続行する。
◆国連を、ますます権限が大きくなり、ますます民主的になる、課税機関をもつ統治機構として次第に再構成するための継続的なプロセスを策定する。

さらに、この安全保障理事会の決議に、これら五つの最優先目標のそれぞれについて、いくつかの国が指導的役割を果たすことが明記されていたと想像してみてほしい。

◆米国、エジプト、パキスタンが協調的に行動し、アル・カーイダ対策を米国のリーダーシップの下で実施する。
◆フランス、ブラジル、シリア、ヨルダンは、国連のアナン事務総長を議長とする、イスラエル・パレスチナの主導権に関する世界平和会議を取りまとめる。
◆英国、ドイツ、インドは、状況によって米国軍の支援を得ながら、イラク対策を協調的に実施する。
◆中国、イタリア、カナダは、アフガニスタンのための支援で協調する。
◆ロシア、ノルウェー、メキシコは、国連の再構成に向けたビジョン策定と、七年間の行動計画についての戦略策定のプロセスを主導する。このプロセスには、毎年、一つの大きな運用変更と、それぞれの運用変更の継続的な公的評価プロセスが含まれる。

このシナリオのポイントは、この具体的な解決策を提案することではない。その時期はもう過去になっている。そうではなく、このシナリオのポイントは、世界的な**探求の基盤コミュニティ**を生み出すための取り組みが実際の時局にどのように影響を与えた可能性があったかを浮き彫りにすることだ。

国連が**探求の基盤コミュニティ**としてもっと機能できるように、国連の枠組みを徐々にどう再設定するかという問いは、依然として残る。これを実現するために取り得る方法はたくさんある。たとえば、国連が緩やかな第一課税機関をもてば、異文化間探求投資機関なるものを創り、(一)超小規模開発投資を受ける価値のある、世界の最貧国の事業やコミュニティ・プロジェクトを見出す、(二)それらの組織が探求と説明責任という、後期の行動論理文化を開発するのに役立つであろうリーダーシップと評価に関するコンサルティングと研究を提供する、という二つのことを行えただろう。

この探求投資機関は、六つの異なる国からのメンバーでできた六人組のチームで構成されており、それらのチームが七つめの国に割り当てられる。このように、探求投資機関のチームそのものが、ホスト国でのその仕事において、タイムリーな探求と行動のもつ受容的で相互的な、変容をもたらす力を基盤とした、異文化間の、パラダイムの違いを超えた**探求の基盤コミュニティ**になる必要があるだろう。国家がどの程度そのようなチームの存在に貢献し、その存在を引き起こすかは、その国が探求と自己変容に対してどれだけ開かれているかを即座に示す指標となるだろう。探求投資機関の古参メンバーは、国境を越えた忠誠心をもつ、成長中の世界的リーダーシップの核となるだろう。

将来の可能性

私たちが、単に一次ループの学習だけでなく、二次ループや三次ループの学習も受け入れる後期の行動論理の着実な習熟を一般に広めるには、世界のシステムが、数百年かけて新しい種類のビジネス、政治、宗教の機関について実験を行う必要があるかもしれない。

近代以前は、圧倒的に、**外交官型**の行動論理の代表であった階層やカースト制度が組み入れられた、**機会獲得型**の行動論理をもつ戦士の文化と特徴づけられた。近代は、**専門家型**の行動論理から生じた科学の進歩と、**達成者型**の行動論理を体現する市場の成長を圧倒的な特徴としていた。この四半世紀に、私たちは西洋において、ポストモダンの相対主義と**再定義型**の行動論理を指し示し、米国と中東の両方において原理主義者の反発を伴った個人主義の台頭を目にしてきた。

いわゆる先進国で、私たちは、現代になって一次ループのフィードバックを基に私たち自身の生活や企業を主導する方法について、多くのことを学んできた。さらに、ごく少数の特定の個人や組織は、本書に説明したように、後期の行動論理にまで変容した。だが世界全体では、どの文化においても、人々や組織は依然として、一方的に権力を用いることによって——個人的に、政治的に、技術的に——潜在的な二次ループや三次ループの学習に抵抗する傾向にある。

新たな組織の形態——ノット・フォー・プロフェット（NFP）

二一世紀の次の四世代にわたって、もし世界中の何百万もの組織のリーダーや家族、学者が、**変容者型**とそれ以降の行動論理に向けて自分たちが発達するための支援を求め始めたら、どうなるだろうか？　その人たちが、組織全体が**協働的な探求**やそれ以降に向けて発達するのを支援することにますます本気で取り組むようになったら、どうなるだろうか？　そして、その人たちが、本書が説明するような、変容をもたらす方法で、誠実さ、相互性、持続可能性にますます価値を置くようになったら、どうなるだろうか？

もちろん私たちは、無限の可能性を予想するかもしれないし、以下の社会科学的なＳＦのシナリオの目的は、どんな未来が起こるかを予想することではない。皆さんが、あり得そうにない以下のシナリオからひらめきを得ようと、または嫌悪感を抱こうと、その目的は、皆さん一人ひとりが、もう一歩か二歩を踏み出して、他の人たちと共同で創り出したいと願う質的に異なるさまざまな未来を心に描くよう促すことだ（ジェネロンやグローバル・ビジネス・ネットワークなど、現代のコンサルティング会社の多くが、このような企業や国全体のためのシナリオを策定している）。

以下の未来のシナリオは、**探求の基盤コミュニティ**の段階にある保健医療やその他の政策関連分野の非営利組織が掲げる社会的なビジョンを提示している。このシナリオは、取締役や経営幹部たちに保健医療業界の既存のパラダイムを考え直させるために、一九九〇年代後半に米国のある大手健康管理組織の年間ビジョン策定・戦略策定プロセスの一部として策定された数多くのさまざまなシナリオのうちの一つに少しだけ手を加えたものだ。このシナリオは、さまざまな形で「医療の組織化における根本的な変容はどこへ導くのだろうか。そして自社はそのような変容においてどのように指導的役割を演じるのが最善だろうか」という問いに答えている。

これがそのシナリオだ。忘れないでほしい。このシナリオの目的は、皆さんにこれを信じさせることではなく、皆さんに探求をしてもらうことだ。このシナリオどおりにいったら、二〇二五年に、皆さんはどう感じているだろうか？　そのシナリオのどこは気に入り、どこは気に入らないだろうか？　なぜそう感じるのだろうか？　どんな未来の創造に参加したいだろうか？

二〇二五年のフィラデルフィア・クエーカー・ヘルス

二〇二五年には、フィラデルフィア・クエーカー・ヘルス（ＰＱＨ）は、保健医療分野で最も信頼のおける、最も高い評価を得た組織になっている。同組織は「ナイン・メジャーズ」と呼ばれる、世界の九大ノット・フォー・プロフェット[★1]（ＮＦＰ）の一つだ。

ＰＱＨは世界中に一〇億人近い会員をもち、そのうち一億人以上に完全な受給権が発生している（ひとたび完全な受給権が発生すると、ＮＦＰの会員の生涯の収入と医療が保証され、会員の経済資産の少なくとも半分がＮＦＰの世代間信託基金に完全に組み込まれることになる。だが、この経済的な安定よりもさらに重要なのは、ＮＦＰがその会員間に生み出す深い友情である。そのおかげで、会員たちは、死が彼らを分かつまで、コミュニティに身を置くことができるのだ）。

ＮＦＰはこの一五年間に極めて急速に成長し、二〇二五年にはすでに、世界全体の歳入のおよそ五分の一を占めている。営利企業や政府機関とちがって、アーボーウェイ・インベスティングや、インナー・チャプターズ・ドライビング・スクールなどのＮＦＰは、米国と欧州諸共同体の憲法（ＮＦＰの上位五〇〇の大部分がこの下で法人化されている）によってうまく管理されてきた消極的な自由だけでなく、とりわけＰＱＨのミッション・ステートメントが掲げているように、

「会員と顧客の環境・精神面、社会面、身体面、経済面のバランスのとれた発展」

★1　非営利組織を意味する「ノット・フォー・プロフィット」をもじり、プロフィットをプロフェット（預言者）に置き換えた造語。非営利組織であると同時に、精神的でありながら預言者による原理主義的な教義を求めない組織のあり方を示す。

も促すという難しい課題を受け入れることによって、世界的なマルチセクター組織に成長してきた。

ＰＱＨは、うまく健康を維持している会員を対象にした選択的ケアに関して、個々に予算の選択肢を提供している（そして、どの年齢層でも、健康を維持している会員が八〇パーセントを超える）。現在、「アクティブ・ヘルス・トライアングルス（積極的で健康な三人組）」を実施しているマスエイジ★2・メッセージ部門が、選択的な予算のうち最も大きな割合を受け取っている。アクティブ・ヘルス・トライアングルスは、各会員の精神、組織、身体の健康に関するジレンマに対処するため、少なくとも三週間に一度集まって運動と会話をしている。このトライアングルで、会員は通常、ウェブや企業内ネットワークを通じて、自分たちが最も混乱している問題や厄介な問題について、他のＰＱＨのサービスから自分たちが利用できる他の手段や、職場や愛する人たちとの間のジレンマへの対処方法を話し合ったり、提案を共有したりする。また、瞑想、対話、武道や性に関する規律を共有しながら、いっしょに運動もする。もちろん、成功のためには、トライアングルの三人組は、その内部の四つの関係性すべて（三通りの二人組と一つの三人組）にわたって信頼を構築しなければならない。このためには、三人の間の情熱、冷静、思いやりの流れに、いっそう継続的で洗練された注意を払う必要がある。

二年ごとに異なるトライアングルに参加する機会があることが、大部分の顧客がＰＱＨの会員になりたいと思う最初のきっかけだ。全員が知り合いになるように、各会員が申告したパートナーの好みに基づいて、トライアングルはメンバーを入れ替える。新しいＰＱＨの会員は浅はかにも「自由恋愛」を想像する。だが、やがてわかるように、そしてナイン・メジャーズの別の組織が宣伝するように、「夢は現実になる……幻想が消え……変容的に……」である。

★2　ベビーブーマー世代

つまり、トライアングルは、会員が親しい関係性の中で、誠実さ、相互性、持続可能性を高める方向に発展的に変容するのを後押しするのだ。

ナイン・メジャーズの他の組織とそれぞれの出自のセクターの関係と同様に、ＰＱＨは、世界の保健医療業界の中で、規模でも、評価の高さでもずば抜けた存在である。また、医師、関連組織、会員の受取人、顧客の間に、ひじょうに大きな信頼と長期の契約期間を生み出しているのは、その「解放的な規律」でもある。健康に関する統計によると、行動論理が変容する成人のほうがより健康であるという。また、後期の行動論理をもつ大人は、ＰＱＨの内部でより効果的な経営幹部の役割を果たす。したがって、完全な受給権を望む人は、それを得る前に少なくとも二回、成人としての発達変容を達成しなければならない。この要件の結果、会員が（二一年間経って）最終的に完全な受給権を得る前に、会員のほうがＰＱＨとの関係を打ち切るよりも、ＰＱＨが会員との関係を打ち切る可能性のほうが高くなっている。

より広い世界市場や米国の政治的プロセスにおいては、公認のＮＦＰすべてが共有している成人の発達に関する姿勢については、大きな議論がある。精神、科学、政治、経済の分野の原理主義者たち――疑いもなく、従来の形の宗教上の権威、経験的妥当性、個人の権利、財産権を守りたいと願う人たち――は、ナイン・メジャーズを、大魔王の影響力とみなす傾向にある（彼ら自身の家族がＮＦＰに加わり、一族の遺産が脅かされると、いっそうその傾向になる）。

なぜＮＦＰはそのような論争や驚愕を生み出すのだろうか？　それはＮＦＰの二一年間にわたる成人に対する受給権付与プロセスが、会員が自発的に二つ以上の発達変容を経験するかどうかを試すからであり、こういった変容は、人が遺伝的に受け継ぎ、当たり前と考えてきた根本的な信念や慣行に立ち向かうものだからだ。たとえば、ナイン・メジャーズの大部分は、二人組よりも、三人組や四人組に主に重点を置いている。また、血縁の家族からの遺産相続によって得た富をNFPのコミュニティに回している。さらには、「ファスト・フォーワーディング」（年配のメンバーがそれを通して自分の死期を選ぶ、断食と共同の祝賀プロセス）を奨励してもいる。

信仰上の権利と個人の権利についての原理主義者たちは、このような変容の取り組みは「カルトに操られ」ていることが多いと主張して、非難する（NFPのメンバーの原理主義者に対する考え方を正確に映し出している!）。過去一五年間、ナイン・メジャーズと、その下に続く「グッド・ライフ五〇〇」の残り四九一の組織は、フォーチュン五〇〇社、世界の政府部門、宗教・教育に関する伝統的な非営利組織と比較して、市場占有率を拡大しつづけてきた。

この社会科学的なSFのシナリオはこれで終わりだ。二〇〇三年現在、米国のメディア教育と科学技術における世界トップレベルのすばらしさと、米国の国民医療の組織力と資金調達力における世界ワーストレベルの機能障害との間のギャップはどんどん広がっている。無保険で医療を受けられない国民の割合は年々増えており、不満を感じている医師や看護師の割合も同じだ。そして、それまでの人生で使ったことのないほど多くの医療資源を使う数日間に、意識不明のまま、誰にも看取られずに死ぬ人がますます増えている。ベビーブーム世代の人々は、年をとるにつれて、どんな個人の規律や地域の仕組み、保健医療機関が、仲の良い友人と語りながら穏やかに死を迎えることを後押ししてくれるのかという問いをますます深めている。現代の核家族や企業や民主的な政府が、近代以前の大家族や封建領主の一族、王国や帝国とは違ったのと同じように、二一世紀の間に新たな種類の世界的な機関が発達するのだろうか？

実践コミュニティと探求コミュニティ

この未来のシナリオで描かれた小さなアクティブ・ヘルス・トライアングルスと巨大なノット・フォー・プロフェット（NFP）の間でとられた初期の中間的なステップとして、いわゆる実践コミュニティ――ノウハウを共有し、最前線の実践を発明する同じ分野のプロフェッショナルたちによる、自発的で、たいていは一時的なネットワークであり、対面で行われることもあるが、インターネット・ベースで行われることのほうが多い――が、変化と変革の手段として、過去一〇年間に、実業界で多くの注目を集めてきた。本書で紹介した発達上の考え方に照らして、私たちは、このような実践コミュニティはどの行動論理を代表する可能性があるだろうかと考える。そのように専門的で遊び好きだが断固として仕事熱心な実践コミュニティに、刺激を与えもするが限界も設ける発達上の行動論理として、明らかに候補に挙げられるのは、**専門家型**／**実験**《エクスペリメント》の行動論理だ。

私たちが発達上の光の中にそのような自発的な実践コミュニティやビジネスのネットワークを見始めると、**達成者型**／**体系的な生産性**《システミック・プロダクティビティ》の行動論理をもつものとして、行動志向のＣＥＯによる朝食クラブや昼食クラブがますます増え、そこで告白や取引が行われるようになる。

第二章で紹介した対人間の自主学習グループだけでなく、運動、ダンス、心理劇、治療のグループや、いまや米国のあちこちに見られる高齢者のための終身介護コミュニティも少なくとも一部は、内省的な**再定義型**／**社会**《ソーシャル》**ネットワーク型**の行動論理をもった実践コミュニティだととらえることができる。

最前線の発明と経済的な財とサービスの生産、自己学習を組み合わせる自発的なグループ――たとえば、ボストン・カレッジで「変化のためのリーダーシップ」という管理職向けプログラムを考案し、月に一度のミーティングを夕食や祝い事、ビジネス、振り返りと組み合わせ、継続的な共同プログラムとして一〇年間続けてきた学際的な教職員や共同経営者のグループ――は、**変容者型／協働的な探求**の行動論理をもつものと理解できる。

本書を共同で制作している一一人の仲間は、実践コミュニティであり、メンバーのための探求コミュニティでもある仮想グループの例と考えられるかもしれない。私たちは一度も全員で集まったことはないが、一一人全員が、この二〇～四〇年間にわたって多くの自主学習の道《ディシプリン》にかかわってきた。この仲間のうち二人は、ほかの数人とかかわり合うようになってまだ二年だが、その他の九人の個人的な関係や仕事上のつながりは、最長四三年、平均で一七年である。さらに、この中には、三つの異なるサブグループがあり、重なっている人もいるが、ともに活動し、探求をしている期間はそれぞれ、二三年、九年、六年である。強いサッカー・チームや優れたダンス・ユニットがそうであるように、私たちは互いの強み、弱み、脆さをとてもよくわかっていて、私たち共通の活動、または個人の活動において、互いと向き合い、支え合うことをとても楽しんでいる。

実際、私たちの仲間のうち四人は、そのうち一人が主宰する「生涯の友たち」と呼ばれるグループに属している。これは、現存する**探求の基盤コミュニティ**とみなせるかもしれない、本当に目に見えない神話的な組織だ。この仲間の「生涯の友たち」は二四人（男性一四人、女性一〇人）を数え、そのつながりは平均二九年という長さだ。彼は、人生のさまざまな時点で、このうちの一一人と同じ家で暮らしてきた。そして、今後グループ内にある一一組の初婚から継続する夫婦のいずれかがパートナーを失ったときに、また同じ家で暮らし、共に年をとっていくのを楽しみにしている。本書を共に執筆した仲間たちの場合のように、こうした友人の集まりでも全員が全員を互いに知っているわけではないが、多くの人が多くの人を長年にわたって知っている。おそらくこのような「生涯の友たち」は、将来、もっと広くよく見られるようになるだろう。そして、現在は生涯ケアのコミュニティが経済的に余裕のある人たちのために行っているのと同様の高齢者間での安全保障、活動、友情を提供し、彼らが選んだ死の瞬間まで自分たちのメンバーのための**探求の基盤コミュニティ**として行動しつづけていくだろう。

結論

初期の**探求の基盤コミュニティ**のこういったさまざまな例――過去、現在、未来にわたる、精神的、政治的、財務的な例――は、どのように皆さんに影響を与えるだろうか？　本書は総じて、皆さんが発達上の行動探求の道に身を委ねる場合に引き起こす多くの個人的・組織的変容に関して、どのように皆さんの人生に影響を与えるだろうか？

私たちは本書の構成が、自分の仕事や個人的な生活において自分自身の行動探求のプロセスを少しずつ始めたいと願う人にとって助けとなることを願っている。行動探求の実験を試し始めると、すぐにそれを続けるための手助けがほしくなるだろう。第一章から三章が、皆さんが互いの行動探求の実践を始める、またはその実践を後押しするために加わる小グループについて、数多くのヒントを与えることを願う。第四章から七章は、皆さんの現在の行動論理内で皆さんの効果を高めるかもしれない特定の行動から、行動論理の長期的な変容へと行動探求のレベルを引き上げるためのものなのだ。より一般的な**機会獲得型**、**外交官型**、**専門家型**、**達成者型**の行動論理から、リアルタイムで必要となるタイミング、相互性、変容のリーダーシップとより密接に心からの一致を図るポスト在来型の**再定義型**や**変容者型**の行動論理へと変容していくのだ。

皆さんが練習によって、次第に、このような行動論理の変容を進めていきたいという自分の内側から動機づけされた願いを感じるようになると、皆さんを助けてくれるメンターや教師、学校、職場の組織、さまざまな運動や治療、友人、精神的な規律を求めたくなるだろう。第八章から一一章は、皆さんの変容を支援するであろう後期の行動論理の組織を見定めるのに役立つ。また、これらの章は、どうすれば皆さんが、会議やプロジェクト、チーム、組織全体がある行動論理から次の行動論理への変容を支援し始めることによって、自身のリーダーシップ開発を加速させることができるかを具体的に描くのにも役立つ。

ちょうど今読み終えようとしている最後の第一二章と一三章に、皆さんは反発を感じるかもしれないし、または目まいや吐き気を感じるかもしれない。なぜなら、これらの二章は、私たちが、今体験している四つの体験領域に、情熱的に、冷静に、かつ思いやりをもって根を下ろした発達レベルでしか耐えられないほどの進行中の変容を投影しているからだ。

想像するに、ゆっくりと読み直し、慎重な練習と相互コーチングを行う対面またはインターネット上の読書・議論グループを創ることは、皆さんにとって有用な次の一歩かもしれない。だが、皆さんが次に何をすることを選択しようと、私たちはここまで読んでくださった皆さんの注意に感謝し、今後、皆さんがすばらしい問いの数々、すばらしい友人たち、すばらしい仕事に恵まれるよう祈っている。

附録
探求手法への結びとしての科学的あとがき

誰かが、その真実は真実ではない、なぜならばどのようにそうなったかが真実だからだと伝えんとしたとしよう。真実はプロセスとして存在するのみである、と。……彼の発言はもちろん何の結果にもつながらないだろう。

——キルケゴール『哲学的考察の結びとしての非科学的あとがき』より

本編の一～一三章は、第一に成人のプロフェッショナル向けに、そして第二に、豊かな人生を育もうと日々努力するすべての成人に向けられたものだ。この「結びとしての科学的あとがき」は主に、社会科学を研究する私たちの同僚たちに向けて書いている。社会科学者は、本書の本編中において一般用語で要約されている理論やデータの妥当性を見極めるため、主に客観的な経験による方法に焦点を当てる傾向がある。したがって、この附録は、本編とは異なり、関連する学術的な研究について論じ、参照するものである。ゆえに、どちらかといえば、より専門的かつ学問的な用語を用いる。

▼行動科学、行動探求、または参加型アクション・リサーチ

ビル・トルバートは二〇代前半、最初の仕事として、イェール大学「アップワード・バウンド・プログラム」の担当者となった。翌年には中退する可能性がひじょうに高い貧困家庭の高校生を

対象として、いろいろな人種の生徒が集まる七週間のサマースクールを開催する。トルバートはそのために、連邦政府の補助金を申請し、そのプログラムの運営も手がけた。その年、全米と大学のあるニューヘイブンで、人種差別をめぐる暴動が相次ぎ、マーティン・ルーサー・キング牧師やロバート・ケネディ大統領の暗殺が起こっていた。にもかかわらず、参加した六〇人中その翌年中退した生徒は二人だけであり、ニューヘイブンの中退率は半分まで減少した。ビルは同時期に、イェール大学の博士課程に在籍し、論文のテーマとしてこのアップワード・バウンド・プログラムを（誤りや思い違い、不適切なこともありながら）主導する取り組みを研究した。この研究は最終的に『探求するコミュニティを創る――葛藤、協働、変容』（Torbert 1976）として出版された。この本は、社会科学の研究と社会的行動を同時に行うという概念を初めて打ち立て、この手法を「行動科学」と名付けた。

この四〇年間に、アクション・リサーチの手法や行動学習理論に関する研究に関連する四つの流れが生まれ、私たちは、その四つすべてに緊密に関係してきたと自認し、そのことを誇りに思っている。

◆クリス・アージリスによる「行動科学」。アージリスは、イェール大学ではトルバートの博士論文の指導教官であり、のちにハーバード大学で同僚となった。さらにその後には、アージリス自身の研究を特徴づける表現としてトルバートから「行動科学」の用語を借用している（Alderfer, 1988, 1989; Argyris, Putnam & Smith, 1985; Argyris & Schon, 1974）。

◆ピーター・センゲによる「学習する組織」。センゲは、マサチューセッツ工科大学（ＭＩＴ）の「システム・ダイナミクス」学派の出身で、トルバートやその他のメンバーとともに、名だたる組織、コンサルタント、研究者による三位一体のパートナーシップである組織学習協会（SoL）の共同創設者となっている（Senge 1990, Senge et al 1994）。

◆ピーター・リーズンとヒラリー・ブラッドベリによる「参加型アクション・リサーチ」。この二人は、トルバートがこの四半世紀、最も緊密な同僚学者であり、バース大学アクション・リサーチ・センター・イン・プロフェッショナル・プラクティスの設立と『アクション・リサーチ・ハンドブック』（Reason and Bradbury 2001; 2008; Bradbury 2015）の出版を通じて、主観、相互主観、客観の研究と実践を結合させる参加型アクション・リサーチを後押しし、理論的に肉付けする主導的な役割を果たしてきた。

◆ケン・ウィルバー（2000）、ロバート・キーガン（1982, 1994）、リサ・レイヒー（Kegan and Lahey 1984）、ジェニファー・ガーヴィー・バーガー（Berger and Johnston 2015）に代表される、さまざまな系譜の「発達理論」研究と実践。

ほかの共著者たちも、これら学者や実践者たちのうちの誰かしらと密接な関係を保ってきた。

これら関連手法のもたらす重大な影響に加えて、「協働的・発達的行動探求（CDAI）」の手法には、二つの独特な特徴がある。第一に、行動探求は、行動と探求を同じ比率で統合し、行動と探求を順番にではなく、同時に成立させることを目指す。第二に、行動探求は、実践フィールドにおける市民とプロフェッショナルたちの、そして生活における私たち一人ひとりの、タイムリーなリーダーシップと探求を生み出すことを追求する。これらの二つの特徴に対して、前述の四つの手法は、行動についての探求と内省のための明確な環境を創りだすことによって行動よりも探求を強調する傾向にある。つまり、探求してからそれを後の行動に適用するための学習だ。そして、これら四つの手法はどれも行動の適時性を明確な焦点にしていない。

読者の皆さんには、このように新しい種類の――実践の最中に主観、相互主観、客観視点の研究を織り合わせる――協働的・発達的行動探求（ＣＤＡＩ）は、いったいどのように現代主義の経験的社会科学や、ポスト現代主義の批判的社会科学と関連するのかと思うかもしれない（この疑問への学術的な論述は以下を参照：Reason & Torbert 2001; Sherman and Torbert 2000; Torbert 2000; Torbert 2013 and Erfan & Torbert 2015）。この附録の最後のセクションでこの疑問に手短に言及する。

具体的には、ある人の現在の発達上の行動論理を判断する基準である、トルバートの「グローバル・リーダーシップ・プロファイル」は、経験的実証主義者の観点からはどの程度までその妥当性が検証されたのだろうかと疑問に思うかもしれない。同様に、第六章から一〇章までで述べた、さまざまな組織のある段階から次の段階への変容に関する私たちの評価の妥当性についても疑問に思うだろう。そこで、以下は、これらの具体的な疑問に答えるために、私たちの二つの評価基準についてどのような種類の経験的妥当性の検証が行われてきたか、技術的な回答をまとめる。

▼組織の発達上の行動論理を評価する

まず、第八～一一章と一三章で述べた組織の枠組みの理論的・経験的基盤（**構想**、**投資**、**結合**、**実験**、**体系的な生産性**、**社会的ネットワーク**、**協働的な探求**、**探求の基盤コミュニティ**）について説明する。こういった組織発達の段階はそもそも、トルバート（Torbert 1974）が、個人間やグループまたは組織の開発に関する数多くのさまざまな開発段階説（Bennis 1964; Dunphy, 1968; Erikson, 1959; Greiner, 1972; Lippitt & Schmidt 1967; Mills 1964）を比較し、一つの組織における五つの組織化サイクルを綿密に分析することによって発見したものである。この新たな複数段階の組織発達理論は、当時の他の組織開発理論（Greiner, 1972; Lippitt & Schmidt 1967）やのちの組織のライフサイクル理論（Cameron & Whetten 1983; Quinn & Cameron 1983）と比べて、組織の早期や後期段階についてより豊かな説明を可能にした。

のちに、これらの組織の発達上の行動論理についての説明は、ＩＢＭの一〇〇年の歴史など、さまざまな組織の事例研究を含めて、各発達段階の記述が章単位になるほど膨らんだ（Torbert 1987; 1989）。それ以来、この理論は、行動探求の経験豊富な実践者たちよって適用された際の組織変革の効果を検証できることを目指し、第九～一一章で述べたような、コンサルティングによる介入において診断および経験則として用いられた。これは、ほとんどの客観的な経験的実証主義では実施も文書化もされない、相互主観（二者間）のリアルタイムの妥当検証のプロセスを意味する。それぞれの事例が示すように、数多くの妥当性を示す評価データがある。それと同時に、第一〇章で報告した効果のなかった事例は、私たちが反証データを無視していないことの証左である。加えて、過去二〇年間にわたり、何千人ものマネジャー、コンサルタント、ＭＢＡの学生たちが、自分たち自身の作業グループや組織の発達段階を見極める際、また、自分たちのチームや組織変革に役立つ戦略的プロジェクトを設計・実施する際に、この組織の発達理論に診断的かつ発見的に取り組んできた。彼らの研究を導き、学習することによって、この応用中の理論に対する著者たちの診断感覚はさらに豊かになった。

今までに、それぞれ異なる形で二つの明示的な定量的実証研究が、この組織の発達理論の定量化に成功している。一つは、第一〇章で報告した、一〇の組織とそれぞれのＣＥＯについての研究だ（Rooke & Torbert 1998）。この研究の中で、三人のコンサルタント――それぞれがコンサルティングによる介入の一部に参加していたが、すべてに参加していたわけではない――は、その後も続いていたクライアント関係の中で、（あったとしたら）どのような組織の変容が起こったかの評価を単独で行った。それぞれの評価者がその事例の一部を直接経験し、すべての事例についての報告や、『企業の夢をマネジメントする』（Torbert 1987）にある各発達段階についての章を調べ上げた。三人の評価者は、一〇の組織のそれぞれが変容をしたか否かについてと、どの方向に変容をしたかについては、満点である一・〇の信頼性を達成した。起こった変容段階の正確な特定については、〇・九の信頼性を達成した（一つの事例で、一人の評価者は残りの二人と意見が合わなかったが、三人で話し合った結果、その食い違いは解消された）。方法論的にこの研究が示すのは、学者兼実践者がコンサルタントおよび相互主観のアクション・リサーチ実践者として比較的小さな企業（従業員数一〇〜一〇〇〇人）と交流し、組織の発達理論を用いてダイアログ、戦略設計、行動のタイミングを導く場合、こうした学者兼実務者は組織の発達段階および組織が時間の経過とともに変容する可能性と程度について、ひじょうに高い信頼性をもって合意できることである。

二つ目の研究（Leigh 2002）は、もっと距離を置いた立場から、より大きな企業を検証した。企業のウェブサイトや年次報告書を用いて、二人の研究者は、組織の発達理論に由来する五つの変数について発達の早期、中期、後期の三段階で符号化する評価を実施し、〇・八五レベルの信頼性を得た。いくつかの業界から財務業績が各業界の上位四分の一に入り、（KLD社会的投資指数による）社会的責任の格付けが上位四分の一か下位四分の一に入る企業を標本とすることで、この研究から、財務面の責任と社会的責任を兼ね備えていると評価される企業と、発達上後期の行動論理で事業を行う企業との間には強い相関関係があることがわかった。理論上、この発見は、後期の行動論理をもっている組織は効果を定める複数の評価方法に注意を払い、そのバランスを保つ可能性が高いという発達理論上の予測を裏づけた。方法論としては、この研究は、発達上の行動論理の意味あるカテゴリー評価を、研究者が直接の関与をもたない大企業についても行えることを示す。

ここまでのところ、組織のメンバーが質問票によって自組織の現在の発達段階を評価する試みはどれも失敗に終わっている。これには、乗り越えがたいもっともな理由が二つある。それは、(一)組織のメンバーは、主に事業所や部署によって異なる状況における日々の活動から自組織を経験しているため、組織のシステム全体ではなく、自身の直接体験を評価する傾向にあること、(二)組織のメンバーは、自分自身の個人の発達上の行動論理を通じて組織の体験を解釈する傾向があるため、さらに組織全体の格付けを混同する傾向にあることだ。

それでは、どうすれば組織の具体的な発達段階について、信頼性の高い客観評価を行えるだろうか? 前述の一つ目の定量分析からみて、現在のところ、アクション・リサーチ研究者やコンサルタントが次の条件を満たして評価者となる場合に信頼性の高い客観評価を最も生み出しやすいと言えるだろう。その条件とは、評価者が組織のさまざまな階層や職場と広く接触、交流していて、かつ評価者自身が自分の持つ枠組みを他のシステムに投影する可能性が低いポスト在来型の行動論理で行動していることである。言い換えれば、進行する実践の最中に自身の主観、相互主観視点の研究を行っている人が、この分野でのすぐれた客観視点の研究を行える可能性が最も高いということだ。では、過去、現在、未来について主観、相互主観、客観視点の研究を織り合わせることで、発達上の変容をもたらす変化を共創し、そして共に実証するという観点から、どのように単なる客観的社会科学よりも強力な、新しいパラダイムの社会科学を生み出せるだろうか。その前に、グローバル・リーダーシップ・プロファイルの妥当性を論じてから、このテーマに戻ることにする。

▼個人の発達上の行動論理を評価する

本書の第四～七章と第一二章で説明した個人の行動論理（**機会獲得型**、**外交官型**、**専門家型**、**達成者型**、**再定義型**、**変容者型**、**アルケミスト型**）を見分けるための理論と経験的な基盤には、組織の発達段階の評価に比べて、はるかに深い歴史がある。これらの個人の発達の行動論理は、発達心理学者スキップ・アレクサンダー（Alexander & Langer 1990）、スザンヌ・クック・グロイター（1999）、ボブ・キーガン（1982, 1994）、ラリー・コールバーグ（1984）、ジェーン・レヴィンジャー（1970）、ケン・ウィルバー（2000）によって特定された発達段階と密接に対応する。

グローバル・リーダーシップ・プロファイル（ＧＬＰ）は、スザンヌ・クック・グロイターとビル・トルバートによる一九八〇年から二〇〇四年までの協働期間中、ジェーン・レヴィンジャーによるワシントン大学文章完成テスト（ＷＵＳＣＴ）に三〇年にわたり改良が重ねられて生まれた。協働したクック・グロイターはＷＵＳＣＴの上級評価者であり、彼女自身も発達理論と発達方法論の第一線で活躍する専門家となった（Cook-Greuter 1990）。レヴィンジャーのＷＵＳＣＴは、最も広く使われ、その妥当性が最も徹底的に検証された精神測定の手段の一つである（Loevinger 1985; Loevinger & Wessler 1970）。ＷＵＳＣＴには、三六の未完成の文章がある（たとえば、「私にとって我慢のならない人は、「　　　」だ」）。被験者によって完成された文章には、被験者の推論および思考の過程と、自身と他者との関連づけの仕方が反映されている。文章完成の内容と形式には、被験者の発達上の行動論理によって概念化された世界の全般的な位置付けの仕方が組み込まれている。評価者向けマニュアルはひじょうに詳細で、それぞれの書きかけの文章に対する早期の行動論理の答えが、考え得る限りほぼすべて含まれている。レヴィンジャーは、まれにしか見られない後期の行動論理に理論的・経験的な関心をほとんど示さず、このセクションで後述するように、クック・グロイターが後期の行動論理の再定義と測定において先導的な役割を担ってきた（Cook-Greuter 1999）。二〇〇四年以降、ハードマン・バーカーとトルバートはさらにアルケミスト型の行動論理の測定基準を再定義した。これにはクック・グロイターの測定基準すべてと、三〇項目バージョンの文章完成テスト用の追加測定基準が含まれる。

この評価手順の独特の特長は、それぞれの回答者の一連の回答について行うことができる内部信頼性テストにある。まず、多くの（たとえば一〇とか二〇の）回答から、（評価者がそれまでの文章項目の評価から以降もほぼ同じ評価をしてしまう「ハロー効果」を避けるため）一つの文章項目だけとりだしてばらばらに採点する。それから二つ目の文章項目を採点する、というように続けていく。各文章項目の点数が最終的に合わさって、その回答者の回答に対する全体的な統計点数が生み出される。ある範囲内の統計点数は行動理論によって分類され、どの行動論理が支配的であるかを評価する（たとえば、「専門家型」と評価される回答者の回答の場合、各項目の評価は以下のように分布を示すかもしれない：機会獲得型が二、外交官型が八、専門家型が一五、達成者型が五、再定義型が一）。しかし、統計点数を見たり、前述の結果を計算する前に、評価者は、それぞれの回答者の回答全体を概観し、範囲外にある点数に特別の注意を払いながら全体の「形態《ゲシュタルト》」に基づいた「直感的な」評価を割り当てることができる。この二種類の評価に食い違いがあった場合は、さらなる識別を行うか、さらなる信頼性テストとして、訓練を受けた別の評価者に頼んで回答者の回答を採点してもらう。ポスト在来型の評価には、明示的かつ複雑な追加の採点ルールを用いて、回答者の回答全体の質が、統計的に導かれた点数をどの程度反映しているかを見極める（Cook-Greuter 1999）。上級の評価者の場合、この二種類の評価は、〇・八を上回る確率で完全に一致し、行動論理の特定に関しては〇・九をはるかに上回る確率で一致する。

レヴィンジャーらの研究（Loevinger & Wessler 1970）で、WUSCTは、評価者間信頼性も内部整合性も高いと報告されている。その他の研究でも全般的に、評価者間信頼性（たとえばCox 1974; Hoppe, 1972）、内部整合性（Redmore & Waldman 1975）、折半法信頼性（Novy & Francis 1992; Redmore & Waldman 1975）のレベルが高いと報告されている。WUSCTで回答者が評価を「偽装」するのはほぼ不可能だ。実験によって、評価手順の基盤となる理論を説明された後でさえも、後期の行動論理の回答を自分自身で生み出すことはほとんどできないことがわかっている（Redmore 1976）。ハードマン・バーカーとトルバートのグローバル・リーダーシップ・プロファイル（GLP）は、すべての回答について二人目の評価者による信頼性テストや、GLPの評価結果をクライアントや研究参加者自身の自己評価と対照させて伝える報告者によるテストも行うことで、信頼性テストをさらに高いレベルまで引き上げた（さらなる詳細と信頼性の統計については、www.actioninquiryleadership.comにあるTorbert 2014 "Brief Comparison of Five Developmental Measures"を参照）。

WUSCTの妥当性については、二つの論点で批判されてきた。それは、（一）回答者のうち後期の行動論理と評価される人は著しく長い回答を書いているので、これは単純に発話流暢性の問題である、（二）レヴィンジャーが提示している、自我の発達が「中心特性」であるという前提は、精神測定上は証明されていない、というものだ。発話流暢性の問題については、後期の行動論理がもつ概念上の複雑性と創造性が大きいという特徴を表現するには、より長い答えが必要になるため、そのような相関は避けられないと反論し得るだろう（Loevinger & Wessler 1970; Vaillant & McCullough 1987）。同時に、WUSCTによって評価されるように、自我の発達には、発話流暢性に加えてもっとたくさんの面が伴うことが多くの研究によって明らかになっている。予想された発達上の行動論理と適切に関連していると判明した人格特性は、規則に対する束縛度（この場合、在来型以前と以降の行動論理において低く、在来型の行動論理では高いという曲線的な関係）、いたわり、まじめさ、信頼、寛大さ、人づきあいにおける思いやり、心理学的心性、創造性、道徳的発達、精神衛生に関するさまざまな評価などである（Kohlberg 1963,1964; Lorr & Manning 1978; Vaillant 1977; Vaillant & McCullough 1987）。

ダイアン・ノヴィらによるもっと最近の研究（Novy, et. al., 1994）は、構造方程式モデルを用いて自我の発達が、具体的な性格構造の共変動源として階層的に働くかどうかを調べ、レヴィンジャーのモデルの構造的妥当性を検証した。自我の発達は、この分析モデルによって「中心特性」であると証明されていない一方で、レヴィンジャーによって断定された、衝動の制御、対人関係のスタイル、意識的な没頭、認知スタイルという四つの構造のそれぞれに明らかに有意に関連づけられた（WUSCTに関する学術文献を再検証したい方たちは、レヴィンジャーの研究を特集した『サイコロジカル・インクワイアリー』誌の一九九三年特別号と、彼女の八〇歳の誕生日を記念した一九九八年の本*Personality Development: Theoretical, Empirical, and Clinical Investigations of Loevinger's Conception of Ego Development*を参照するとよいだろう）。

本書の基盤であり、グローバル・リーダーシップ・プロファイル（GLP）につながる研究で適用された改正は、五つの点でWUSCTの妥当性テストを補完し、変容させるものだ。第一に、改正版では、職場環境にある人々にとっての評価の表面的妥当性を高めるために、独立して検証された仕事関連の項目が加えられた（たとえば、「職場で規則に従わない人は［　　　　　　　］だ」など）（Molloy 1978）。

第二に、GLPは、クック・グロイター、ハードマン・バーカー、トルバートによる後期の行動論理の定義と採点マニュアルを用いている。レヴィンジャーは、統合されたアイデンティティの探求として最高の段階を着想したが、その統合が、四つの体験領域すべてにわたる継続的な変容を通じて、ポスト認知の観察と傾聴による注意を発達させることの成果である可能性を想像も理論化もしなかった。したがって、たとえば、「私は「　　　」」という書きかけの文章に対して「私は、結局、とうとう、難しくてほとんど理解できないだろうが、理解しようとするプロセスを楽しんでいる」といった回答があった場合の採点について、レヴィンジャーは理論も方法も提供していない。クック・グロイターは、この答えについて言及し、この人は「自分になるという進行中のプロセスの観察者となることを優先して、アイデンティティの探求から退いている」ことを意味すると解釈できる、とコメントしている（Cook-Greuter 1999, 31）。このように、アイデンティティの認知構造から、アイデンティティに注意を向けるプロセスへの転換は、理論的には、変容者型の行動論理からアルケミスト型の行動論理への変容のカギである。

第三に、GLPは、評価的な用語からそれほど評価的でない用語に変えている（たとえば、「より低い段階とより高い段階」から「早期の行動論理と後期の行動論理」に、「体制順応者型」から「外交官型」に変えるなど）。これによって、このツールを用いること自体、そして、経営幹部へのコーチングや組織コンサルティングの状況でメンバーにパフォーマンスについてフィードバックすることができ、効果的となる（GLPに基づいてフィードバックをしたり受けたりすることを検討したい場合は、www.actioninquiryleadership.com を参照されたい）。

第四に、GLPの評価を受けた人たちにフィードバックすることによって、この改定した評価法の追加的な妥当性テストを行うことができた。たとえば、発達理論は、早期の行動論理をもつ人たちはフィードバックを避ける可能性が高いことを指摘している。とくに、現在の行動論理に疑問を投げかける性質をもつ二次学習のフィードバックについてはその傾向が強く、その一方で、後期の行動論理をもつ人たちは、そのようなフィードバックの機会をますます求める傾向があることを指摘する。私たちは、評価を受けた二八一人に対して、その人たちが評価を受けた行動論理についてフィードバックをする機会を提供し、後期の各行動論理の人たちについては、フィードバックを受けることを選ぶ人たちの割合がより高いことを発見し、この理論的予測は、相関係数一・〇の完全相関があることを確認した（Torbert 1987）。

第五に、前述の確認事項が示し始めているように、私たちの実験の場および現場での行動探求の研究は、ＧＬＰが他の論文や心理学的な筆記試験と相関するというような内部妥当性に重点を置くのではなく、むしろ人々の現実の世界でのパフォーマンスにおける重要な差違を予測する外部妥当性に重点を置くことによって、ＧＬＰの妥当性検証を強化してきた。古くには、ハウザー（1976）が、ＷＵＳＣＴと対人関係の行動の間に統計的に有意な関係があることを示した。私たちは、第八〜一〇章で要約したとおり、次のことを発見した。在来型の行動論理とポスト在来型の行動論理との間では、書類受け演習におけるマネジメント上の行動においても、インタビューの研究においても、統計的に有意な差違があった（Merron, Fisher & Torbert 1987, Fisher & Torbert 1991）、そして在来型のＣＥＯとポスト在来型のＣＥＯの間では、組織変革の成功に統計的に有意な差違があった（Rooke & Torbert 1998）。

もう一つの客観視点の研究（Torbert & Fisher 1992）において、私たちは、（ポスト在来型の行動論理をもつ実践者によって形成・指導される）二〜四年間にわたる主観および相互主観視点の行動探求を促すグループに自発的に参加したことによって、二四人の参加者中二一人に、ポスト在来型の行動論理への変容が生み出されたことを示した。それに対して、（その参加者たちと同時に同一のＭＢＡプログラムを始めた）コントロール群では、再テストを行ったときに、同じ期間にプラスの発達変容を見せたのは、一六五人中三人だけだった。

さらに、主観視点の探求である、「超越瞑想法《トランセンデンタル・メディテーション》」と呼ばれる瞑想的実践の研究者／実践者たちが（ＷＵＳＣＴを用いて）数多くの客観視点の研究を行ったところ、ポスト在来型の行動論理への変容を生み出す上で、主観視点の探求の瞑想がプラスの効果をもたらすことを立証した（Alexander & Langer 1990; Chandler 1991; Torbert 2000）。

まとめると、ＷＵＳＣＴからＧＬＰへの変容には、在来型の行動論理からポスト在来型の行動論理への発達上の変容の典型を見てとることができる。まず、ＷＵＳＣＴの客観視点での「専門家型」による科学的根拠が確立される。次いで、クック・グロイターの研究によって、新たなポスト在来型の行動論理が生まれ、定義され、運用可能となった。そして、客観視点の評価手法が、本書全体で説明されているように、実践者たちによるこの分野での主観、相互主観視点の研究と統合して、よりいっそう幅広い現場で効果を発揮できるように再構築されたのだ。

▼主観、相互主観、客観視点の行動探求を織り合わせる

本書の本編では、どうすれば私たちは個人として、自分自身の行動実践について探求し、可能ならばそれを変容できるかを示す理論と実践例を提供してきた。また、どうすれば組織のメンバーが、主観と相互主観視点の行動探求を組み合わせることで、組織（企業、病院、協会、学校、社会科学の研究機関など）に協働し変容をもたらすことができるかを示す理論と組織変革の事例も提供してきた。

この主観・相互主観視点の行動探求はすべて、一つには発達理論や研究のもつ長年にわたる客観視点の科学的伝統によって形作られた（その伝統は、ウィルバー、レヴィンジャー、ピアジェ、ヘーゲル、

プラトンからさらに原始の精神修行の伝統にまで遡る）。私たちの主観・相互主観視点の行動探求はまた一つには、第七章で自社の組織変革を図る一〇人のCEOに関する研究にまとめられたように、財務および株式市場でのパフォーマンスと経験的な社会科学の指標など長年培われた客観視点の評価方法の伝統によって評価をされてきた。

近代科学において、主観、相互主観、客観視点を織り合わせるという考え方が現れたのは、二一世紀になってからだ（Torbert 1998; Wilber 1998; Varela & Shear 1999; Sherman & Torbert 2000; Velmans 2000; Reason & Bradbury 2001; Reason and Torbert 2001）。自身の視点から行う主観視点、相手のいる二者間の場面での相互主観レベル、第三者の視点から行う客観視点の行動探求を織り合わせるということが、いかに科学的な研究そのものにとって変容的なアプローチであるかを手短に考えてみよう。まずは、人間科学が何らかの形で関与し得る領域すべてについてまとめた一つの常識イメージを提示する。それから、経験主義の実証哲学的な手法が存在する領域と行動探求が存在する領域を検討し、そして、どの程度両者が重なっているか、重ねることができるかについて見ていく。

図A－1は、それぞれ三つの質的な相違をもつ、三つの異なる「次元」に分けた、全部で二七種類の社会科学を示す三×三×三のイメージである（これら二七種類のより詳細な議論と説明に関して

図 A-1　27 種類のアクション・リサーチ領域に占める経験的実証主義者の手法で研究される研究領域の割合

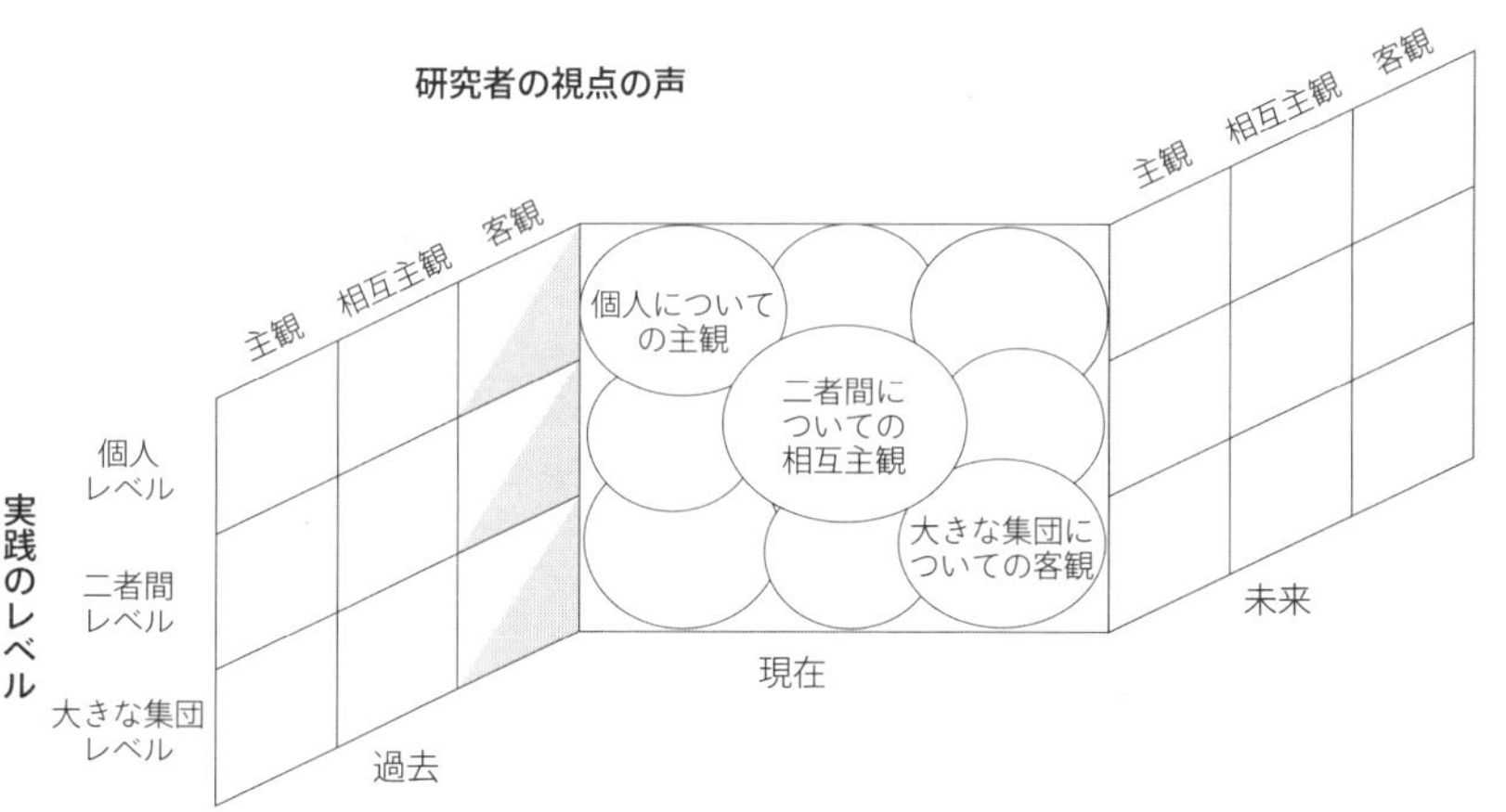

は、Chandler & Torbert 2003を参照)。この異なる三つの次元とは、「時間」の次元、「視点の声」の次元、「実践」の次元である。時間の次元は、過去、現在、未来に分けられる。どんな研究も、この三つのうちのどれか一つ(二つ以上の場合もある)に主たる焦点を当てる。視点の声の次元は、探求を行い、報告するのが、(一)行動探求者の率直で主観的な「主観視点の声」なのか(例:本書の前半の章で繰り返し示された、行動探求を学習するマネジャーたちによるジャーナルの引用)、(二)行動探求者が共同で取り組む、複数人の間の「相互主観視点の声」なのか(例:第一〇章と一一章でサン・ヘルスケア社の二人の副社長が、同僚たちから受けるフィードバックへの取り組み)、(三)匿名で一般化され、中立を意図する「客観視点の声」なのか(例:この段落の文章)、によって区別される。さまざまな場面でさまざまな声があることもあるだろう。そして最後に実践の次元では、その研究が、研究者自身の自己レベルの実践に焦点を当てているのか、その研究者が属しているグループにおける二者間レベルの実践に焦点を当てているのか、それとも、その研究者が属していてもいなくても、いっそう幅広い大きな集団レベルの実践に焦点を当てているのかによって区別される。

これら二七の探求の領域の中で、経験的実証主義は過去に起こった出来事を研究する科学の形式だ(それらの出来事は、データが収集された時点ですでに過去になっていることもあるが、データ分析、統計的なピア・レビューの手順を経て検証し、公表された時点では確実に過去のものとなっている)。さらに、経験的実証主義は、真に中立的で一般化できる客観視点の声を常に得ようと努める(「第一・第二人称の代名詞と主観・相互主観視点の声は、正しく定義され、追加データとして位置づけられない限り、」いやおうなく切り捨てられる)。最後に、経験的実証主義者の手法は、通常、研究者が直接は参加していない大きな集団レベルの実践や社会的プロセスを研究するために用いられる。

しかし、実際には、これら大きな集団レベルの実践と同じ手法を、研究者自身の自己レベルの実践やグループにおける相互主観視点の実践を研究するために用いることもできる。たとえば、著者たちは、発達段階の評価フォームに記入し、自己の実践に関する評価結果のフィードバックを受けた。これは、図A－1の「過去の四角の中の自己レベルの実践についての客観視点の声」にあてはまる。同様に、アメフトの試合を録画して、さまざまなカテゴリーの行動を数え、分析し、その後に、プレーヤーと映像を見ながら振り返るセッションを行うことは、「過去の相互主観視点の実践についての客観視点の声」の領域である。

だが経験的実証主義者の手法は、三つのレベルの実践すべてに適用され得るとはいえ、その後のフィードバックや学習に指針を与えるものではないし、そのような学習はめったに起こらない。さらに、そのような研究者たちは、わずかなフィードバックをくれるときでさえ、そのような双方向の出来事を研究に含めるのではなく、むしろ研究後にフィードバックする傾向がある（データの一部としてフィードバックを含めている研究の例については、Hartwell & Torbert 1999を参照）。したがって、図A－1の半分影になっている領域に示されているように、経験的実証主義は、「過去の客観視点の声による自己、二者間、大きな集団レベルの実践」を研究はするが、研究者と研究の対象となる人たちとの間の相互作用は研究しない（したがってそれぞれの四角は半分だけ影になっている）。

つまり、経験的実証主義は、考え得る探究の領域二七のうちの三つの、さらにその半分だけを研究する。図A－1の絵の観点からいうと、経験的実証主義が研究しているのは、日常生活の現実の全領域のうち、五四分の三、つまりおよそ六パーセントだ（もちろん、これは二七の領域すべての範囲と重要性が等しいという前提であるために、この精度はあいまいであり、その前提も成り立たないかもしれない）。だが、もしこの概算が成り立ったとして、私たちは、この種の科学に基づいて、ある独立変数（原因）がある従属変数（結果）に与える影響についての研究による発見は、どれほど統計的に有意であったとしても、その従属変数の分散の五〜一五パーセントを説明しているにすぎないのもしごく当然だ（分別をもって行動を起こす人なら、どれほど真実だったとしても、あえてその因果関係に基づいて判断するリスクを負うことはないだろう）。

このように（互いに有意に実質的な影響を及ぼす変数を特定するという観点から）相対的に弱い発見を、第七章で報告した、CEOとコンサルタントが組織変革に及ぼす影響の研究（Rooke & Torbert, 1998）からの発見とを対比してみよう。この研究では、独立変数（発達段階評価手法におけるCEOとコンサルタントの行動論理の点数の合計によって評価した「リーダーシップの質」）が、従属変数（それぞれ独立して採点する訓練を受けた採点者三人が評価した「組織変革」）の分散の五九パーセントというまれに見る大きさを占め、その結果は統計的に有意（P < .01）であった。つまり、この二人のリーダーの行動論理を合わせたリーダーシップの質が、組織変革を成し遂げるかどうかを決定する最も重要な単独の変数だったのである。何であれほかの変数をすべて合わせても分散の四一パーセントを占めるにすぎなかった（この研究をのちに再分析したところ、この結果についてほかに考えられる説明は除去された［Torbert, 2013］）。

この結果は、純粋な客観視点の科学が通常示す結果よりもはるかに強力だ。それは、独立変数（リーダーシップの質）そのものが、個人が主観、相互主観、客観視点の行動探求を織り合わせて自身や他者の中に変容を培う相対的能力に関係しているからであると私たちは考える。この理論が妥当であるなら、企業でのコンサルティング介入の成功にはまさにこれらの種類の行動探求を織り合わせることが必要であるゆえに、この独立変数は実際のところ、従属変数（組織変革）の分散の大きな要因であるはずだ。

（研究方法の専門家の中には、この研究プロジェクトは事例数が少ないために、これらの結果に対する信頼度が下がると異議を唱える人もいるかもしれない。確かに、これらの結果をさらに検証することは正当化されるし、それが現在の発見事項を裏づければ、私たちの信頼度が高まるだろう。だが、事例の数が少ないことが、統計的な観点からしてその発見事項の妥当性と重要性を低下させるという考え方は、間違っている。事例の数が少ないのだから、もしその結果が $p<.01$ の水準で真実である［それが誤りである可能性が一〇〇分の一未満であることを意味する］と考えられるなら、独立変数と従属変数の関係性はますます強くなくてはならない。$p<.01$ の水準で統計的に有意であれば、事例が一〇件であろうと一〇〇〇件であろうと同じことを意味するのだ）。

　私たちは研究対象の一〇社のメンバーが、コンサルティングの介入中、実際に、二七種類の行動のうちいくつを行ったかを過去にさかのぼって調べたところ、成功度の最も低かった事例群での九領域から、成功度が最も高かった事例群の一五領域にまでの幅があることがわかった（図A－2を参照）。たとえば、一〇人のＣＥＯは全員、発達段階の評価を受け、自分たちの行動論理についてのフィードバックを受けていた（過去の個人レベルの実践についての客観視点の研究）。そして、一〇の組織すべてが、コンサルタントの支援を受けた経営幹部の戦略策定セッションに参加した（これは、過去の大きな集団レベルの実践についての客観視点の研究［たとえば、その業界の他の大企業に関する競合情報］と、未来の大きな集団レベルの実践についての

図 A-2　組織変革に成功した組織で実践される行動探求の領域

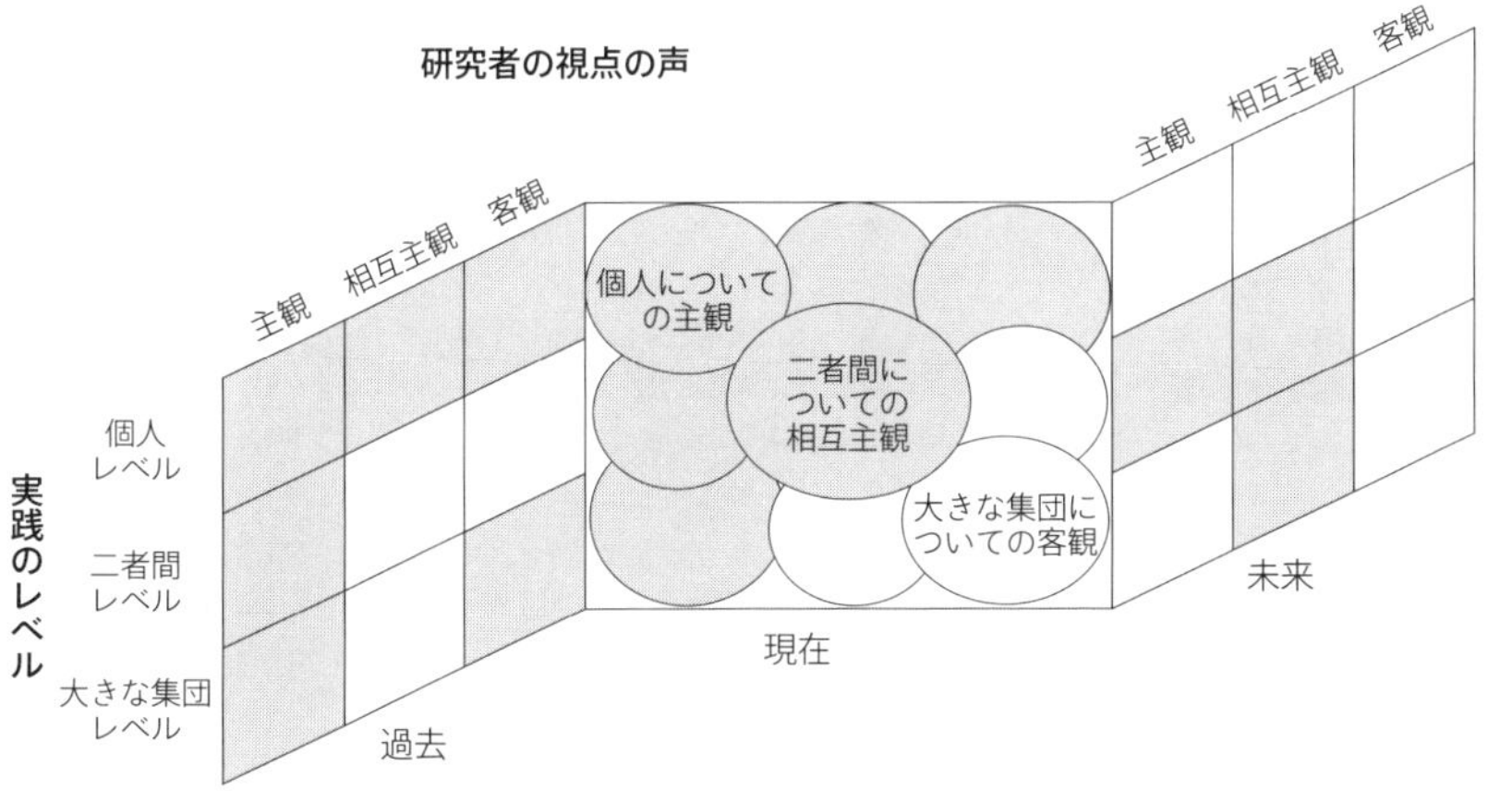

相互主観視点の研究［たとえば、今後三年間にわたる会社の戦略上の優先順位についての経営幹部たちの価値観を詳細に説明し、調和させる］との組み合わせであった）。

一方、以前から経営幹部による会議でリーダーシップ機能についてのフィードバックを配布・回覧し、受け取っていたのは、組織変革に成功した七つの組織だけだった（現在の二者間レベルの実践についての相互主観視点の研究）。そして、変容者型と評価された五人のCEOだけが行っていた行動探求が何種類かあった（たとえば、経営幹部たちにメンターが発達についての助言する［未来に向けた二者間レベルの実践についての主観視点の研究］）。

このように、これらの結果は、後期の行動論理をもつCEOやコンサルタントのほうが二七種のうちより多くの領域でアクション・リサーチを行う傾向にあり、それによって、組織変革を生み出す確率が高くなることを示唆する（もちろん、これは、この研究のみをさかのぼって調べたことに基づく示唆にすぎないので、最終的な結論としてではなく、将来の行動探求の指針となり得るものとして提示する）。

だが、経験的実証主義者の観点からすると、図A-1の絵は、誤解を招く恐れがありそうで、今なされた主張はひどく混乱したものに思えるかもしれない。一般に、実証主義者は、客観視点の経験科学における妥当性検証の手順は、主観視点や相互主観視点の声で行われる研究には適用できないというだろう。したがって、主観視点と相互主観視点の行動探求は、科学的な研究とは少しもみなされない。さらに、研究者がひとたび研究テーマに関するフィードバックや学習活動に従事すると、その研究者は公平な立場を失い、さらなるデータすべてに積極的に影響を及ぼすことになる。さらには、客観視点の経験科学の妥当性テストの手順は、現在生み出され、用いられるデータには適用できないし、「データ」という概念そのものが未来に適用されない。まだ起こっていないことについてどうやってデータを集められるというのだろう。ある戦略計画が策定されたときに、それがほかの戦略計画よりもよいかどうかをどうやって知ることができるだろうか？

　これらの反論に対して、私たちは、今のところはまだそれについての教科書はないものの、現在と未来の主観・相互主観視点の研究を対象に、仮説や仮定に反証することができるさまざまな妥当性テストが現在開発されているところだと答える（Argyris, Putnam & Smith 1985; Torbert 2000）。たとえば、私たち一人ひとりがいつでも、私の注意が、本書で何度も言及している四つの体験領域のうちの一つに固定されてしまっているのか、それとも、私の注意が四つの体験領域すべてに触れているのかを自問することができるだろう。これは、私がいついかなるときにも、どれだけ妥当に私自身の内面の経験すべてにわたって探究しているかに関する主観視点・自己レベルのテストの一つだ（そしてこのテストは通常、私の経験が、テストの直前のたった一つの体験領域の中にすっかり包み込まれていることを私に気づかせる）。同様に、グループの他のメンバーに、会議の次の部分の枠組み案について注意深く尋ねる人は、その人の将来の設計についての相互主観視点の妥当性テストを行っている（さまざまな主観視点および相互主観視点の妥当性テストの事後の相対的な効力について、客観視点の研究も行うかもしれないが、それがより優れた妥当性テストだというわけではなく、単に異なる種類のテストであるにすぎない）。

　研究者がひとたび研究テーマに関するコンサルティング・学習活動を行うと、その研究者は公平な立場を失うという主張も同様にあいまいである。研究者は、自分がコンサルティング・学習活動を行おうとそうでなかろうと、研究結果にバイアスをかけ得るものだ。さらに、そのコンサルティング・学習活動そのものが「実験的な治療」の一部と判断されるのであれば、研究者たちは、操作された結果ではなく、真実の結果からでしかより有能になる方法を学べない。つまり、これはむしろ研究者たちが結果を公平に評価する理由になるということだ。

要するに、主観、相互主観、客観視点の行動探求を織り合わせることは、社会科学そのものを何世代にもわたって、後期の発達段階の行動論理に向かって変容させるのに役立つ壮大な社会科学プロジェクトである（表A－1参照）……が、それは、もっともっと多くの社会科学の実践者たちが勇敢にも全力を挙げてこの未知のタイムスケープ（多次元でとらえた時間）を探究した場合に限られることである。

▼**社会科学に対する発達理論アプローチ**

表A－1は、社会科学に対するさまざまな手法そのものが、どのようにさまざまな発達上の行動論理を表すかの一覧を示す。この表は、（一）経験的実証主義、（二）定量的な研究と定性的な研究を合わせた折衷主義、（三）批判的なポストモダン解釈主義、（四）本書で紹介した行動探求など、さまざまな種類の研究手法の差違と関係性を示している。以下の簡潔なコメントは、次ページの表A－1に名が挙げられているそれぞれの科学的な行動論理について知る第一歩となる（各コメントの全文については、Torbert 2000を参照）。

◆**行動主義**（機会獲得型の行動論理に相当する）：外側の世界のみを現実として扱うもので、二〇世紀前半、米国の心理学において随一のパラダイムだった。B・F・スキナーが行動主義の第一の「使徒」だった。

◆**ゲシュタルト心理学**・社会学・（ビジネスの事例研究を含む）人類学（外交官型の行動論理に相当する）：二つの体験領域を現実として扱い、人々、組織、文化の内側の世界がいかに外側の世界の異なる挙動パターンを引き起こすかを探る。

◆**経験的実証主義**（専門家型の行動論理に相当する）：科学者が最初に定めた以外の変数はすべて排除する、演繹的な枠組みにおける、思考・理論、挙動・手法、成果・データという三つの世界、つまり三つの「体験領域」の間の関係を検証する。

◆**マルチメソッド折衷主義**（達成者型の行動論理に相当する）：演繹と帰納、定量的な分析と定性的な分析を結びつけ、研究の過程において新たな変数を生み出すことを認める（それによって、研究結果からだけではなく、研究の過程でも学習できる）。また、より制御された実験室に加えて、あまり制御されていない「現場」でも、経験的実証主義と同じ三つの体験領域を検証する。

◆**ポストモダン解釈主義**（再定義型の行動論理に相当する）：研究者の外側の世界だけを研究する早期行動論理による科学パラダイムの外面化と形式化の背後に迫ろうとする。科学者も含めた研究対象の人や組織の解釈の枠組み全体を支配する暗黙の前提（たとえば、科学者自身のパラダイム）を含めようとする。だが、ポストモダン解釈主義は、専門家の間では知られているように、リアルタイムの実践ではなく、主に内省的で相対論的な文献による行為である。

◆**共同生態的探求**（変容者型とアルケミスト型の行動論理に相当する）リアルタイムの生活、毎日の仕事、家族、精神的な関係性の中で、暗黙の前提が当初は異なる人々の多様な声が、どのように互いに直接関わり、「私とあなた」の相互主観視点で相互的かつ変容をもたらし得る探求と行動に従事できるかを探求する。

◆最後に**協働的・発達的行動探求**（アルケミスト型と皮肉屋型の行動論理に相当する）：いかにして、より大きな集団レベルの共同体が、主観視点と相互主観視点の研究・実践も促すような方法で、リアルタイムの行動と探求のために組織化できるかを探る。

こうした社会科学が今後どのようになっていくか、社会科学者がその印象を得る最善の方法は、現在、主観、相互主観、客観視点の行動探求を（かなりさまざまな方法で）織り合わせている他の学者たちを見ることだ。二年前、私たちの一人が（主に米国の）同僚たちに、タイムリーな行動の課題に取り組む、マネジメント分野の学者や実践者を推薦してくれるよう頼んだ。二回以上名前が挙がった学者と実践者は三五人に及んだ（たとえば、クリス・アージリス、エラ・ベル、ウォレン・ベニス、ロザベス・カンター、マーガレット・ウィートリー、ケン・ウィルバーなど）。その中から、次の意図をもって、主観、相互主観、客観視点の行動探求の道《ディシプリン》に長期にわたって従事してきたことを主著者が個人的に確認できる九人を選んだ。その意図とは、（一）内面に注意を払うこと、（二）自身の参加する社会システムが探究し、相互のフィードバックを提供し、身近なシステムの変容を支援していること、（三）客観視点の研究と発表を通じて世代間の遺産を確立することである。

選ばれた学者と実践者は、以下の九人である。

◆チャールズ・アレクサンダー（1994; Alexander & Langer 1990; Orme-Johnson, Alexander et al 1988）
◆ジーン・バルトゥネク（1984; Bartunek, Gordon & Weathersbee 1983; Bartunek & Moch 1994; Bartunek & Necochea 2000）
◆デヴィッド・クーパーライダー（Cooperrider & Whitney 1999; Shrivastva & Cooperrider 1990）
◆ロバート・キーガン（1982, 1994; Kegan & Lahey 1984）
◆ジュディ・マーシャル（1984, 2001）
◆リチャード・ニールセン（1993a, 1993b, 1996）
◆ロバート・クイン（1988, 1996, 2000; Cameron & Quinn 1999）

表 A-1　7 種の社会科学的パラダイムの目的の特徴[1]

行動主義	他者のコントロール （「オペラント条件付け」によって）
ゲシュタルト心理学	他者の理解 （その他者の自己認識よりも上手に）
経験的実証主義	予測確実性 （妥当な確実性）
マルチメソッド折衷主義	有用な概算 （三角形分割によって） （経験的実証主義とマルチメソッド折衷主義のパラダイムでは、研究と実践を切り離し、客観視点の研究に焦点を当てる）
ポストモダン解釈主義	透視画法による多元主義の再表出 （書き手自身の視点に特権を与えない――「おかしい！」） （主観・相互主観視点の研究・実践を含める）
共同生態的探求	変容をもたらす探求のコミュニティの創出 （多重視点の共同で献身的に取り組む人たちの間で） （主観・相互主観視点、一次・二次・三次ループの研究・実践を含める）
協働的・発達的行動探求	探求の具現化と解放の規律 （共通の目的をもたない、最初は疎遠だった文化の間で） （主観・相互主観・客観視点の研究・実践をリアルタイムで 3 つのフィードバック・ループに統合する）

1. それぞれの後出のパラダイムは前出するパラダイムの目的の優位性を弱め、その意味を再解釈し、その不完全性の一部を指摘する。その際、前出パラダイムは新たな質的に異なる目的に資する戦略変数の一つにすぎない扱いをする。**経験的実証主義**より後の各パラダイムは、（確信できることだけを現実とみなすのではなく）不確実な現実をより包含できるようになり、また、現実に対する探究という行為そのもの（たとえば、研究中の研究者自身の気づきと行動）によって変容される現実をより包含できるようにもなる。

◆ピーター・リーズン（1994; Reason & Rowan 1981; Reason & Bradbury 2001）
◆ピーター・センゲ（1990, 1994, 1998）

この九人のそれぞれについての前述の参照文献が示すように、彼らの客観視点の研究・実践はすべてのケースで、査読された学術誌の記事や書籍に寄稿されている。この九人の相互主観視点の研究・実践つまり行動探求には、主観、相互主観、客観視点の研究・実践のために広く普及した非営利の教育的ネットワークの創出またはリーダーシップ職位に就くことが含まれる（たとえば、バルトゥネクがトップを務めるアカデミー・オブ・マネジメント、マーシャルとリーズンのセンター・フォー・アクション・リサーチ・イン・プロフェッショナル・プラクティス、センゲの組織学習協会）。彼らの相互主観視点の行動探求とは、取締役会メンバー、経営幹部向けおよび組織変革のためのコンサルティング、新たな博士課程の創設、腐敗した社会制度の改革への長期的な関与などだ。

この九人の学者・実践者の主観視点の行動探求への使命感は、カトリックの宗教的規律、ハシディズム（東方正教会のユダヤ人セクトの信念と習慣）、ヒンズー教、モルモン教、北アメリカ先住民のメディスン・ホイール、キリスト友会（クエーカー）、道教など、多種多様な精神的な気づき・実践の伝統に由来する（本書の著者たちの間でも、上述に加えて、福音派、グルジェフ・ワーク、パガニズムなど、同じくらい幅広い精神的な気づき・実践が行われている）。この主観視点の気づき・実践と精神的伝統との間に強いつながりがあることには、読者の皆さんは当初驚くかもしれない。だが、これらの研究者・実践者は、理論を築くだけではなく、理論を通じて、ますます多くの瞬間に理論あるいは自身の行いの仕方の非合致に対する、言語を超えた気づきにまで到達する生き方を目指している。したがって、彼らはリアルタイムのあらゆる瞬間に主観視点の行動探求を行い、考えられる理論を検証することを切望している。

これほど真剣に探求の精神をもつことは、このうえなく深い精神的なコミットメントであり、声高で盲目的な信仰とは反対の、四つの体験領域すべてにわたって私たちの行いを見ること（これを私たちは「プレゼンシング」と呼ぶ）への信仰である。すべての精神的伝統は、そのような探求に人が命をささげる、いわゆる神秘的な道を認めている（"Mysticism"〔神秘主義〕1999）が、どうすれば主観視点の行動探求を相互主観・客観視点の行動探求と織り合わすことができるかを詳しく説明する精神的伝統はほとんどない。これは、私たち個人の意識・実践が私たちの生活のますます多くの瞬間に関わることでしか起こり得ない。このためには、今までとは違う経験をして、さまざまな行動論理のもつさまざまな時間軸と時間的経験を混ぜ合わせることが求められる。そしてそのためには、変容者型の行動論理をもつことができて初めて現れ始め、ついには今体験していることを四つの体験領域すべてで気づくプレゼンシングの継続的な実践というアルケミスト型の行動論理を必要とすると考えられている。

以下の最後の表（表A-2）は事実上、さまざまな発達段階の行動論理における時間的経験の仕方の支配的な特徴についての、今後の研究によって検証されるべき経験ベースの仮説を提示する。それぞれの行動論理は、何がタイムリーなリーダーシップに必要かについて異なるバージョンの説明をしている――（一）今すぐ勝つ、（二）時間・期限を守る、（三）効率的な成果を生み出す、（四）確実に効果的な成果を生み出す、（五）より相互的で変容をもたらし、公正な成果を生み出すシステムを創る、（六）上記の成果を最大限に高めると同時に、持続的なプレゼンシングとタイムリーな行動のための集団の能力を高めるシステムを創る。

最後に、同僚の学者・実践者たちとこの長いあとがきを最後まで読んでくれたみなさんの全員を、私たちといっしょに、主観・相互主観・客観視点の行動探求を織り合わす無数にある方法の発見の旅にお招きして、締めくくりとする。

表 A-2 連続する行動論理の各段階における時間的経験と裁量期間

（Jacques 1982, 1989; Torbert 1991, 2002 を基にしている）

行動論理	時間的経験
Ⅰ．機会獲得型	今ある物理的な好機への鋭い感覚。当面の自己利益を高めるために選別的に過去の出来事と将来の可能性を利用する（発生順、狭い現在）。裁量期間＝数時間。タイムリーな行動＝どうすればすぐに勝てるか。
Ⅱ．外交官型	確立された社会的・感情的なリズムへの鋭い感覚。自身の行動をルーティンの社会的規範に確実に同調させる。規範が対立する場合は「最も近い」グループに同調する（繰り返す時間、過去志向）。裁量期間＝日または週。タイムリーな行動＝従来のごとく期限の期待を満たすこと
Ⅲ．専門家型	確立された認知システムへの鋭い感覚。既存のシステムの中で新たな結果を創りだす能力をもつ（予定の時間、未来志向）。裁量期間＝約 9 〜 18 カ月。タイムリーな行動＝迅速かつ効率的で過誤がない。
Ⅳ．達成者型	確立された物理的・感情的・認知のシステム間の相互作用への直感。（過去のパターン、将来の目標、現在の機会を織り合わせて）新しい結果を創り、引き起こす能力。裁量期間＝ 3 〜 5 年。タイムリーな行動＝第一に、協調的で確実に再現できる効果の高い成果、第二に（だが、重要でないわけではない）、効率的で、従来の意味での期限の期待に添う。
Ⅴ．再定義型	出現するシステムへの直感とその共創への喜び。今この瞬間への体験的な感謝の念。裁量期間＝ 0 〜 10 年。タイムリーな行動＝従前の基準を満たすと同時に新しい基準を導入する。
Ⅵ．変容者型	創造的な永遠の現在における、確立された、または出現するシステム間の相互作用への直感。時おりの「類推論理」を「時間順の論理」と織り合わせて新しいシステムと結果を創り、引き起こす能力。裁量期間＝ 7 〜 21 年。タイムリーな行動＝主に、相互的で変容をもたらす公正な行動。効果、効率、従来の意味での期限の基準を満たす、または相互に枠組みを再設定する。
Ⅶ．アルケミスト型	不調和とタイムリーである可能性の両方に対する意識的なプレゼンシングと開放性を継続的かつ明示的に培う。宇宙の歴史と意図の総体を直感して生じる行動を解放する。タイムリーな行動＝歴史と未来を表し、多様性と調和する、統合的な行動。持続的なプレゼンシングとタイムリーな行動のための全体的な能力を高める。前段階の行動論理すべての適時性の基準を認識する。

Torbert, W. (1998). Developing wisdom and courage in organizing and sciencing. In S. Srivastva & D. Cooperrider (Ed.s). *Organizational Wisdom and Executive Courage.* San Francisco CA: The New Lexington Press.

Torbert, W. 1999. The meaning of social investing. *Investing in a Better World.* 14, 10: 2.

Torbert, W. (2000). A developmental approach to social science: Integrating first-, second-, and third-person research/practice through single-, double-, and triple-loop feedback. *Journal of Adult Development.* 7 (4) 255-268.

Torbert, W. (2002). Learning to exercise timely action now: In leading, loving, inquiring, and retiring. www2.bc.edu/~torbert.

Torbert, W. (2013). Listening into the dark: An essay testing the validity and efficacy of Collaborative Developmental Action Inquiry for describing and encouraging the transformation of self, society, and scientific inquiry. *Integral Review.* 9(2), 264-299.

Torbert, W. & Reason, P. (Ed.s) (2001).Toward a participatory worldview: In physics, biology, economics, ecology, medicine, organizations, spirituality, and everyday living. Two Special Issues of *ReVision.* 23, 3-4, 2001.

Tsu, Chuang. Gia-Fu Feng & Jane English (Trans.) (1974). *Inner Chapters.* New York, NY: Random House.

Varela, F. & J. Shear (Eds.) (1999). *The View from Within: First-person Approaches to the Study of Consciousness*, Thorverton UK: Imprint Academic.

Velmans, M. (2000). *Understanding Consciousness*, London: Routledge.

Waddock, S. (2001). *Leading Corporate Citizens.* New York: McGraw-Hill Irwin.

Waddock, S. (2003. Myths and realities of social investing. *Organization and Environment.* Fall.

Wilber, K. (1995/2000). *Sex, Ecology, Spirituality.* Boston: Shambala. ［ケン・ウィルバー著『進化の構造（1，2)』松永太郎訳，春秋社，1998 年］

Wilber, K. (1998). *The Marriage of Sense and Soul: Integrating Science and Religion.* New York: Random House. ［ケン・ウィルバー著『科学と宗教の統合』吉田豊訳，春秋社，2000 年］

Wilber, K. (2000), *Integral Psychology: Consciousness, Spirit, Psychology, Therapy*, Boston MA: Shambala.

Wilber, K. (1980), *The Atman Project: A Transpersonal View of Human Development,* Wheaton IL: Quest. ［ケン・ウィルバー著『アートマン・プロジェクト――精神発達のトランスパーソナル理論』吉福伸逸ほか訳，春秋社，1986 年］

Vaillant, G. (1977). *Adaptation to Life.* Boston: Little Brown.

Vaillant, G. & McCullough, L. (1987). "The Washington University Sentence Completion Test compared with other measures of adult ego development" *American Journal of Psychiatry.* 144, 9, 1189-1194.

Sen, A. 1982. *Choice*, Welfare and Measurement. Cambridge: MIT Press.［アマルティア・セン著『合理的な愚か者――経済学＝倫理学的探究』大庭健，川本隆史訳，勁草書房，1989 年］

Sen, A. 1987. *On Ethics and Economics.* London: Blackwell).［アマルティア・セン著『経済学の再生――道徳哲学への回帰』徳永澄憲，松本保美，青山治城訳，麗澤大学出版会，2002 年］

Senge, P. (1990), *The Fifth Discipline*, New York: Doubleday Currency.［ピーター・M・センゲ著『学習する組織――システム思考で未来を創造する』枝廣淳子，小田理一郎，中小路佳代子訳，英治出版，2011 年］

Senge, P., Kleiner, A., Roberts, C., Ross, R. & Smith, B. (1994). *The Fifth Discipline Fieldbook.* New York: Currency Doubleday.［ピーター・センゲ他著『フィールドブック学習する組織「5 つの能力」――企業変革をチームで進める最強ツール』柴田昌治，スコラ・コンサルト監訳，牧野元三訳，日本経済新聞社，2003 年］

Senge, P. (1998), *The Dance of Change*, New York: Doubleday Currency.［ピーター・センゲ他著『フィールドブック学習する組織「10 の変革課題」――なぜ全社改革は失敗するのか？』柴田昌治，スコラ・コンサルト監訳，牧野元三訳，日本経済新聞社，2004 年］

Sherman, F. & W. Torbert, eds. (2000). *Transforming Social Inquiry, Transforming Social Action*, Boston MA: Kluwer Academic Publishers.

Shrivastva, S. & D. Cooperrider (1990), *Appreciative Leadership and Management: The Power of Positive Thought in Organizations,* San Francisco: Jossey-Bass.

Skolimowski, H. (1994). *The Participative Mind.* London: Arkana.

Social Investment Forum. (2001). *2001 Report on Responsible Investing Trends in the United States.* www.socialinvest.org

Torbert, W. (1973). *Learning from Experience: Toward Consciousness.* New York: Columbia University Press.

Torbert, W. (1976). *Creating a Community of Inquiry*. London: Wiley.

Torbert, W. (1987). *Managing the Corporate Dream: Restructuring for Long-term Success.* Homewood, IL: Dow Jones-Irwin.

Torbert, W. (1989). Leading organizational transformation. In Woodman, R. & Pasmore, W. (ed.s) Research in Organizational Change and Developments (vol. 3). Greenwich CT: JAI Press.

Torbert, W. (1991). *The Power of Balance: Transforming Self, Society, and Scientific Inquiry.* Newbury Park, CA: Sage.

Torbert, W. (1994). Cultivating post-formal adult development: Higher stages and contrasting interventions. In M. Miller and S. Cook-Greuter, eds. *Transcendence and Mature Thought in Adulthood: The Further Reaches of Adult Development.* Lanham MD: Rowman & Littlefield. 181-203.

Piaget, J. (1952/1937). *The Language and Thought of The Child.* London: Routledge & Kegan Paul.

Postel, RL & Lewis, SB (2002). "The Poker Game: A social Science Fiction." San Francisco, CA: California Institute of Integral Studies Doctoral Dissertation.

Quinn, R. (1988), *Beyond Rational Management*, San Francisco CA: Jossey-Bass.

Quinn, R. (1996), *Deep Change*, San Francisco CA: Jossey-Bass. [ロバート・E・クイン著『ディープ・チェンジ——組織変革のための自己変革』池村千秋訳，海と月社，2013年]

Quinn, R. (2000), *Change the World: How Ordinary People Can Achieve Extraordinary Results,* San Francisco CA: Jossey-Bass.

Quinn, R. & Cameron, K. (1983). Organizational life cycles and shifting criteria of effectiveness. *Management Science.* 29, 33-51.

Reason, P. (1994), *Participation in Human Inquiry*, London: Sage.

Reason, P. (1994). Three approaches to participative inquiry. In Denzin, N. & Lincoln, Y. (ed.s), *Handbook of Qualitative Research.* Thousand Oaks CA: Sage.

Reason, P. (1995). *Participation in Human Inquiry.* London: Sage.

Reason, P. & Bradbury, H. (2001). *Handbook of Action Research.* London: Sage.

Reason, P. & Rowan, J. (1981), *Human Inquiry: A Sourcebook of New Paradigm Research,* Chichester UK: Wiley.

Reason, P. & Torbert, W. (2001). The action turn: toward a transformational social science: A further look at the scientific merits of action research. *Concepts and Transformation.* 6, 1, 1-37.

Redmore, C. (1976). "Susceptibility to faking of a sentence completion test of ego development" *Journal of Personality Assessment.* 40, 6, 607-616.

Redmore, C. & Waldman, K. (1975). "Reliability of a sentence completion measure of ego development: *Journal of Personality Assessment.* 39, 3, 236-243.

Rooke, D. & Torbert, W. (1998). Organizational transformation as a function of CEOs' developmental stage. *Organization Development Journal.* 16, 1, 11-28.

Rudolph, J., Foldy, E., & Taylor, S. (2001). Collaborative off-line reflection: A way to develop skill in action science and action inquiry. Reason, P. & Bradbury, H. (Ed.s), *Handbook of Action Research.* London: Sage. 405-412.

Rudolph, Jenny (2003). Into The Big Muddy and Out Again: Error persistence and crisis management in the operating room. Chestnut Hill MA: Boston College School of Management Doctoral Dissertation.

Schein, E. 2003. *DEC is Dead, Long Live DEC.* San Francisco: Berrett-Koehler. [エドガー・H・シャイン，ピーター・S・ディリシー，ポール・J・カンパス，マイケル・M・ソンダック著『DECの興亡——IT先端企業の栄光と挫折』稲葉元吉，尾川丈一監訳，亀田ブックサービス，2007年]

Loevinger, J. ed. (1998). *Technical Foundations for Measuring Ego Development: The Washington University Sentence Completion Test.* Mahweh, NJ: Lawrence Earlbaum Associates.

Loevinger, J, & Hy, T. (1996). *Measuring Ego Development* Second Edition. Mahweh, NJ: Lawrence Earlbaum Associates.

Loevinger, J & Wessler, R. (1970) *Measuring Ego Development, Vols. 1 and 2.* San Francisco, Jossey-Bass.

Lorr, M. & Manning, T. (1978). "Measurement of ego development by sentence completion and personality test" *Journal of Clinical Psychology.* 34, 354-360.

Mailer, N. (2003). *White Man Unburdened.* NY Review of Books.

Marshall, J. (1984). *Women Managers: Travellers in a Male World*, Chichester UK: Wiley.

Marshall, J. (2001). Self-reflective inquiry practices, In P. Reason, P. & H. Bradbury, *Handbook of Action Research*, 433-439, London: Sage.

Merron, K., Fisher, D., & Torbert, W. (1987). Meaning making and management action. *Group and Organizational Studies.* 12, 3, 274-286.

Mills, T. (1964). *Sociology of Small Groups.* Englewood Cliffs NJ: Prentice-Hall. [シアドー・M・ミルズ著『小集団社会学』片岡徳雄，森楙訳，至誠堂，1976 年]

Mirvis, P., Ayas, K., & Roth, G. (2003). *To the Desert and Back: The Story of One of the Most Dramatic Business Transformations on Record.* San Francisco, CA: Jossey-Bass.

Molloy, E. (1978). "Toward a new paradigm for the study of the person at work: An empirical extension of Loevinger's theory of ego development." Dublin, Ireland, University of Dublin, doctoral dissertation.

"mysticism" (1999), "mysticism." *Encyclopedia Britannica Online.* http://search.eb.com/bol/topic?eu=117397&sctn=22 (accessed Nov. 3, 1999).

Nielsen, R. (1993a), Woolman's 'I am we' triple-loop, action-learning: Origin and application in organization ethics, *Journal of Applied Behavioral Science,* 29 pp117-138.

Nielsen, R. (1993b), Triple-loop action-learning as human resources management method, *Research in International Human Resources Management*, pp75-93, Greenwich CT: JAI Press.

Nielsen, R. (1996), *The Politics of Ethics*, New York: Oxford University Press.

Novy, D. et.al. (1994). "An investigation of the structural validity of Loevinger' s model and measure of ego development" *Journal of Personality.* 62, 1, 87-118.

Novy, D. & Francis, D. (1992). "Psychometric properties of the Washington University Sentence Completion Test" *Educational and Psychological Measurement.* 52, 1029-1039.

Orme-Johnson, D., C. Alexander, J. Davies, H. Chandler & W. Larimore (1988), International peace project in the Middle East: The effect of Mahirishi Technology of the Unified Field, *Journal of Conflict Resolution*, 32, pp776-812.

Pentland, J. (1988). *Exchanges Within.* San Francisco CA: Far West Publishing.

Hauser, S. (1993). "Loevinger's model and measure of ego development: A critical review, pt.II" *Psychological Bulletin.* 4, 928-955.

Havel, V. (1990). *Disturbing the Peace: a Conversation with Karel Hvizdala* New York: Alfred A. Knopf.

Havel, V. (1992). *Summer Meditations* New York: Alfred A. Knopf.

Havel, V. (1997). *The Art of the Impossible: Politics as Morality in Practice* New York-Toronto: Alfred A. Knopf.

Heidegger, M (1968) Fred D. Wieck and J. Glenn Gray (Trans.). *What is Called Thinking?* New York, NY: Harper & Row.

Hoppe, C. (1972). "Ego development and conformity behavior." St. Louis, Washington University, doctoral dissertation.

Jaques, E. (1982), *The Form of Time,* New York: Crane Russak.

Jaques, E. (1989), *Requisite Organization: The CEO* Guide to Creative Structure and Leadership*, Arlington VA: Cason Hall & Co.

Kegan, R. (1982). *The Evolving Self.* Cambridge, MA: Harvard University Press.

Kegan, R. (1994). *In Over Our Heads: The Demands of Modern Life.* Cambridge, MA: Harvard University Press.

Kegan, R. & L. Lahey (1984), Adult leadership and adult development, In B. Kellerman ed. *Leadership,* Englewood Cliffs NJ: Prentice Hall, pp199-230.

Kierkegaard, S. H Hong & E. Hong (Ed.s/Trans.) (1992). *Concluding Unscientific Postscript.* Princeton NJ: Princeton University Press.

Klamer, A. 1989. A conversation with Amartya Sen. *Journal of Economic Perspectives.* 3(1), 135-150.

Kohlberg, L. (1963). "The development of children's orientations towards moral order: I. Sequence in the development of moral thought" *Vita Humana.* 6, 11-33).

Kohlberg, L. (1964). "Development of moral character and moral ideology" in M. Hoffman and L. Hoffman eds. *Review of Child Development Research,*" Vol 1. New York: Russell Sage. 383-431.

Kohlberg, L. (1984). *Essays on Moral Development*, Vol. 2, *The Psychology of Moral Development.* San Francisco: Harper & Row.

Leigh, J. (2002). Developing corporate citizens: Linking organizational developmental theory and corporate responsibility. Paper presented at Denver Academy of Management Symposium "New Roles for Organizational Citizenship."

Lippitt, G. & Schmidt, W. (1967). Non-financial crises in organizational development. *Harvard Business Review* 47, 6, 102-112.

Loevinger, J. (1982). *Ego Development.* San Francisco: Jossey-Bass.

Loevinger, J. (1985). "Revision of the Sentence Completion Test for ego development" *Journal Personality and Social Psychology.* 48, 420-427.

Chandler, D. & Torbert, W. (2003). Transforming inquiry and action: Interweaving 27 flavors of action research. *Journal of Action Research* 1, 2, 133-152.

Collins, Jim (2001). *Good to Great.* HarperCollins. ［ジェームズ・C・コリンズ著『ビジョナリーカンパニー 2』山岡洋一訳，日経 BP 社，2001 年］

Cook-Greuter, S. (1990). Maps for living: Ego-development stages from symbiosis to conscious universal embeddedness. In M. L. Commons, C. Armon, L. Kohlberg, F. A. Richards, T. A. Grotzer & J. D. Sinnott (Eds.), "Adult development vol. 2, Models and methods in the study of adolescent and adult thought" (79-104). New York: Praeger.

Cook-Greuter, S. (1999). "Postautonomous ego development: A study of its nature and measurement." Cambridge, MA, Harvard University Graduate School of Education, doctoral dissertation.

Cooperrider, D. & D. Whitney, (1999), *Collaborating for change: Appreciative inquiry*, San Francisco: Barrett-Koehler.

Cox, L. (1974). "Prior help, ego development and helping behavior" *Child Development.* 45, 594.

Deutsch, K. (1966). *The Nerves of Government.* New York: Free Press. ［K・W・ドイッチュ著『サイバネティクスの政治理論』佐藤敬三他訳，早稲田大学出版部，2002 年］

Drewes, M. & Westenberg, P. (2001). "The impact of modified instructions on ego-level scores: A psychometric hazard or indication of optimum ego level?" *Journal of Personaluity Assessment.* 76, 2, 229-249.

Dunphy, D. (1968). Phases, roles, and myths in self-analytic groups. *Journal of Applied Behavioral Science.* 4, 195-225.

Entine, J. (2003). The myth of social investing: A critique of its practice and consequences for corporate social performance research. *Organization and Environment.* Fall.

Erfan, A. & Torbert, W. 2015. Collaborative Developmental Action Inquiry. In Bradbury, H. (Ed.) *SAGE Handbook of Action Research (3rd Ed.).* London UK: Sage Publications.

Erikson, E. (1959). Identity and the life cycle. *Psychological Issues.* Monograph 1.

Fisher, D., and Torbert, W. (1991). Transforming Managerial Practice: Beyond the Achiever Stage, (143-173). In R.W. Woodman & W. A. Pasmore (Eds.). *Research in Organization Change and Development.* Vol. 5. Greenwich, CT: JAI Press. 5.

Greiner, L. (1972). Evolution and revolution as organizations grow. *Harvard Business Review* 50, 4, 37-46.

Hartwell, J. & Torbert, W. (1999). A group interview with Andy Wilson, founder and CEO of Boston Duck Tours and Massachusetts entrepreneur of the year; and Analysis of the group interview with Andy Wilson: An illustration of interweaving first-, second-, and third-person research/practice. *Journal of Management Inquiry.* 8, 2, 183-204.

Hauser, S. (1976). "Loevinger's model and measure of ego development: A critical review." *Psychological Bulletin.* 83, 5, 928-955.

参考文献

Alderfer, C. (1988). Taking our selves seriously as researchers. In D.Berg & K.Smith (Ed.s) *The Self in Social Inquiry*, Newbury Park, CA: Sage.

Alderfer, C. (1989). Theories reflecting my personal experience and life development. *Journal of Applied Behavioral Science* 25, 4, 351-364.

Alexander, C. (1994), "Transcendental Meditation," In R. Corsini (Ed.) *Encyclopedia of Psychology*, New York: Wiley Interscience, pp5465-5466.

Alexander, C. & Langer, E. (Ed.s) (1990). *Higher Stages of Human Development.* New York: Oxford University Press.

Argyris, C. (1980). *Inner Contradictions of Rigorous Research* New York: Academic Press.

Argyris, C. & Schon, D. (1974). *Theory in Practice: Increasing Professional Effectiveness.* San Francisco: Jossey-Bass.

Argyris, C., Putnam, R. & Smith, D. (1985). *Action Science: Concepts, Methods, and Skills for Research and Intervention.* San Francisco: Jossey-Bass.

Bartunek, J. (1984), "Changing interpretive schemes and organizational restructuring: the example of a religious order," *Administrative Science Quarterly*, 29, pp355-372.

Bartunek, J. & M. Moch (1994), "Third-order organizational change and the Western mystical tradition," *Journal of Organizational Change and Management*, 7, pp24-41.

Bartunek, J. & R. Necochea (2000), "Old insights and new times: Kairos, Inca cosmology, and their contributions to contemporary management inquiry," *Journal of Management Inquiry*, 9, pp103-113.

Bavaria, J. 2000. The Global Reporting Initiative. *Investing in a Better World.* 15(2), 1.

Bradbury, H. (Ed.) *SAGE Handbook of Action Research (3rd ed.).* London UK: Sage Publications.

Becker, E. 1999. Social funds track record lengthens, strengthens. *Investing in a Better World.* 14(8), 1-6.

Bennis, W. (1964). Patterns and vicissitudes in training groups. In L. Bradford, K. Benne, & J. Gibb (Ed.s). *T-Group Theory and Laboratory Methods.* New York: Wiley.

Berger, JG, & Johnston, K. (2015). *Simple Habits for Complex Times.* Stanford CA: Stanford Business Press.

Cameron, K. & Whetten, D. (1983). Models of the organizational life cycle: Applications to higher education. *Review of Higher Education.* 6, 4, 269-299.

Carlson, V. & Westenberg, P. (1998). "Cross cultural application of the WUSCT," in J. Loevinger, ed., *Technical Foundations for Measuring Ego Development.* 57-75.

Carse, James. (1986). *Finite and Infinite Games: A Vision of Life as Play and Possibility.* New York: Ballantine Books.

● 訳者

小田理一郎　Riichiro Oda

チェンジ・エージェント代表取締役。オレゴン大学経営学修士（MBA）修了。多国籍企業経営を専攻し、米国企業で10年間、製品責任者・経営企画室長として組織横断での業務改革・組織変革に取り組む。2005年チェンジ・エージェント社を設立、人財・組織開発、CSR経営などのコンサルティングに従事し、システム横断で社会課題を解決するプロセスデザインやファシリテーションを展開する。デニス・メドウズ、ピーター・センゲ、アダム・カヘンら第一人者たちの薫陶を受け、組織学習協会（SoL）ジャパン理事長、グローバルSoL理事などを務め、システム思考、ダイアログ、「学習する組織」などの普及推進を図っている。http://change-agent.jp/
ドネラ・メドウズ著『世界はシステムを動く』の日本語版解説を担当。共著に『なぜあの人の解決策はいつもうまくいくのか』『もっと使いこなす!「システム思考」教本』（東洋経済新報社）など、共訳書にピーター・M・センゲ著『学習する組織』（英治出版）、ジョン・D・スターマン著『システム思考』（東洋経済新報社）、監訳書にアダム・カヘン著『社会変革のシナリオ・プランニング』（英治出版）。

中小路佳代子　Kayoko Nakakoji

津田塾大学学芸学部英文学科卒。ビジネス・経済分野の翻訳から、現在は主に環境分野の翻訳を手がける。主な訳書には、デヴィッド・スズキ著『グッド・ニュース――持続可能な社会はもう始まっている』（ナチュラルスピリット）、リーアン・アイスラー著『ゼロから考える経済学』（英治出版）、ピーター・M・センゲ著『学習する組織』（英治出版）、レスター・ブラウン著『地球に残された時間――80億人を希望に導く最終処方箋』（ダイヤモンド社）、ジェイムズ・ハンセン著『地球温暖化との闘い』（日経BP社）、アル・ゴア著『アル・ゴア未来を語る　世界を動かす6つの要因』（角川マガジンズ）などがある。

セイラ・ロス　Sara Ross

行動の研究者兼実践者であり、精神的指導者であり、かつては公認会計士で、現在は国際政治情勢の分野の博士課程で研究中である。25 年間、組織変革とグループの変容プロセスの分野を切り開いてきた。その際、ロス自身はカリキュラム設計を手掛け、講師や監督者の役割も務めてきたが、それに関連して、マネジメント・コンサルティング、若者や成人の個人的・精神的発達、コミュニティーのリーダーシップ育成プログラム、閣僚級の研修プログラム、複雑な公的問題の分析、公共政策の研修プログラム、公的な場での行動研究などにもかかわってきた。

キャサリン・ロイス　Catherine Royce

ダンサーの経歴ももつ作家、後援者、コンサルタントであり、ウェスリアン大学ではダンスと人文科学の学士号を取り、シモンズ経営大学院で MBA を取得した。過去 20 年にわたり、起業家、作家、政策立案者などと協力して、彼らの仕事がその人たちの真のビジョンを正しく反映したものになるよう努めてきた。1989 年に自分自身の実践を始めて以降、慈善事業、保健医療、ビジネス・コミュニケーション、政府、非営利団体などの分野の個人や少人数のグループなどを顧客としてきたが、一対一のときもあれば企業を対象とした場合もあった。ロイスの理解の明快さは、とくにノンフィクションの作家たちに追い求められており、そういった作家たちの中には最近、ロイスの指導のもとで著作を執筆中の人も何人かいる。

ジェニー・ルドルフ　Jenny Rudolph

ボストン大学公衆衛生大学院の助教授であり、ハーバード・カレッジで学士号を、ボストン・カレッジで経営学の博士号を取得した。*Administrative Science Quarterly* や *Handbook of Action Research* などの著書がある組織で働く学者であり教育者でありコンサルタントである。その研究とコンサルティングは、手術室の危機、原子力発電所事故、困難な会話などの状況や、「社会的・物理的な利害が大きい場合にも人々はいかにして効果的に考え、行動し、意思の疎通をとることができるか」などに重点が置かれている。

スティーブ・テイラー　Steve Taylor

マサチューセッツ州ウースターにあるウースター工科大学で経営学の助教授を務め、リーダーシップ、組織行動、創造性のコースで教鞭を取っている。マサチューセッツ工科大学（MIT）で人文科学の学士号、エマーソン・カレッジで舞台芸術の修士号、ボストン・カレッジで経営学の博士号を取得した。芸術的な方法を用いた内省的な実践と組織の介入に特別な関心をおきつつ、組織行動の美学に研究の重点を置いている。その研究は、*Human Relations*、*Action Research*、*Organization Studies*、*Action Research*、*Management Communication Quarterly*、*Tamara*、*Journal of Management Inquiry*、*Management Learning* などの刊行物で発表されている。

マリアナ・トラン　Mariana Tran

ブルガリアの人里離れた小さな町で生まれた。山々の頂の雪が溶け、バラの花が咲き始める春のことを覚えている。学校は休校になって、生徒たちは、共産主義下のブルガリアが世界市場に輸出していた数少ない産品のひとつであったローズ油を作るためのバラの花びら集めを手伝った。バラ園で日の出をじっと見ていると、世界には他にどんな美しい場所があってどんな人々が住んでいるのだろうという気持ちになったという。新しい場所や文化を探求したいという願望に導かれ、ロシアに移り住み、レニングラード国立技術大学（現在のサンクトペテルブルク工科大学）で生物物理学を学ぶ決心をした。その後、ボストン・カレッジに移り生物学の博士号と MBA を取得し、それからカリフォルニアに移り住んだ。*Epilepsia* や *Journal of Neurochemistry* などの刊行物で、書籍の一部や論文を数多く発表している。

ダルマー・フィッシャー Dalmar Fisher

ボストン・カレッジで、組織コミュニケーション、対人有効性、チーム・ビルディングについて教えている。その研究と執筆が目指しているのは、マネジャーの対人スキルの向上である。著書および共著書には、*Communication in Organizations, Autonomy in Organizational Life* や *Personal and Organizational Transformations through Action Inquiry* などがある。若いときから、走ることを楽しんでいて、ノースウェスタン大学では 400 メートルの選手であり、近年は 60 歳以上のグループによるマラソンに参加して、よりゆったりとしたジョギングを楽しんでいる。ノースウェスタン大学で陸上選手として活躍し、卒業した後、ボストン・カレッジで MBA（経営学修士）を取り、ハーバード・ビジネス・スクールで DBA（経営学博士）を取得した。家族は、33 年間連れ添っている妻のローラと、ディアドラ、ナサニエル、ナオミの 3 人の子どもに、セイラ、ケイトリン、オーシャンという 3 人の孫がいる。

エリカ・フォルディー Erica Foldy

ニューヨーク大学のワグナー公共政策大学院で、公共および非営利管理を教える助教授である。シモンズ経営大学院の組織内ジェンダー・センターの研究者でもある。関心のある研究対象は、組織内のアイデンティティと多様性、組織学習と内省的実践、個人・組織・社会の変化の相互作用などである。いくつかの刊行物に寄稿し、編集も多く手掛けてきた。また、ロビン・イーリーとモーリーン・スカリーと共同で *Reader in Gender, Work and Organization* も編集した。現在、フォード財団のリーダーシップ・フォー・チェンジング・ワールドというプログラムの研究チームに属している。博士課程に入る前は、15 年にわたり、外交政策、女性の権利、労働衛生安全といった分野で活動する非営利組織で働いていた。ハーバード・カレッジで学士号、ボストン・カレッジで修士号を取り、2002 ～ 2003 年はハーバード・ビジネス・スクールのポスドク研究員だった。

アラン・ゴーチエ Alain Gauthier

公共・民間・市民団体セクター間の協力関係の中で新たな協働的なリーダーシップ能力を構築することに焦点を当てている国際的なコンサルタントであり、ファシリテーターであり、教育者である。これまでの 38 年間にわたって、欧州や米国の大企業から数多くの非営利組織や国際的な財団まで、広範囲の顧客のために力を尽くしてきた。パリの HEC 経営大学院を卒業し、スタンフォード大学で MBA を取得した後、現在、カリフォルニア州オークランドのコア・リーダーシップ・ディベロップメントの常任理事を務めている。ピーター・センゲの『学習する組織』関連の著書のうち 3 冊のフランス語版の翻案を担当し、前書きを書いており、Learning Organizations: Developing Cultures for Tomorrow's Workplace の共著者となっている。米国と欧州の SoL の活発なメンバーであり、パリにある国立土木学校（ENPC）の国際 MBA プログラムの客員教授を務めている。欧州と米国の両方にいる友人たちや家族に囲まれて過ごす時間と、山での時間を楽しんでいる。

ジャッキー・キーリーとデヴィッド・ルーク Jackie Keeley and David Rooke

英国のコンサルティング会社であるハートヒル・グループの共同設立者である。その何十もの顧客の中には、ノリッジ・ユニオン、ボルボ、ヒューレット・パッカードも名を連ねる。また、この二人は、美しくて精力的な二人の娘の親でもあり、世界を股にかける勇壮な旅行者でもあり、自分たちの別荘や会議場、ハートヒル農場の事務所で、独創的なワークショップを開いたり、友人たちとお祝いの会を開いたりもしている。

● 著者

ビル・トルバート Bill Torbert

ボストン・カレッジ・ウォレス・E・キャロル経営大学院の元学長を務め、現在同大学のリーダーシップ論の名誉教授。また、ボストン・カレッジの「変化のためのリーダーシップ」という管理職向けプログラムの創設者の一人であり、組織学習協会（SoL）の創設時からの研究員でもあり、トリリアム・アセット・マネジメント社（社会的責任投資に特化した最初で最大の投資顧問会社）の取締役でもある。
トルバートはこれまでに、欧州、中南米、米国で広くコンサルタンティングを行い、数多くの企業や新聞社の取締役を務めてきた。研究に関しては、近著として、アルファ・シグマ・ヌー賞受賞の *Managing the Corporate Dream*（1987）、テリー賞の最終選考まで残った *The Power of Balance: Transforming Self, Society, and Scientific Inquiry*（1991）、*Transforming Social Inquiry, Transforming Social Action*（フランシーン・シャーマンとの共同編集［Sherman and Torbert 2000］）、2012 年ハーバード・ビジネス・レビュー誌で過去のリーダーシップに関する最優秀論文に選ばれた「リーダーシップの７つの変容」などがある。2013 年に実践リーダーシップ研究に関するウォルター・F・ウルマー生涯表彰、2014 年にクリス・アージリス・キャリア表彰を受賞した。

トルバートはイェール大学で政治・経済学の学士号と経営行動科学の博士号を取得した。大学院在学中にはダンフォース大学院生フェローシップという特別研究員の地位にあり、「イェール大学貧困撲滅アップワード・バウンド・プログラム」を指揮した。1978 年にボストン・カレッジの教授になる以前は、イェール大学、サザン・メソジスト大学、ハーバード大学で教鞭を取った。だが、トルバートがとりわけ（ときには痛みを伴うこともあるのは言うまでもないが）喜びと誇りを感じているのは、生涯の友人たちや同僚たちや、マイケル、パトリック、ベンジャミンという 3 人の息子たちと現在も進めている協働的な探求である。

スザンヌ・クック＝グロイター Susanne Cook-Greuter

成人以降の発達研究における第一人者である。ケン・ウィルバーのインテグラル研究所の創設メンバーであり、ハートヒル USA の理事長でもある。ハートヒル USA は、発達理論の専門家が、行動探究や、個人の変容をもたらす統合的な慣行を用いて自分自身や顧客の効果を高めるのを支援する。ハートヒル USA の「リーダーシップ・デベロップメント・プロファイル」は、クック・グロイターの 20 年に及ぶ研究を成人の世界観の評価に応用したものである。ハーバード大学で心理学と人間発達学の博士号を取得している。1994 年に出版されたメル・ミラーとの共同編集による著書 *Transcendence and Mature Thought in Adulthood* は、ポジティブ心理学の分野における古典となった（Cooke-Greuter and Miller 1994）。クック・グロイターは、米国や欧州でセミナーやワークショップを開催したり、研究プロジェクトのコンサルタントを務めたり、独立した学者として執筆に時間をささげている。個人的には、クリヤヨガという精神的な道に傾倒しており、開放性と喜びと情熱をもって人生と仕事を探求することにおいて人々の役に立とうと力を尽くしている。その旅の途上では、親しい友人たちや家族に加え、自然研究、除草、歌と踊り、旅行、瞑想、スイス・チョコレートがクック・グロイターの支えであり、英気と喜びの源である。

行動探求

個人・チーム・組織の変容をもたらすリーダーシップ

発行日　2016年 2月25日　第1版　第1刷
　　　　2021年 1月10日　第1版　第2刷
著者　ビル・トルバート
訳者　小田理一郎（おだ・りいちろう）、中小路佳代子（なかこうじ・かよこ）
発行人　原田英治
発行　英治出版株式会社
　　　〒150-0022 東京都渋谷区恵比寿南 1-9-12 ピトレスクビル 4F
　　　電話　03-5773-0193　　FAX　03-5773-0194
　　　http://www.eijipress.co.jp/
プロデューサー　高野達成
スタッフ　藤竹賢一郎　山下智也　鈴木美穂　下田理　田中三枝
　　　　　安村侑希子　平野貴裕　上村悠也　桑江リリー　石﨑優木
　　　　　山本有子　渡邉吏佐子　中西さおり　関紀子　片山実咲
印刷・製本　大日本印刷株式会社
装丁　英治出版デザイン室
校正　株式会社ヴェリタ

ISBN978-4-86276-213-9　C0034　Printed in Japan